U0569504

高职高专财务会计类特色规划教材
国家示范性高职院校重点规划教材
高等职业教育校企合作特色示范教材

财务管理
与技能训练（第三版）

Financial Management and Skill Training

主　编◎张　利　王　梦

副主编◎刘艳华

主　审◎付万杰

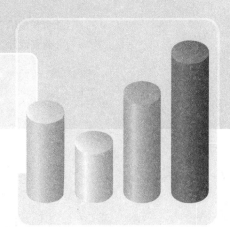

上海财经大学出版社

图书在版编目(CIP)数据

财务管理与技能训练/张利,王梦主编 . —3 版 . —上海:上海财经大学出版社,2015.9
高职高专财务会计类特色规划教材
国家示范性高职院校重点规划教材
高等职业教育校企合作特色示范教材
ISBN 978-7-5642-2266-6/F・2266

Ⅰ.①财⋯ Ⅱ.①张⋯ ②王⋯ Ⅲ.①财务管理-高等职业教育-教材
Ⅳ.①F275

中国版本图书馆 CIP 数据核字(2015)第 224001 号

□ 责任编辑 王 芳
□ 封面设计 韩庆熙

CAIWU GUANLI YU JINENG XUNLIAN
财 务 管 理 与 技 能 训 练
(第三版)

主 编 张 利 王 梦
副主编 刘艳华

上海财经大学出版社出版发行
(上海市中山北一路 369 号 邮编 200083)
网 址:http://www.sufep.com
电子邮箱:webmaster @ sufep.com
全国新华书店经销
上海华教印务有限公司印刷装订
2015 年 9 月第 3 版 2017 年 5 月第 2 次印刷

787mm×1092mm 1/16 13 印张 332 千字
印数:14 501—16 500 定价:35.00 元

前　言

为了适应现代高等职业教育财务管理教学改革的需要,我们作为深入教学一线多年的教师,在认真总结了财务管理的教学经验和企业实践的基础上,充分考虑了高等职业教育的特点,注重理论与实际操作的紧密结合,从企业财务管理工作的实际应用出发,以丰富的案例和大量的实训较详尽地论述了财务管理的基本原理、基本程序及操作技能。

本书在吸收财务管理类教材精华的基础上,突出了理财技巧和财务分析方法,使本书更加实用、系统和规范。在编写过程中,力求简洁明了、深入浅出,使学生在大量的实训操练中,提升财务管理的基本技能和技巧。

为便于授课教师使用,我们配备了本书课后习题的参考答案和教学课件,凡使用本教材的教师均可从上海财经大学出版社网站(www.sufep.com)本书页面下载使用。

本书共分八个模块,模块一、三、六由黑龙江职业学院张利执笔,模块二、四由黑龙江职业学院王梦执笔,模块五、七由黑龙江职业学院刘艳华执笔,模块八由哈尔滨徕瑞思特科技发展有限公司曲民英执笔。全书由黑龙江职业学院孙革新老师负责统稿、审稿。在此由衷感激黑龙江职业学院会计金融学院鞠永红院长、张振和副院长的大力支持,也特别感谢黑龙江禹冠会计师事务所孙绍柏所长的大力合作。

由于时间仓促,书中难免有疏漏之处,敬请教师和学员在教学和学习过程中指出,以便不断完善。

作者

2015 年 8 月

目　录

财务管理总论

 学习目标

◎ 理解财务管理的意义。
◎ 掌握财务管理体系。
◎ 掌握财务管理目标。
◎ 了解不同环境下财务管理的灵活性。

案例引导

小林已做了多年会计,并具有会计师职称,他把财务经理定为自己近期的奋斗目标,在平时的工作中不断积累理财的本领。他意识到:"财务管理是一种企业内部管理,首先要根据企业的战略目标来明确企业的财务管理目标,然后在一个财务管理目标的体系下开展各项财务活动,处理各种财务关系。"但每个企业的财务管理方式都是不一样的,要根据每个企业的特点和周围的环境来建立财务管理体系。所以,又必须要靠自己的职业判断来确定自己应该做什么、不应该做什么。你知道在理财中会遇到哪些问题吗?又该如何解决呢?

情境一 财务管理是企业管理的核心

一、企业管理的含义

企业管理(Business Management)是对企业的生产经营活动履行组织、计划、指挥、监督和调节等一系列职能的总称。

二、企业管理包含的内容

企业管理一般包括经营战略管理、市场营销管理、人力资源开发与管理、生产管理、财务管理等。在每一种管理的过程中都包含预测、决策、分析、控制的职能,这些职能也是财务管理的基本职能。

经营战略管理是指企业为求得生存和发展,根据其外部环境和自身的条件,对企业发展目标的实现途径和手段的总体规划。它是为了更好地从总体上把握企业的发展方向,提高企业的发展水平。

市场营销管理是企业以满足顾客各种需要与欲望为目的,运用一定的方法和手段,使企业的产品或服务有效地转移到买方手中的各种活动的总和。通过它可以更好地推销企业产品、扩大市场占有率。

人力资源的开发与管理是指由一定管理主体为实现人力扩大再生产和合理分配使用人力而进行的人力开发、配置、使用、评价诸环节的总和,其主要内容包括人力资源的规划与决策、人员的招聘与更新和人力资源的评价等。

生产管理主要是研究四个方面的问题:生产过程组织、生产计划、生产控制和人—机—环境系统。通过生产管理可以降低生产成本、提高生产效率。

这些管理都是围绕财务管理这一核心而展开的。

三、财务管理是企业管理的核心

随着我国经济体制改革的不断深入,企业管理以财务管理为核心,已成为企业家和经济界人士的共识。因为财务管理是通过价值形态对企业资金运动的一项综合性的管理,渗透和贯穿于企业一切经济活动之中。企业资金的筹集、使用和分配,都与财务管理有关;企业的生产、经营、进、销、调、存每个环节,都离不开财务的反映和调控;企业的经济核算、财务监督,更是企业内部管理的中枢。所以,财务管理在企业管理中的核心地位是一种客观要求。它是企业管理的重要组成部分,渗透到企业的各个领域、各个环节之中。

☞ 任务 1—1

某股份公司现有职工 3 000 人,和一般国有企业一样,冗员太多,效率低下。新任公司总经理到位第一天就提出了 5 年的任期目标——提升公司的综合竞争能力,其中最重要的一项措施就是 5 年内裁员 50%,每年裁员 10%。裁员的标准就是男职员 50 岁、女职员 45 岁以上的一律下岗。当第一批 100 名员工接到离岗通知时,他们直接到总经理办公室吵闹。公司为了避免事态扩大,决定给每位被裁员工(除生活费之外)增发近 700 元/月的下岗补助,使得被裁员工的收入与在岗员工的收入差不多。公司在每年付出近 500 万元资金的情况下,终于在两年内裁员 20%。

这个案例说明了以下几点:

(1)公司制定了 5 年期的经营战略目标——提升公司的综合竞争能力,同时制定了基本的人事管理方案——每年裁员 10%,5 年裁员 50%。公司通过努力,完成了它的目标。

(2)公司为了实现它的经营战略目标和人事管理方案而付出的代价是:①每年多付出 500 万元的资金,即每年要承担 500 万元的固定成本。②被裁员工的收入和在岗员工的收入差不多,造成在岗人员工作积极性受挫。③男职员 50 岁、女职员 45 岁以上一律下岗,这有可能使企业损失了一批有经验、有技术的劳动者,导致企业重新投入一批教育资金来培训年轻的劳动者。

(3)从这个案例中可以看出,公司在制定经营战略目标、人力资源管理方案时,离开了财务管理目标,企业真正的期望目标是很难实现的。从而说明,在经营战略管理和人力资源管理过程中,离不开财务管理。在营销管理和生产管理中亦是如此。

总之,财务管理贯穿于企业管理的各个组成部分,是企业管理的核心。

帮你学

1. 财务管理是企业管理的核心。
2. 企业其他任何管理都离不开财务管理。
3. 财务管理是管到"钱"。
4. 要做总经理,先学财务管理。

情境二 财务管理体系

所谓财务管理,就是为了实现财务管理目标,针对企业资金运动过程进行的管理。资金运动过程从纵向来看,可以表现为事前运动、事中运动和事后运动,所以财务管理也可以分为事前财务管理、事中财务管理和事后财务管理。资金运动从横向来看,可以表现为资金流动和资金的实物形态的运动,所以财务管理又可以分为资金管理和资产管理,并延伸到资本运营管理和风险管理等。

现代企业财务管理体系是由多个方面构成的,我们把它分为六大体系,即预算管理、资金管理、资产管理、核算管理、资本运营管理和风险管理。

一、预算管理体系

预算管理体系是一种事前管理体系,是整个公司财务管理的基础。它是以财务预测、财务决策为起点,制定公司财务制度,编制财务预算或财务计划,并实施对执行预算偏差的纠正和监控而形成的事前财务管理体系。预算管理体系的主要内容有四个方面。

(一)对财务活动进行科学预测

要利用各种财务资料、历史资料和其他各方面的信息,对公司一定时期的整个财务活动进行科学预测,并进行决策。财务预测是财务管理的"望远镜",是联结过去和未来的交叉点,也是事前财务管理的基础。财务决策是对某个时期或某个项目综合考虑其人力、物力和财力而选出最优方案的系统工程。有好的财务预测和决策,才有好的财务管理的开始。

(二)制定和修正公司财务制度

要根据科学的财务预测和财务决策,修正旧的财务制度或制定新的财务制度。财务制度不能一成不变,应适应新的环境和新的运行模式。每个企业都应具有一整套符合实务操作的理性财务制度,通过财务制度对财务活动和财务工作进行事前定性控制。

(三)制定详细财务预算或财务计划

财务预算(或计划)是财务预测和财务决策的具体化,是公司全面预算的关键环节。财务预算由现金预算、非现金资产预算、资金需要量预算、成本费用预算和利润预算等各种预算组成,它既是事前、事中财务管理定量控制的基础,又是事后财务分析和考核的标准。

(四)对资金管理和资产管理进行监控,并及时纠正预算偏差

财务预算的目的就是保证资金与资产的有效利用和合理投放。通过预算管理工作对事中资金与资产活动进行宏观监控,有利于企业财务活动朝着预定目标发展。及时纠正预算偏差是事前管理和事中管理的结合,它既要对实务中的有利差异和不利差异进行预算调整,又要对偏离预算的实务进行监督纠正,真正落实"算为管用,管算结合"的基本原则。

二、资金管理体系

资金管理和资产管理都是财务管理的事中管理。资金管理体系主要是针对资金筹集、资金投资、资金营运和资金分配而形成的财务活动及有关各方之间的财务关系。

(一)财务活动

1. 资金筹集活动

任何企业为了保证正常生产经营或扩大生产经营规模,都需要筹集一定量的资金。筹资过程中应充分考虑资金需要量、资金成本、财务结构和财务风险等多种财务问题。为此,必须对生产经营所需资金做出及时、准确的估量,包括预测筹集资金的时间、数量和筹资成本,并选择合适的筹资渠道和筹资方式,以降低筹资成本、控制财务风险。企业因为资金筹集而产生的资金收支,便是由企业筹资而引起的财务活动。筹资管理是传统财务管理的核心,也是现代财务管理的重要组成部分。

2. 资金投资活动

企业筹集资金的目的是为了把资金用于生产经营,以谋求最大的经济效益。所谓投资,是指以获得收入和利润为目标,将资金投入使用的过程。这种投资是以收入为中心、以市场为媒介、以资金或能产生特殊收益的资产为运作对象、以商品经营为手段和形式的经济活动。在投资过程中,企业必须考虑投资规模、投资方向和投资方式,以提高投资效益,控制投资风险。企业因为投放资金而产生的资金收支,便是由企业投资而引起的财务活动。

3. 资金营运活动

企业在日常生产经营过程中,会发生一系列的资金收付。首先,企业要采购材料或商品,以便从事生产和销售活动,同时还要支付工资和其他营业费用;其次,当企业把产品或商品售出后,便可取得收入、收回资金;再次,如果企业现有资金不能满足经营的需要,还要采取短期借款的方式来筹集所需资金。上述各方面都会产生资金的收付,这就是因经营而引起的财务活动,也称资金营运活动。

企业的营运资金主要是为满足企业日常营业活动的需要而垫支的资金,营运资金的周转与生产经营周期具有一致性。因此,企业应千方百计加速资金周转,以提高资金的利用效果。

4. 资金分配活动

企业将资金投放和使用后,必然会取得一定的成果。这种成果首先表现为生产经营收入,在补偿成本费用后,最终以利润形式体现出来。狭义的分配是指对企业净利润的分配,广义的分配包括支付给职工薪酬、支付给债权人利息、缴纳给政府各种税金、弥补企业以前年度亏损、提取公积金和向投资者分配利润等。企业应依据一定的分配原则,充分考虑各相关利益主体的要求,合理确定分配规模和分配方式,力争使企业取得最大的长期利益。企业因为分配而产生的资金收支,便是由企业分配而引起的财务活动。

上述财务活动的四个方面相互联系、相互依存,构成了企业财务活动的完整过程,同时也形成了相应的财务关系。

(二)财务关系

企业的财务关系是指企业在组织财务活动的过程中与有关各方发生的经济利益关系。企业的财务关系可以概括为以下几个方面:

1. 企业与政府之间的财务关系

政府作为社会管理者,行使政府行政职能,担负着维持社会正常秩序、保卫国家安全、组织和管理社会活动等任务。政府依据这一身份,无偿参与企业利润的分配。企业必须按照税法规定向中央和地方政府缴纳各种税款。这种关系体现为一种强制和无偿的分配关系。

2. 企业与投资者之间的财务关系

企业与投资者之间的财务关系是指企业的投资者向企业投入资金,企业应向其投资者支付投资报酬所形成的经济关系。投资者因向企业投入资金而成为企业的所有者,拥有对企业的最终所有权,享受企业收益的分配权和剩余财产的支配权,可以对企业进行一定程度的控制,并承担一定的经济法律责任;企业从投资者那里吸收资金形成企业的自有资本,并用其进行经营活动,在此期间,企业对投资者承担资产保值增值的责任,实现利润后,应该按照出资比例或合同、章程的规定,向其所有者支付报酬。因此,企业与投资者之间的财务关系实质上是一种所有权和经营权的关系。

3. 企业与债权人之间的财务关系

企业与债权人之间的财务关系是指企业向债权人借入资金,并按借款合同的规定按时支付利息和归还本金所形成的经济关系。企业在进行生产经营活动过程中,为了降低资金成本或扩大企业经营规模,除利用自有资本进行经营活动外,还要借入一定数量的资金。企业的债权人主要有本企业发行的公司债券的持有人、贷款机构、商业信用提供者、其他出借资金给企业的单位和个人。企业利用债权人的资金,要按照约定的利息率,及时向债权人支付利息;债务到期时,要合理调度资金,按时向债权人归还本金。因此,企业同其债权人的财务关系在性质上属于债务与债权的关系。

4. 企业与受资者之间的财务关系

企业与受资者之间的财务关系是企业以购买股票或直接投资的形式向其他单位投资所形成的经济关系。企业向其他单位投资,应按约定履行出资义务,并依据其出资份额参与受资者的经营管理和利润分配。因此,企业与受资者的财务关系是体现所有权性质的投资与受资的关系。

5. 企业与债务人之间的财务关系

企业与债务人之间的财务关系是指企业将其资金以购买债券、提供借款或商业信用等形式出借给其他单位所形成的经济关系。企业将资金借出后,有权要求其债务人按约定的条件支付利息和归还本金。因此,企业与债务人的财务关系体现的是债权与债务关系。

6. 企业内部各单位之间的财务关系

企业内部各单位之间的财务关系是指企业内部各单位之间在生产经营各环节中相互提供产品或劳务所形成的经济关系。企业在实行厂内经济核算制和内部经营责任制的条件下,企业内部各单位之间相互提供的劳务或产品也要计价结算。这种在企业内部形成的资金结算关系,体现了企业内部各单位之间的利益关系。

7. 企业与员工之间的财务关系

企业与员工之间的财务关系是指企业向员工支付劳动报酬过程中所形成的经济关系。员工是企业的劳动者,他们以自身提供的劳动作为参加企业分配的依据。因此,企业应根据员工提供的劳动数量和质量,用其收入向员工支付工资、津贴和奖金。这种企业与员工之间的财务关系体现了员工个人和集体在劳动成果上的分配关系。

三、资产管理体系

资产管理主要是对企业现行各项资产运行状况、资产的耗费和资产保全等内容进行监督和控制,是对资金具体形态的一种管理。将资产管理体系纳入公司财务管理体系既是公共财政管理的需要,又是公司财务管理发展的必然结果。资产管理主要包括:

(一)对各项资产运行状况进行控制

财务部门应联合各个资产性能管理部门对资产运行地点、阶段和价值转移等方面进行监控,保持资产的流动性、安全性和时效性。

(二)对资产的耗费进行控制,加强成本费用管理

降低成本费用的主要途径就是控制资产的耗费。既要控制资产的有形损耗,又要控制资产的无形损耗;既要降低资产价值构成成本(如买价、运杂费等),又要降低资产的管理成本(如订货成本、储存成本、资金成本、机会成本等);既要降低资产的运行成本(如维修费、机物料消耗等),又要降低资产的使用成本(如退货、售后服务等)。在完成基本目标的情况下保持资产低耗费,是资产管理的主要目的。

(三)实行资产保全,建立和完善内部会计控制体系

内部会计控制的内容主要包括货币资金、实物资产、对外投资、工程项目、采购与付款、筹资、销售与收款、成本费用、担保等经济业务的会计控制。通过内部会计控制,一要规范单位会计行为,保证会计资料真实、完整;二要堵塞漏洞、消除隐患,防止并及时发现、纠正错误及舞弊行为,保护单位资产的安全、完整;三要确保国家有关法律、法规和单位内部规章制度的贯彻执行。

四、核算管理体系

财务管理中的核算管理有别于会计核算体系:会计核算是遵循国家统一的会计制度侧重对外提供真实的会计信息,便于外界相关者了解企业经济情况;财务管理中的核算管理体系是按照企业管理要求对内部各种经济现象进行核算分析,并为当局管理者投资决策提供动态财务信息。其主要内容有:

(一)将会计信息转化为内部财务管理信息

由于会计信息是按照统一模式生成并报出的,并不能完全满足管理的需要,所以,有必要进行这一转换过程,如将制造成本核算转换为变动成本核算、标准成本核算或责任中心成本核算等。

(二)进行有关财务分析

对各种经济现象和经济情况进行分析也是财务核算的重要内容,如各种报表分析、管理水平分析、经济效益分析等。

(三)对财务预算、计划、考核等执行情况进行分项核算

通过对实际与计划比较分析,了解计划的执行情况;通过对实际业绩进行考核评比,实施奖惩;通过考核信息的传递,完成第二轮财务管理过程。

五、资本运营管理体系

随着现代企业规模的扩大和资本市场的完善,企业兼并、联营、清算、破产等经济活动层出不穷,给现代财务管理增加了新的内容——资本运营。资本运营管理体系主要是企业对外投资分析、决策,对子公司财务状况监管及集团内重大的产权变动等经济情况进行科学的预测、决策而提供的一系列管理信息系统。它相对于上述管理体系有其独立性和权威性,增大了管理幅度和管理难度,具体表现在:

(一)负责对外投资及分析

企业对外投资包括债权投资和股权投资,大多数是风险大、时间长、不可预测因素多的决策行为,同时还要对投资项目进行事前前景预测、事中项目控制和事后效益分析。由于对外投资及分析工作管理难度大、期间长,导致其成为现代公司财务管理的重点和难点。

(二)对子公司的财务状况进行监管

由于对子公司投入的资金脱离整个公司资金运动过程,而且子公司一般多而散,如果不加强对子公司的监管,必然会造成这部分资金失控,影响整个公司财务管理目标的实现。目前由于改制等原因盲目扩张、失去控制而造成潜亏的企业比比皆是。对子公司财务状况的监管主要是制定财务政策和财务目标,促使子公司财务状况朝着总公司的总财务目标发展。

(三)对重大产权变动如兼并、联营等事项进行管理

企业兼并、联营是一个相当讲究的系统工程,一边是"馅饼",一边是"陷阱",前后相连,环环紧扣,稍有不慎就会满盘皆输。在兼并、联营过程中,必须了解宏观经济环境、法律政策(含税法)、目标公司价值评估以及跨国经营中的国际财务环境等。这些必须要由高素质的专业财务管理人员花费大量的时间、精力,利用丰富的知识进行研究,才有可能会降低风险、减少决策的失误。

六、风险管理体系

众所周知,投资者只有在预期得到的报酬足以补偿其承担的投资风险时,才会投资风险性资产。风险越高,必要报酬率越高,是人们对待风险的基本要求。那么,人们在什么情况下可以接受风险,多大的必要报酬率才足以抵补特定数量的风险,必要报酬率是由什么决定的,如何来分散风险,等等,这些都是要在风险管理体系中回答的问题。风险管理的内容至少可以从以下三个方面展开:

(一)金融证券风险管理

金融证券风险管理是主要针对证券组合风险、利息率风险、流动性风险和信用风险的管理。证券组合风险通过对可分散风险和不可分散风险的不同管理策略测算证券组合风险报酬来判断证券投资的可行性;利息率风险主要通过考虑基准利率、通货膨胀及违约风险等因素来决定资金筹集和使用;流动性风险和信用风险都是金融证券风险管理中的日常管理内容。

(二)或有事项的管理

简单地说,或有事项的管理就是选择权的管理。常见的或有事项的管理内容有期权管理、估价管理和担保管理等。期权管理主要是针对买进期权、卖出期权、期权执行价格及期权组合等方面的管理;估价管理不仅是或有事项管理的内容,而且是整个风险管理的重要内容,它是针对未来事项及或有事项的估价而应承担的风险管理;担保管理是在客户信用管理基础上的一种诚信管理,有效地利用担保管理可以扩大企业的投、融资渠道。

(三)国际风险管理

加入 WTO 后,国内市场与国际市场融合,国际风险管理成为现代企业财务管理的重要课题。国际风险管理主要表现在国际市场管理、国际市场投资组合管理和国际市场的不可预测风险管理方面。国际市场管理主要是针对国际市场及各国市场的政治、经济、文化等环境变化因素进行的及时性管理;国际市场投资组合管理主要是针对各国市场的利弊而进行有效的投资组合,以达到最大的财务管理目标的管理;国际市场的不可预测风险管理是预测加回避的管理模式。

综上所述,现代公司财务管理体系的五大部分是相互联系、相互制约、缺一不可的一个整体。预算管理体系是财务管理的起点,侧重事前管理,又对事中管理和事后管理起着统驭作用;资金管理体系和资产管理体系是分别从两个不同的角度进行事中控制,是财务管理的主干;核算管理体系是通过计算、分析和考核等手段,为事前管理和事中管理提供资料和依据,是财务管理运转的枢纽;资本运营管理体系虽然有其独立性,但它是对现代财务管理体系的必要补充和完善,会对整个公司财务管理起到相互促进的作用;风险管理既可以成为一个独立的管理体系,又是贯穿于整个企业财务管理体系的重要参数。总之,企业可以通过对上述六种管理体系的有效组合,形成满足现代企业要求的最佳财务管理体系。

在本书中,为了让学生更好地理解财务管理的具体内容,在考虑到与其他相关教材的衔接及难易程度的情况下,将财务管理的内容分为财务机构管理、筹资决策管理、投资决策管理、流动资产运营管理、财务预算管理、成本控制、利润管理和财务分析等。这些方面基本上包括了上述财务管理体系的主要内容,同时又侧重了基础的财务管理。难度较大的不定因素的风险管理及在"财务会计"、"财务分析"课程中讲述的财务核算和财务分析等相关内容,在本书中不涉及或只做简单叙述。

情境三　财务管理目标

一直困扰着财务管理人员的根本问题是:财务管理到底是为谁管理? 是为国家、投资者、经营者,还是为企业而管理? 只有明确财务管理的服务主体,才可以明确财务管理的目标。有人说,财务管理是为投资者服务的,所以财务管理目标是股东财富最大化;也有人说,财务管理是为经营者服务的,所以财务管理目标是利润最大化;也有人说,财务管理是为了满足各相关人士的需要,所以产生了相关者利益最大化的财务管理目标;等等。这些观点都是从不同的侧面来理解财务管理目标,也都忽视了一个重要的问题:财务管理是企业的财务管理,而不是某些人的财务管理。尽管财务管理离不开人的因素,也离不开财务关系,但必须明确,财务管理的目的是为了企业生存、壮大、发展,离开了企业这个主体,就不是企业财务管理了。

企业要根据所处的不同阶段和时期,设计不同的财务管理目标。

财务管理目标是指财务管理依据的最高准则,是企业财务活动所要达到的根本目的。从根本上说,财务管理目标取决于企业目标。而企业目标应该是一个目标体系,它通常是"所有参与集团共同作用和妥协的结果",而不简单等同于任一"参与者"的个人目标。在理论上,各利益主体的个人目标可折衷为企业的"长期稳定发展",参与企业活动的各类利益主体都可借此实现其个人目标。从长远意义上说,盈利或者说资本增值,才是企业的本质追求。企业之所以追求其他目标,无非是为了能使企业实现更多的利润或者说更大的资本增值。所以,动态地看,财务管理目标是企业目标体系中居于"支配"地位的"职能化"目标。正因如此,企业目标往往被等价地表达为财务管理目标。

企业财务管理目标有以下几种具有代表性的模式:

一、利润最大化

利润额是企业在一定期间全部收入和全部费用的差额,是按照收入与费用配比原则加以计算的,在一定程度上反映了企业经济效益的高低和对社会贡献的大小。同时,利润还是企业补充资本、扩大经营规模的源泉。因此,利润最大化是西方微观经济学的理论基础,西方经济学家和企业家以往都以利润最大化作为企业的经营目标和理财目标。时至今日,这种观点在理论界与实务界仍有较大影响。以利润最大化作为财务管理目标的原因有三个:一是人类从事生产经营活动都是为了创造剩余产品,而剩余产品的多少可以用利润的多少来衡量;二是在自由竞争的资本市场上,资本将流向能实现最大增值的企业,而会计对增值的计量指标就是利润;三是只有每个企业都最大限度地获得利润,整个社会的财富才会实现最大化。因此,以利润最大化作为财务管理目标,有其合理的一面,但也存在以下缺点:

(1)利润最大化概念的含义是模糊的。经济学中的利润概念和会计学中的利润概念是不一致的,短期利润和长期利润对企业的影响也是不一致的,会计上税前利润和税后利润、总利润和每股收益也是不同的。那么,利润最大化中的"利润"到底是哪个概念呢?

(2)利润最大化目标没有考虑货币时间价值。例如,在投资决策中,对未来年度的收益仅以利润来衡量,忽视现金流入的时间,会导致错误的选择。

(3)利润最大化没有反映创造的利润与投入资本之间的关系。利润最大化无法在不同时期、不同规模企业之间以利润额大小来比较、评价企业的经济效益。比如,同样获得 100 万元的利润,一个企业投入资本1 000万元,另一个企业投入 900 万元,哪一个更符合企业的目标?如果不与投入的资本额相联系,就难以做出正确的判断。

(4)利润最大化没有考虑风险。在市场经济条件下,利润一般与风险并存,高收益一般会与高风险相伴。如果盲目追求利润最大化,忽视风险因素,可能会导致企业陷入严重危机。

(5)利润最大化容易导致企业的短期行为。在会计上,利润是某一会计期间计算的收入与费用的差额,如果企业只顾实现当前的最大利润,忽视了长期战略发展,就可能做出错误的决策。

二、股东财富最大化

股东财富最大化是指通过财务上的合理经营,为股东带来更多的财富。在股份制经济条件下,股东财富由其所拥有的股票数量和股票市场价格两方面来决定。在股票数量一定的前提下,当股票价格达到最高时,则股东财富也达到最大。所以股东财富最大化又可以表现为股票价格最大化。

股东财富最大化有其积极的方面:

(1)概念清晰,股东财富最大化可以用股票市价来计量;

(2)考虑了资金的时间价值;

(3)科学地考虑了风险因素,因为风险的高低会对股票价格产生重要影响;

(4)股东财富最大化一定程度上能够克服企业在追求利润上的短期行为,因为不仅目前的利润会影响股票价格,预期未来的利润对企业股票价格也会产生重要影响;

(5)股东财富最大化目标比较容易量化,便于考核和奖惩。

同时,追求股东财富最大化也存在一些缺点:

(1)它只适用于上市公司,对非上市公司很难适用。就我国现在的国情而言,上市公司并不是我国企业的主体,因此在现实中,股东财富最大化尚不适于作为我国财务管理的目标。

(2)股东财富最大化要求金融市场是有效的。由于股票的分散和信息的不对称,经理人员为实现自身利益的最大化,有可能以损失股东的利益为代价作出逆向选择。

(3) 股票价格除了受财务因素的影响之外,还受其他因素的影响,股票价格并不能准确反映企业的经营业绩。所以,股东财富最大化目标受到了理论界的质疑。

股东财富最大化的最大缺陷在于其概念上的不完整性,有以点代面、以偏概全之嫌。在我国,目前股份制企业还是少数,所占比例不大,不具普遍性,不足以代表我国企业的整体特征。仅提股东财富最大化,就不能概括大量非股份制企业的理财目标,这显然是不合适的。即使在西方发达资本主义国家,也存在许多非股份制企业。因此,股东财富最大化没有广泛性,兼容能力也小。

三、企业价值最大化

企业价值最大化是指通过企业财务上的合理经营,采用最优的财务政策,充分考虑资金的时间价值和风险与报酬的关系,在保证企业长期、稳定发展的基础上,使企业总价值达到最大。其基本思想是将企业长期、稳定发展摆在首位,强调在企业价值增长中满足各方利益关系。

以企业价值最大化作为财务管理目标,具有以下优点:

(1)考虑了取得报酬的时间,并用时间价值的原理进行了计量。

(2)考虑了风险与报酬的关系。

(3)将企业长期、稳定的发展和持续的获利能力放在首位,能克服企业在追求利润上的短期行为,因为不仅目前的利润会影响企业的价值,预期未来的利润对企业价值增加也会产生重大影响。

(4)用价值代替价格,克服了过多受外界市场因素的干扰,有效地规避了企业的短期行为。

但是,以企业价值最大化作为财务管理目标也存在以下问题:

(1)企业的价值过于理论化,不易操作。尽管对于上市公司,股票价格的变动在一定程度上揭示了企业价值的变化,但是,股价是多种因素共同作用的结果,特别是在资本市场效率低下的情况下,股票价格很难反映企业的价值。

(2)对于非上市公司,只有对企业进行专门的评估才能确定其价值,而在评估企业的资产时,由于受评估标准和评估方式的影响,很难做到客观和准确。

四、相关者利益最大化

(一)相关者利益最大化目标的内容和优点

在现代企业是多边契约关系的总和的前提下,要确立科学的财务管理目标,首先就要考虑哪些利益关系会对企业发展产生影响。在市场经济中,企业的理财主体更加细化和多元化。股东作为企业所有者,在企业中拥有最大的权力,承担着最大的义务和风险,但是债权人、员工、企业经营者、客户、供应商和政府也为企业承担着风险。比如:

(1)随着举债经营的企业越来越多,举债比例和规模也不断扩大,债权人的风险大大增加。

(2)在社会分工细化的今天,由于简单劳动越来越少、复杂劳动越来越多,使得职工的再就业风险不断增加。

(3)在现代企业制度下,企业经理人受所有者委托,作为代理人管理和经营企业。在激烈的市场竞争和复杂多变的形势下,代理人所承担的责任越来越大,风险也随之加大。

(4)随着市场竞争和经济全球化的影响,企业与客户以及企业与供应商之间不再是简单的买卖关系,更多的情况下是长期的伙伴关系,处于一条供应链上,并共同参与同其他供应链的竞争,因而也与企业共同承担一部分风险。

(5)政府不管是作为出资人,还是作为监管机构,都与企业各方的利益密切相关。

综上所述,企业的利益相关者不仅包括股东,还包括债权人、企业经营者、客户、供应商、员工、政府等。因此,在确定企业财务管理目标时,不能忽视这些相关利益群体的利益。

相关者利益最大化目标的具体内容包括如下几个方面:

(1)强调风险与报酬的均衡,将风险限制在企业可以承受的范围内。

(2)强调股东的首要地位,并强调企业与股东之间的协调关系。

(3)强调对代理人即企业经营者的监督和控制,建立有效的激励机制,以便企业战略目标的顺利实施。

(4)关心本企业普通职工的利益,创造优美、和谐的工作环境和提供合理、恰当的福利待遇,培养职工长期努力为企业工作。

(5)不断加强与债权人的关系,培养可靠的资金供应者。

(6)关心客户的长期利益,以便保持销售收入的长期、稳定增长。

(7)加强与供应商的协作,共同面对市场竞争,并注重企业形象的宣传,遵守承诺,讲究信誉。

(8)保持与政府部门的良好关系。

以相关者利益最大化作为财务管理目标,具有以下优点:

(1)有利于企业长期、稳定发展。这一目标注重企业在发展过程中考虑并满足各利益相关者的利益关系。在追求长期、稳定发展的过程中,站在企业的角度上进行投资研究,避免只站在股东的角度进行投资可能导致的一系列问题。

(2)体现了合作共赢的价值理念,有利于实现企业经济效益和社会效益的统一。由于兼顾了企业、股东、政府、客户等的利益,企业就不仅仅是一个单纯营利的组织,还承担了一定的社会责任。企业在寻求其自身的发展和利益最大化过程中,由于顾及客户及其他利益相关者的利益,就会依法经营、依法管理,正确处理各种财务关系,自觉维护且切实保障国家、集体和社会公众的合法权益。

(3)这一目标本身是一个多元化、多层次的目标体系,较好地兼顾了各利益主体的利益。这一目标可使企业各利益主体相互作用、相互协调,并在使企业利益、股东利益达到最大化的同时,也使其他利益相关者利益达到最大化。也就是将企业财富这块"蛋糕"做到最大的同时,保证每个利益主体所得的"蛋糕"更多。

(4)体现了前瞻性和现实性的统一。比如,企业作为利益相关者之一,有其一套评价指标,如未来企业报酬贴现值;股东的评价指标可以使用股票市价;债权人可以寻求风险最小、利息最大;工人可以确保工资福利;政府可考虑社会效益等。不同的利益相关者有各自的指标,只要合理合法、互利互惠、相互协调,就可以实现所有相关者利益最大化。

因此,本书认为,相关者利益最大化是企业财务管理最理想的目标。

(二)利益冲突的协调

将相关者利益最大化作为财务管理目标,其首要任务就是要协调相关者的利益关系,化解他们之间的利益冲突。协调相关者的利益冲突,要把握的原则是:尽可能使企业相关者的利益分配在数量上和时间上达到动态的协调平衡。而在所有的利益冲突协调中,所有者与经营者、所有者与债权人的利益冲突协调至关重要。

1. 所有者与经营者利益冲突的协调

在现代企业中,经营者一般不拥有占支配地位的股权,他们只是所有者的代理人。所有者期望经营者代表他们的利益工作,实现所有者财富最大化,而经营者则有其自身的利益考虑,二者的目标会经常不一致。通常而言,所有者支付给经营者报酬的多少,在于经营者能够为所有者创造多少财富。经营者和所有者的主要利益冲突,就是经营者希望在创造财富的同时,能够获取更多的报酬、更多的享受;而所有者则希望以较小的代价(支付较少报酬)实现更多的财富。

为了协调这一利益冲突,通常可采取以下方式解决:

(1)解聘。这是一种通过所有者约束经营者的办法。所有者对经营者予以监督,如果经营者绩效不佳,就解聘经营者;经营者为了不被解聘就需要努力工作,为实现财务管理目标服务。

(2)接收。这是一种通过市场约束经营者的办法。如果经营者决策失误、经营不力、绩效不佳,该企业就可能被其他企业强行接收或吞并,经营者也会被解聘。经营者为了避免这种接收,就必须努力实现财务管理目标。

(3)激励。这是将经营者的报酬与其绩效直接挂钩,以使经营者自觉采取能提高所有者财富的措施。激励通常有两种方式:

①股票期权。即允许经营者以约定的价格购买一定数量的本企业股票,股票的市场价格高于约定价格的部分就是经营者所得的报酬。经营者为了获得更大的股票涨价益处,就必然主动采取能够提高股价的行动,从而增加所有者财富。

②绩效股。即企业运用每股收益、资产收益率等指标来评价经营者绩效,并视其绩效大小给予经营者数量不等的股票作为报酬。如果经营者绩效未能达到规定目标,经营者将丧失原先持有的部分绩效股。这种方式使经营者不仅为了多得绩效股而不断采取措施提高经营绩效,而且为了使每股市价最大化,也会采取各种措施使股票市价稳定上升,从而增加所有者财富。但即使由于客观原因,股价并未提高,经营者也会因为获取绩效股而获利。

2.所有者与债权人利益冲突的协调

所有者的目标可能与债权人期望实现的目标发生矛盾。首先,所有者可能要求经营者改变举债资金的原定用途,将其用于风险更高的项目,这会增大偿债风险,债权人的负债价值也必然会降低,造成债权人风险与收益的不对称。因为高风险的项目一旦成功,额外的利润就会被所有者独享;但若失败,债权人却要与所有者共同负担由此而造成的损失。再者,所有者可能在未征得现有债权人同意的情况下,要求经营者举借新债,偿债风险相应增大,从而致使原有债权的价值降低。

所有者与债权人的上述利益冲突,可以通过以下方式解决:

(1)限制性借债。债权人通过事先规定借债用途限制、借债担保条款和借债信用条件,使所有者不能通过以上两种方式削弱债权人的债权价值。

(2)收回借款或停止借款。当债权人发现企业有侵蚀其债权价值的意图时,采取收回债权或不再给予新的借款的措施,从而保护自身权益。

情境四　财务管理环境

由于在不同的环境下财务管理的要求也不尽相同,作为财务管理人员,应注意观察和判断企业处于一个什么样的财务环境中,从而选择不同的财务策略。财务管理环境包括外部环境和内部环境。外部环境主要是指经济环境、金融环境和法律环境等,内部环境主要是指企业组织及内部环境等。

一、经济环境

经济环境是指影响企业进行财务活动的社会宏观经济因素,包括经济管理体制、经济发展水平和发展战略、宏观经济的运行状况和宏观经济政策等基本因素,还有通货膨胀、产业及行业特征等诸多具体经济因素。

经济管理体制是指制定并执行经济决策的各种机制的总和,主要包括集权与分权的程度、市场与计划如何协同作用、确立经济目标及诱导人们实现目标的激励机制。首先,集权与分权会影响企业财务管理的作用范围。在完全集权化的经济体制下,决策权集中于单一的中央指挥机构,并由该机构向组织内的低层次单位发布指令。而在完全分权的经济体制下,决策权则掌握在低层次单位手中。尽管现实中很少真正存在完全的集权制和完全的分权制,但偏于分权的经济体制使决策权更多地"回归"企业。其次,计划与市场协调作用的方式和变化也影响企业财务管理。企业财务管理的过程就是优化资源配置的过程,只有在以市场为导向的经济体制下,资源配置才是根据市场信息而不是根据计划指令进行的,企业财务管理才有更多的机会和更大的必要发挥其主观能动作用。最后,激励的方式、手段和力度会直接影响企业财务管理过程中的利益分配,进而影响企业职工包括财务人员的积极性,从而给企业财务管理带来影响。

经济发展对企业财务管理的影响一般表现在一个国家的经济发展水平和经济发展战略方面。发展中国家的特征是:基础较薄弱、发展速度较快、经济波动较大、经济政策变更频繁。这就决定了发展中国家的企业财务管理表现出内容和方法手段的快速更新、企业财务管理受政策影响显著且不太稳定等共同特征。而发达国家企业经济生活中许多新的内容、更为复杂的经济关系以及更为完善的生产方式,决定了企业财务管理内容的丰富多彩和财务管理方法及手段的科学严密。在重视经济发展速度的发展战略下,经济发展速度很快,企业要想维持现有的市场地位,就必须努力保持企业较高的增长速度,要求企业抓住经济增长带来的机遇实施投资扩张战略,使企业高速成长。相应地,在重视经济发展质量的发展战略下,经济发展速度会放缓,企业必须更加重视环境保护、生态平衡等生活质量指标,企业成长的机会减少,投资扩张就应更慎重。

宏观经济的运行状况往往可以通过经济周期和通货膨胀变动等方面表现出来。经济周期通常要经历衰退、萧条、复苏和繁荣四个阶段,不同阶段给企业带来的机遇或挑战也不同。在经济复苏时期,企业的产品销售开始增加,企业应该增加厂房设备、增加存货、引入新产品、增加劳动力;在繁荣时期,企业的产品销售大量增加,企业应该扩充厂房设备,继续增加存货和劳动力,并要提高产品价格和开展营销规划;在衰退时期,企业的产品销售开始减少,企业应该停止扩张,并出售多余设备、削减存货、停止增加劳动力,甚至停产部分产品;在萧条时期,企业的产品销售困难,企业应该缩小生产经营规模、缩减管理费用,甚至裁减雇员,但应该尽量保持市场份额。在通货膨胀高涨时期,由于物价上涨和利率上升,企业应该重视赚"物"而不是赚"钱",以避免利润虚增;相反,在物价下跌时,企业应该重视赚"钱"而不是赚"物",以避免企业资产减值。

宏观经济政策包括国家的财政政策和货币政策等。财政政策是指一定时期有关政府收支方面的政策。扩张性的财政政策会刺激经济增长,企业的投资机随之增多,筹资需求增加,理财活动趋于活跃;反之,紧缩性的财政政策会使过热的经济受到控制,企业的投资活动和筹资活动会减少。货币政策是指中央银行所制定的关于货币供应和货币流通组织方面的有关政策。一般地,较紧的货币政策会通过减少货币供应量等措施来减少社会总需求,从而使企业的筹资变得困难,筹资成本增加;较松的货币政策会通过增加货币供应量等措施来增加社会总需求,从而使企业的筹资变得容易,筹资成本相应下降。

二、金融环境

金融环境是指影响企业进行财务活动的金融因素,其内容包括金融市场、金融机构、金融工具和利率等。可以说,金融环境是影响财务管理的诸多因素中最直接和最特殊的一个方面。

金融市场的基本构成要素有交易对象、交易主体、交易工具和交易价格。金融市场的交易对象是货币资金,它的交易大多情况只是发生货币使用权的转移。金融市场的交易主体一般有资金供给者、资金需求者和金融机构,资金需求者(包括金融机构)提供金融工具,资金供给者(包括金融机构)提供资金,由金融机构提供服务,在交易场所进行资金交易。这种交易大大减少了金融工具持有者的风险。金融市场的一般划分如图1-1所示。

图1-1 金融市场的一般划分

金融机构在金融市场上既创造金融工具,又推进资金的流转。资金供给者和资金需求者之间进行直接交易(直接融资)时,金融机构往往只起中介作用,不承担交易风险;但在间接融资时,金融机构不但要提供服务,而且要承担交易风险。金融机构主要由银行类金融机构和非银行类金融机构组成(也有综合类金融机构)。银行类金融机构包括中央银行、政策性银行和商业银行等,非银行类金融机构包括保险公司、证券公司、信托公司、财务公司和租赁公司等。在我国,中央银行是中国人民银行,它是金融管理体系的核心。政策性银行包括国家开发银行、中国农业发展银行和中国进出口银行,是以贯彻国家产业政策为目的,办理政策性贷款的金融机构。商业银行按产权关系和组织形式,分为国有商业银行、股份制商业银行和合作制商业银行。国有商业银行有中国工商银行、中国农业银行、中国建设银行和中国银行,股份制商业银行有交通银行、中信实业银行、华夏银行、中国光大银行、招商银行、中国民生银行、深圳发展银行、兴业银行、上海浦东发展银行等,合作制商业银行有城市合作银行、农村信用社等。商业银行以营利为目的,以经营存贷款业务和办理结算业务为主,是我国金融机构中的主体。非银行类金融机构在从事其主要业务的同时,也可以通过多种不同形式为企业的筹资和投资等财务活动提供必要的服务。

金融工具是证明债权关系或所有者关系的合法凭证,主要包括商业汇票、商业本票、银行汇票、银行本票、银行支票、信用证、债券、股票等。股票是金融工具中的所有权凭证,股票投资者拥有被投资公司的所有权,享有股东的权利和义务。其他金融工具是债权凭证,也称为信用工具,表明的是债权人的权利和债务人的义务。金融工具的基本特征有期限性、流动性、风险性和收益性等。

利率亦称为利息率,是资金价格的一般表现形态。资金作为一种特殊的商品,其融通实质上是资源通过利率这个价格标准实行配置,因此,利率在资源配置及企业财务决策中起着重要作用。一般而言,资金的利率由纯利率、通货膨胀补偿和风险报酬构成,其中风险报酬又包含违约风险报酬、期限性风险报酬和流动性风险报酬。纯利率是指没有风险和通货膨胀情况下的均衡点利率,由资金的供求关系决定。通货膨胀补偿是指由于通货膨胀会使货币的实际购买力受损,资金供给者为补偿损失而要求提高的利率。违约风险报酬是指为了弥补因债务人无法按时还本付息而带来的风险,由债权人要求提高的利率。期限性风险报酬是指为了弥补与更长期限相应的更多的不确定性而导致的风险,由资金供给者要求提高的利率。流动性风险报酬是指为了弥补金融工具的变现能力的不确定性而导致的风险,由资金供给者要求提高的利率。

三、法律环境

企业的财务管理活动,无论是筹资、投资还是股利分配,都应遵守有关法律、法规和规章。在我国,随着改革的深化和社会的发展,法律规范越来越健全,企业财务管理受法律规范的约束也表现得越来越显著。目前,直接制约我国财务管理的法律规范主要包括《企业法》、《公司法》、《证券法》、《税法》、《企业会计准则》、《企业财务通则》等。例如,设立企业必须符合企业组织法律规范,这些法规包括《公司法》、《全民所有制工业企业法》、《个人独资企业法》、《中外合资经营企业法》、《中外合作经营企业法》、《外资企业法》、《合伙企业法》、《私营企业条例》等。这些法规对各种不同类型企业的设立、组织机构、企业行为等方面分别作出了规定,它们既是企业的组织法,又是企业的行为法,企业的主要财务管理活动都必须依法进行。

四、企业组织及内部环境

企业组织及内部环境是指企业财务管理工作本身所处的企业内部运行环境,是由企业的组织形式、治理结构、企业实力、生产技术条件等构成的环境。

从历史发展的横断面来看,任何国家的企业并非完全一致地采取同样的组织形式和管理体制。目前,我国企业的组织形式主要包括国有企业、集体企业、私营企业、外资企业和股份制企业等。它们按投资主体可分为三种:独资企业、合伙企业与公司制企业。独资企业由一个自然人投资,并由投资者个人所有,个人经营和控制,投资人对企业的债务承担无限责任。合伙企业由两个或两个以上的人共同出资、共同经营、共同所有和控制,各出资人对企业的债务承担无限连带责任。公司制企业由两个以上的人出资,依据法定的条件和程序设立,具有独立法人资格。公司制企业又分为有限责任公司和股份有限公司。具有不同组织形式的企业面临不同的法律环境和政策环境,在资金来源渠道、税收、投资、利润分配等方面享受着不完全相同的待遇,这都是财务管理过程中必须认真考虑的因素。

企业的治理结构,即企业控制权和剩余索取权分配的一整套法律、文化和制度安排,决定着企业的目标、谁在什么状态下实施控制、如何控制、风险和收益如何在不同的企业利益相关者之间分配等一系列问题。例如,在公司制企业内,由股东大会、董事会、监事会和高层管理人员组成了公司治理结构的执行机构,它们分别拥有哪些权利,决定了股东及股东大会与董事会之间、董事会与高层管理人员之间以及与监事会之间存在的委托代理关系,并形成一个委托代理链条。这些委托代理关系处理得好坏,公司治理机制规范与否,对公司财务管理的影响非常重大。

企业实力体现在企业占有的经济资源和企业的核心竞争力上,而经济资源又可分为人力资源和非人力资源。企业的人力资源状况,决定了企业财务管理人员及其他相关人员的实际工作能力。企业的非人力资源,如厂房、设备、材料等,在一定程度上反映了企业的规模、生产经营的复杂程度以及财务管理的难易程度。企业的核心竞争力,即企业组织独特的累积性知识,特别是关于如何协调不同生产技能和各种技术手段的知识,是企业的智力、技术、产品、管理、文化的综合优势在市场上的反映,决定了企业财务管理所能达到的水平和结果。

企业的生产技术条件表现在企业的生产特征和生产技术水平上,它们的改善需要得到财务支持,反过来也制约着企业财务管理。生产的劳动密集型、技术密集型或资本密集型,很大程度上决定了企业所需投入资本的数量,以及企业的财务绩效特征。生产技术水平则会影响企业新产品的开发、产品质量及产品成本,进而对财务绩效产生重要影响。

财务管理本身就是为企业创造良好的外部环境和内部环境。作为财务管理人员,既要了解各种环境的变化,又要让企业适应各种环境,然后将各种环境的变化转变成对企业有益的环境,从而实现财务管理目标,而不是去回避各种环境。

基本达标

一、单项选择题

1. ( )是一种事前管理体系,是整个公司财务管理的基础。

A. 预算管理体系　　　B. 资金管理体系　　　C. 资产管理体系　　　D. 核算管理体系

2. 企业与( )之间的财务关系体现为依法纳税和依法征税的关系。

A. 政府　　　　　　　B. 债权人　　　　　　C. 投资者　　　　　　D. 职工

3. 企业与( )之间的财务关系体现为经营权与所有权的关系。

A. 政府　　　　　　　B. 债权人　　　　　　C. 投资者　　　　　　D. 职工

4. 企业与( )之间的财务关系体现为债务和债权的关系。

A. 政府　　　　　　　B. 债权人　　　　　　C. 投资者　　　　　　D. 职工

5. 企业与( )之间的财务关系体现为劳动成果的分配关系。

A. 政府　　　　　　　B. 债权人　　　　　　C. 投资者　　　　　　D. 职工

6. 长期投资与短期投资相比,其风险要( )。

A. 高　　　　　　　　B. 低　　　　　　　　C. 相同　　　　　　　D. 不好区分

7. 经济环境是指影响企业财务活动的( )经济因素。

A. 企业微观　　　　　B. 社会宏观　　　　　C. 行业　　　　　　　D. 世界

8. 利率也为利息率,是( )的一般表现形态。

A. 借贷款　　　　　　B. 报酬率　　　　　　C. 资金价格　　　　　D. 资金供应量

9. 投资人对企业债务承担无限责任的企业组织形式是( )。

A. 国有企业　　　　　B. 独资企业　　　　　C. 公司制企业　　　　D. 合伙企业

10. 现代财务管理的最优目标是( )。

A. 产值最大化　　　　　　　　　　　　　　B. 利润最大化

C. 利润率最大化　　　　　　　　　　　　　D. 相关者利益最大化

二、多项选择题

1. 企业管理一般包括( )。

A. 经营战略管理　　　　　　　　　　　　　B. 市场营销管理

C. 人力资源开发与管理　　　　　　　　　　D. 生产管理

E. 财务管理

2. 资金管理体系主要是针对(　　)而形成的财务活动及有关各方之间的财务关系。

A. 资金筹集　　　　B. 资金投放　　　　C. 资金营运　　　　D. 资金分配

3. 企业的财务关系是指企业在组织财务活动的过程中与有关各方发生的经济利益关系,可以概括为(　　)。

A. 企业与政府之间的财务关系

B. 企业与投资者之间的财务关系

C. 企业与债权人之间的财务关系

D. 企业与员工之间的财务关系

E. 企业内部各单位之间的财务关系

4. 通常,所有者对经营者采取的财务激励措施主要有(　　)。

A. 职务晋升　　　　B. 在职消费　　　　C. 业绩股份　　　　D. 递延奖金

5. 一般而言,资金的利率构成部分是(　　)。

A. 纯利率　　　　B. 通货膨胀补偿　　　　C. 风险报酬　　　　D. 名义利率

6. 金融工具的基本特征有(　　)。

A. 期限短　　　　B. 流动性　　　　C. 风险性　　　　D. 收益性

7. 经济周期要经历(　　)等阶段。

A. 衰退　　　　B. 萧条　　　　C. 复苏　　　　D. 繁荣

8. 企业的财务活动一般包括(　　)等内容。

A. 筹资活动　　　　B. 投资活动　　　　C. 资金营运活动　　　　D. 股利分配活动

9. 我国的政策性银行包括(　　)。

A. 中国人民银行　　　　　　　　　　B. 国家开发银行

C. 中国农业发展银行　　　　　　　　D. 中国进出口银行

10. 以相关者利益最大化作为财务管理目标的优点有(　　)。

A. 有利于企业长期、稳定发展

B. 体现了合作共赢的价值理念,有利于实现企业经济效益和社会效益的统一

C. 这一目标本身是一个多元化、多层次的目标体系,较好地兼顾了各利益主体的利益

D. 体现了前瞻性和现实性的统一

三、判断题

1. 利润最大化目标没有考虑资金的时间价值,但考虑了风险因素。　　　　(　　)

2. 企业的目标就是财务管理的目标。　　　　(　　)

3. 企业进行筹资管理的目标是筹集到尽可能多的资金。　　　　(　　)

4. 投资包括长期投资和短期投资,但财务管理所指的投资通常是长期投资。(　　)

5. 如何激励财务人员是人力资源管理部门的事,财务管理部门不必考虑。　(　　)

6. 营运资金管理的基本任务是筹措短期资金、提高营运资金的周转效率。　(　　)

7. 企业的股利分配是企业决定的,不需遵循有关法律和法规。　　　　(　　)

8. 中央银行采取紧缩货币政策时,企业的筹资成本会上升。　　　　(　　)

9. 金融工具只体现持有人的权利,不涉及其他人的权利和义务。　　　　(　　)

10. 企业的财务管理机构是由财务管理部门设置的。　　　　(　　)

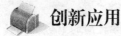 **创新应用**

案例一：宝钢利用财务环境增效

宝山钢铁(集团)公司(以下简称宝钢)是新中国成立以来规模最大的现代化钢铁联合企业,经过10年的生产发展,国家投资在宝钢的原始资本净增12倍。宝钢为何能取得如此大的成绩?其中一个原因就是宝钢在搞好生产、开发技术和改善日常经营管理的同时,能够审时度势,广开增效渠道,争取到可观的政策效益、结构效益、级差效益、速度效益和规模效益。

特别是在政策效益方面,宝钢善于保持政策敏感度,抓住机会,用好、用足政策,取得了可观的经济效益。例如,为了提高企业成本补偿度、保证企业发展有后劲,1994年,宝钢按照科学程序组织了大规模的清产核资和资产评估工作。评估前,宝钢资产总值为295亿元;评估后,增至549.5亿元,增值250亿元。而且,经与财政部协商,宝钢在保证当年上交19亿元所得税的前提下,评估当年就多提折旧18亿元。同时,宝钢还按照国家政策及时提高了折旧率。由此增加折旧所得的资金除用于一期、二期生产发展外,还为三期建设提供了资金。如果三期建设一时用不上,则用于提前归还二期工程的银行贷款,仅此项即还贷44亿元,不仅减少了利息支付,也相应缴纳了能源、交通"两金"。又如,1993年,宝钢预测到国家外汇管理办法要与国际接轨,于是在外汇使用安排上先花额度、后花现金,实现外汇保值,直接创汇效益达14.4亿元。

[要求]

说明宝钢在财务管理上是如何适应企业内、外部环境的。

案例二：绵阳绢纺厂观念的转变

绵阳绢纺厂(以下简称绵绢)曾经是拥有1 500名职工的大型国有企业,然而,1996年11月,这家企业因亏损1.6亿元宣告破产。第二年10月,来自浙江舟山群岛的中国绢纺行业龙头老大——浙江金鹰纺织股份有限公司将其整体收购。

金鹰纺织股份有限公司收购"绵绢"之初,"绵绢"人有三条出路:一是留厂上班;二是进入绵阳再就业服务中心,每月领取136元生活费;三是自谋职业,由新组建的浙江金鹰股份绵阳绢纺有限公司一次性提供1.5万元安置费。当时,愿意留厂的员工只有10名,20%的员工愿意自找出路,其余员工则进入再就业服务中心观望、等待。

为了迅速恢复生产,除留下来的员工外,新公司面向社会招聘了一批新员工。同时,开始实施一系列改革方案:在用工制度上,冲破关系网,实行定岗定员定责;在分配制度上,打破平均主义,实行计件工资,并向"苦、累、脏"一线倾斜;在组织结构上,对原来的200多名管理人员进行大幅精简;在管理制度上,重在落实,不搞花架子;等等。新公司自以为这样一来,就可以妙手回春、点石成金了。

然而,事情并不像人们想象的那么简单。在实施新方案的过程中,新公司遭到了来自员工思想上、观念上的抵抗。这些刚刚从国有企业走出来的员工对新的制度很不适应,工作仍跟从前一样懒懒散散、松松垮垮,产品任务完不成、质量不合格的情况时有发生。他们认为,自己是国企职工、是主人翁,谁也不敢把他们怎样。来自浙江金鹰总厂的员工付继荣说,看见这里员工的工作状态,她感到非常惊讶,她不明白这些员工为什么没有起码的敬业精神,口口声声说自己是主人翁,主人翁应该是这种做法吗?

随后,新公司又采取了一系列措施,但员工的工作效率仍只相当于金鹰总厂的30%,月产量只有 2 万吨。

为什么职工的观念转变不过来呢？原来，根据绵阳市的有关政策，如果领取 1.5 万元自谋职业，就解除了与国有企业的关系，不再有国企职工的"名分"；如果接受了企业安置，就不领取 1.5 万元，这笔费用就由政府从收购资金中扣除，留给新公司去发展。因此，留下来的员工认为，自己没有领取 1.5 万元，自己就仍然是国企职工，就仍然要按照国企职工以前的规矩办事。而且，他们认为，没有领这 1.5 万元，自己就是带资进厂，按当时的利息每月是 150 元，因此，自己就不该与社会上招聘的员工同工同酬。如果同工同酬，自己每月工资 400 多元，减去 150 元利息，实际上每月只领了 200 多元，比从社会上招聘的员工工资低，贬低了自己作为国企职工的"神圣"身份。而且，这些员工认为，"绵绢"的破产跟员工没有任何关系，都是厂领导管理无方造成的。

针对这些观念，金鹰上层领导认为，"绵绢"破产的根源就在于"绵绢"人的错误观念及其相应的行为。如果不革除这些错误观念，新公司的发展将困难重重，甚至会再次破产。

"现在，我宣布，无论是否愿意留厂上班，所有"绵绢"员工一律发给 1.5 万元安置费。"金鹰老总傅国定的话音刚落，全体员工不约而同地站起来热烈鼓掌。

当得知新公司工作无法推进，严重影响了金鹰在绵阳发展的消息以后，金鹰老总傅国定亲赴绵阳，很快做出了上述决定。根据金鹰与绵阳市政府的有关协议，应由新公司安置的职工共有 1 300 人，每人发 1.5 万元安置费，总计近 2 000 万元。傅国定认为，发给员工 1.5 万元，就意味着买断了员工国企职工的身份及其相应的观念，以后的工作就一律按新公司的规定执行，谁违规，谁就照章处罚，一切都按照新的机制运行，从头开始。

"领取 1.5 万元以后，那种主人翁的感觉没有了，一下子觉得自己变成了打工仔，当时心里真有点不舒服。"一位姓张的员工说。

"以前在国有企业，我们是过一天算一天，金鹰公司要求转机建制、转变观念，我们开始很不适应、很不习惯。现在慢慢适应了，而且工作起来也更加有劲。"绢丝车间梁芳说。

"没领 1.5 万元以前，认为自己是国有企业职工，虽然只拿两三百元，但没有多大风险，心里踏实。现在拿了 1.5 万元，心里反而悬起来，因为现在要凭本事挣钱，压力很大，危机感很强。"制绵车间员工充满失落感地说。

"花钱转变职工观念，看起来似乎不划算，但从长远来看，对企业的发展是很有利的。"新公司姚副总经理说，"而且效果已经显现，今年 5 月，新公司已经扭亏为盈，收购之初，产量每月不足 2 万吨，到今年 7 月已上升到 15 万吨，工作效率也基本达到总公司的水平，因此，金鹰花钱买观念的这一创举，值！"

[要求]

(1)讨论不同财务管理目标的优、缺点。

(2)通过本案例，你认为新公司的财务管理目标为什么发生了变化？

 信息搜索

1. 说一说财务管理课程与财务会计、成本会计、管理会计、财务分析等课程的不同。

2. 你认为现代企业财务管理应该管理什么？如何管理？

3. 举例说明在不同的财务管理环境中应如何加强财务管理。

模 块 二
企业财务管理的基本价值观念

 学习目标

◎ 理解资金时间价值的本质。
◎ 理解资金风险价值的含义。
◎ 掌握资金时间价值的基本概念。
◎ 掌握资金时间价值的基本计算方法及基本原理的应用。
◎ 掌握风险报酬的概念及其计算。

案例引导

　　红星公司准备购置一台机器,现有两个方案可供选择:一是向阳光公司购入,需要支付300 000 元,但可分六次付款,每年年初支付 50 000 元;二是向光大公司购入,购入时一次性付现,需要 210 000 元。假设红星公司的资金成本率为 12%。

　　如果你是红星公司的财务经理,将如何向公司决策者提出购置设备的决策建议呢?

情境一　资金的时间价值

一、资金时间价值的概念

(一)资金时间价值的含义

　　资金时间价值是指一定量的资金经过一段时间的投资和再投资所增加的价值。例如,将100 元存入银行,假设银行年利率为 5%,1 年以后将得到本息 105 元。100 元经过 1 年时间的投资增加了 5 元,这就是资金的时间价值。

　　在商业活动中,资金的时间价值至关重要。早在 200 年前,本杰明·富兰克林就对资金的时间价值有着深刻的认识。他曾经给费城和波士顿各捐献了 1 000 英镑,两个城市将这笔钱年复一年地进行放贷收息增值活动。100 年后,这笔投资增值的一部分用在城市建设和福利事业上,另一部分继续进行投资。200 年后,人们用富兰克林在波士顿的那笔增值的资金组建了富兰克林基金,以极优惠的贷款方式帮助了无数医科学生,还盈余 300 多万美元。富兰克林给费城的 1 000 英镑同样获得了丰厚的投资增值。这一切都来自那原始的 2 000 英镑和它们的时间价值。

在实际工作中,时间价值是用相对数表示的。由于竞争的存在,各部门的投资利润率将趋于平均化,保证企业的投资项目至少要取得社会平均资金利润率,否则,就会投资于其他项目和其他行业。因此,资金的时间价值通常表示为没有风险和没有通货膨胀条件下的社会平均资金利润率。

需要指出的是,银行存款利率、贷款利率、各种债券利率、股票的股利率都可以看做是投资报酬率,但实际上它们与时间价值都是有区别的。以上利率除了包括资金时间价值以外,还要包括风险价值和通货膨胀因素。只有在没有风险和没有通货膨胀的条件下,时间价值才与上述各报酬率相等。

(二)资金时间价值的实质

资金时间价值是从西方引入的一个概念。在西方,一般认为:资金所有者要进行投资,就必须推迟现时的消费,对投资者推迟消费的耐心应该给予报酬,这种报酬额与投资者推迟消费的时间长度有关,这种报酬额与投资额的百分比称为资金时间价值。

这种观点只能说明一些表面现象。如果说推迟消费就能获得报酬,那么,资金所有者把钱闲置不用或者埋入地下保存是否能得到报酬呢? 显然不能。马克思认为,货币只有当作资本投入生产和流通后才能增值。因此,并不是所有的货币都有时间价值,只有把货币作为资本投入生产经营活动,才能产生价值。

那么,资金时间价值是否是由"时间"、"耐心"创造的呢? 不是。在发达商品经济条件下,商品流通的运动形式是 G—W—G′。最后从流通中取出的货币,多于起初投入的货币。可见,原预付价值不仅在流通中保存下来,而且在流通中发生了增值,价值增值部分是由工人劳动创造的剩余价值。因此,时间价值不可能由"时间"创造,也不可能由"耐心"创造,而只能由工人的劳动创造,时间价值的真正来源是工人创造的剩余价值。

资金时间价值作为一个客观存在的经济范畴,是财务管理中必须考虑的重要因素。在实务中,它可以作为企业资金利润率的最低界限,也可以作为评价经济效益的考核指标,能揭示不同时点资金量的换算关系,还可作为筹资、投资决策的基础。

为了便于分层次地、由易到难地研究问题,本章在讲述资金时间价值的计算时均假设没有风险和通货膨胀,以利率代表时间价值。

二、资金时间价值的计算

(一)终值与现值

(1)终值也称本利和(记为 F),是指现在一定量的资金在未来某一时点上的价值。如图 2—1 所示,F 即为第 n 期期末的价值。

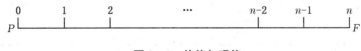

图 2—1 终值与现值

(2)现值也称本金(记为 P),是指未来某一时点上一定量的资金相当于现在时点的价值。如图 2—1 所示,P 即为第一期期初的价值。

(二)单利终值和单利现值的计算

计算资金时间价值经常使用的符号有:P 为现值(本金),F 为终值(本利和),i 为利率,I 为利息,n 为计息期数。

单利是计算利息的一种方法,在计算每期的利息时,只以本金计算利息,所生利息不再计息。

1. 单利终值的计算(已知现值,计算终值)

单利终值是指一定量的货币在若干期之后按单利计算的本利和。计算公式为:

$$F=P+I=P\times(1+i\times n)$$

☞ 任务 2-1

五洲公司将 10 000 元存入银行,假设年利率为 6%,单利计息,则 5 年后的本利和为多少?

$F=10\,000\times(1+6\%\times5)=13\,000$(元)

2. 单利现值的计算(已知终值,计算现值)

单利现值是指在单利计息条件下未来某一时点上的资金相当于现在的价值。显然,单利现值是单利终值的逆运算。将单利终值计算公式变形,即可得到单利现值的计算公式为:

$$P=\frac{F}{(1+i\times n)}$$

☞ 任务 2-2

某人拟在 3 年后得到 1 000 元,银行年利率为 5%,单利计息,则该人现在应存入银行的资金为多少?

$P=\dfrac{1\,000}{(1+3\times5\%)}=869.57$(元)

(三)复利终值和复利现值的计算

复利是指本金生息,利息也生息的计息方式,俗称"利滚利"。即每期产生的利息并入本金一起参与计算下一期利息的计息方式。在资金不断资本化的条件下,资本的积累应该用复利方式计算终值与现值。

在以后的有关章节中,如果不作说明,均假设用复利计息。

1. 复利终值的计算(已知现值,求终值)

复利终值是指一定量的货币在若干期之后按复利计算的本利和。计算公式为:

$$F=P\times(1+i)^n$$

其中,$(1+i)^n$ 为复利终值系数或 1 元的复利终值,通常记为 $(F/P,i,n)$,可通过本书所附"1 元的终值表"查找相应值。该表的第一行是利率 i,第一列是计息期数 n,行列交叉处即是相应的复利终值系数。

🖊 **小知识**

> 1626 年,荷兰人用 25 美元买下纽约曼哈顿。如果这 25 美元用来投资,按照平均 8% 的年增长率来计算,到 2004 年会达到多少呢? 4 307 046 634 105.39 美元,43 万亿美元,是 2004 年美国国民生产总值的 4 倍,而整个曼哈顿的房地产估价也不过是 900 亿美元,可以买下 50 个曼哈顿。

☞ **任务 2-3**

五洲公司现在存入银行 100 万元,存期为 3 年,年利率为 8%,每年计息一次,则到期可以取出的现金为多少?

查"1元的终值表"可知,当 $i=8\%$、$n=3$ 时,复利终值系数为 $(F/P,8\%,3)$,即 1.260,则:

$$F=P\times(1+i)^n=100\times(1+8\%)^3$$
$$=100\times(F/P,8\%,3)=100\times1.260=126(万元)$$

2. 复利现值的计算(已知终值,计算复利现值)

复利现值是指在复利计息条件下,将来某一特定时点的款项相当于现在的价值。复利现值是复利终值的逆运算。计算公式为:

$$P=F\times(1+i)^{-n}=F\times(P/F,i,n)$$

式中,$(1+i)^{-n}$ 为复利现值系数或 1 元的复利现值,通常记为 $(P/F,i,n)$,可通过本书所附"1元的现值表"查找相应值。

☞ **任务 2-4**

如果银行利率为 10%,为了在 5 年后获得 60 000 元,现在应存入银行的资金为多少?

查"1元的现值表"可知,利率为 10%、期数为 5 的复利现值系数是 0.621,则:

$$P=F\times(1+i)^{-n}=F\times(P/F,i,n)$$
$$=60\,000\times(P/F,10\%,5)=60\,000\times0.621=37\,260(元)$$

3. 名义利率与实际利率

复利的计息期间不一定是一年。例如,某些债券半年计息一次,有的抵押贷款每月计息一次,股利有时每季支付一次,银行之间拆借资金均每日计息一次等。因此,名义利率是指当利息在一年内要复利几次时给出的年利率,而将相当于一年复利一次的利率叫做实际利率,即投资者实际获得的报酬率。

当利率在一年内复利多次时,每年计算多次的终值会大于每年计息一次的终值,实际利率一定会大于名义利率。

对于一年内多次复利的情况下,可采用两种方法计算时间价值。

第一种方法是先将名义利率换算成实际利率,然后再按实际利率计算时间价值。其换算公式如下:

$$i=\left(1+\frac{r}{m}\right)^m-1$$

式中,i 为实际利率,r 为名义利率,m 为每年复利的次数。

☞ **任务 2-5**

五洲公司取得银行贷款 10 000 元,年利率为 6%,若半年计息一次,则 3 年后应归还的本利和为多少?

$$i=\left(1+\frac{r}{m}\right)^m-1$$
$$=\left(1+\frac{6\%}{2}\right)^2-1=6.09\%$$

$$F = 10\ 000 \times (1 + 6.09\%)^3 = 11\ 940.52(元)$$

第二种方法是不计算实际利率,而是调整相关指标,利率为每期利率,即 $\dfrac{r}{m}$,期数相应变为 $m \times n$,直接计算出时间价值。

$$F = 10\ 000 \times \left(1 + \dfrac{6\%}{2}\right)^{3 \times 2}$$

查"1 元的终值表"可知,利率为 3%、期数为 6 的复利终值系数为 1.194,则:

$$F = 10\ 000 \times 1.194 = 11\ 940(元)$$

(四)年金的计算

以上介绍的均是一次性收付款项,除此之外,在现实生活中,还有一定时期内发生多次收付款项的,即系列收付款项。年金就是系列收付款项的特殊形式,它是指某一特定时期内,每间隔相等的时间收付相等金额的款项,如租金、优先股股利、直线法计提的折旧、保险费、零存整取、整存零取、等额分期收(付)款等。年金按其每次收付发生的时间不同,可以分为普通年金、即付年金、递延年金、永续年金等几种。

1. 普通年金

普通年金又称后付年金,是指从第一期起一定时期内每期期末收付的年金。

(1)普通年金终值的计算(已知年金 A,求年金终值 F)。

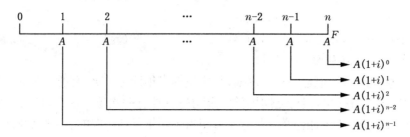

图 2—2　普通年金终值的计算

由图 2—2 可以看出:

$$F = A(1+i)^0 + A(1+i)^1 + \cdots + A(1+i)^{n-2} + A(1+i)^{n-1}$$
$$= A \times \dfrac{(1+i)^n - 1}{i}$$

式中,$\dfrac{(1+i)^n - 1}{i}$ 称为年金终值系数,通常表示为 $(F/A, i, n)$,可通过直接查找"1 元的年金终值表"求得有关数据。

☞ **任务 2—6**

某人定期在每年年末存入银行 2 000 元,银行年利率为 6%。则 10 年后此人可以一次性从银行取出多少款项?

$$F = 2\ 000 \times (F/A, 6\%, 10) = 2\ 000 \times 13.181 = 26\ 362(元)$$

(2)偿债基金的计算(已知年金终值 F,求年金 A)。

偿债基金是指为了偿付未来某一时点的一定金额的债务或积聚一定数额的资金而分次等额形成的存款准备金。由于每年存入等额款项属于年金形式,将来某一时点需要偿还的债务

也就是普通年金终值,所以,偿债基金的计算实际上是普通年金终值的逆运算。计算公式如下:

$$A=F\times\frac{i}{(1+i)^n-1}=F\times(A/F,i,n)$$

式中,$\dfrac{i}{(1+i)^n-1}$ 称为偿债基金系数,记为$(A/F,i,n)$,是年金终值系数的倒数。

☞ 任务2-7

五洲公司在10年后需要偿还1 000万元的抵押贷款,按照债务合同,该公司每年末需从税后利润中提取固定数额存入一家投资公司作为偿债基金。假设该投资公司保证这笔偿债基金每年获得8%的收益,则该公司每年年末应提取多少资金?

$$A=1\,000\times\frac{1}{(F/A,8\%,10)}=1\,000\times\frac{1}{14.49}=69.01(万元)$$

(3)普通年金现值的计算(已知年金A,求年金现值P)。

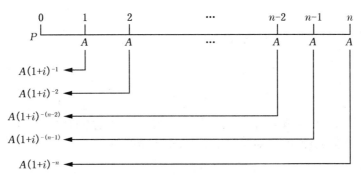

图2-3 普通年金现值的计算

由图2-3可以看出:

$$P=A(1+i)^{-1}+A(1+i)^{-2}+\cdots+A(1+i)^{-(n-1)}+A(1+i)^{-n}$$

$$=A\times\sum_{t=1}^{n}(1+i)^{-n}=A\times\frac{1-(1+i)^{-n}}{i}$$

式中,$\dfrac{1-(1+i)^{-n}}{i}$ 称为年金现值系数,通常表示为$(P/A,i,n)$,可通过直接查找"1元的年金现值表"求得有关数据。上式也可表述为:

$$P=A\times(P/A,i,n)$$

☞ 任务2-8

假设某人在今后的10年内,每年末需要支付保险费660元,银行年利率为10%,则他现在应一次性存入银行的现金为多少?

$$P=A\times(P/A,i,n)$$
$$=660\times(P/A,10\%,10)$$
$$=660\times6.145=4\,055.7(元)$$

(4)投资回收额的计算(已知年金现值P,求年金A)。

投资回收额是指在未来一定时期内等额回收初始投入的资本。这里的等额回收是年金形式,初始投入的资本是普通年金现值。显然,投资回收额的计算是普通年金现值计算的逆运算。计算公式如下:

$$A=P\times\frac{i}{1-(1+i)^{-n}}=P\times\frac{1}{(P/A,i,n)}$$

式中,$\frac{i}{1-(1+i)^{-n}}$ 称为资本回收系数,也可表示为 $(A/P,i,n)$。显然,资本回收系数与年金现值系数互为倒数。上式也可表示为:

$$A=P\times(A/P,i,n)$$

☞ **任务 2-9**

假设你计划购买一辆价格为 100 000 元的新车,首次支付 30 000 元,余下的在今后 5 年内每年年末等额支付,年利率为 9%。每年应支付的款项为多少?

$$A=P\times\frac{1}{(P/A,i,n)}$$
$$=(100\,000-30\,000)\times\frac{1}{(P/A,9\%,5)}$$
$$=70\,000\times\frac{1}{3.890}=17\,994.86(元)$$

2. 即付年金

即付年金也称预付年金或先付年金,是指在一定时期内每期期初等额收付款项的年金。

(1)即付年金终值的计算(已知即付年金 A,求年金终值 F)。

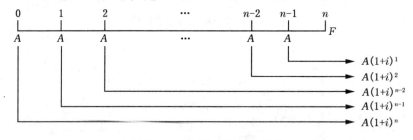

图 2-4 即付年金终值的计算

由图 2-4 可以看出:

$$F=A(1+i)^1+A(1+i)^2+\cdots+A(1+i)^{n-1}+A(1+i)^n$$
$$=A\times\frac{(1+i)^n-1}{i}\times(1+i)=A\times\left[\frac{(1+i)^{n+1}-1}{i}-1\right]$$

式中,$\left[\frac{(1+i)^{n+1}-1}{i}-1\right]$ 称为即付年金终值系数。它是在普通年金终值系数的基础上,期数加 1、系数减 1 的结果。因此,即付年金终值系数也可记为 $[(F/A,i,n+1)-1]$。

☞ **任务 2-10**

某人每年年初存入银行 2 000 元,存款年利率为 8%,则第 10 年年末的本利和为多少?

$$F=2\,000\times[(F/A,8\%,10+1)-1]=2\,000\times(16.645-1)=31\,290(元)$$

(2)即付年金现值的计算(已知即付年金 A,求年金现值 P)。

由图 2—5 可以看出:

$$P = A(1+i)^0 + A(1+i)^{-1} + \cdots + A(1+i)^{-(n-2)} + A(1+i)^{-(n-1)}$$

$$= A \times \frac{1-(1+i)^{-n}}{i} \times (1+i) = A \times \left[\frac{1-(1+i)^{-(n-1)}}{i} + 1 \right]$$

式中,$\left[\dfrac{1-(1+i)^{-(n-1)}}{i} + 1 \right]$ 称为即付年金现值系数,它是在普通年金现值系数的基础上,期数减 1、系数值加 1 所得的结果。因此,即付年金现值系数也可记为 $[(P/A, i, n-1) + 1]$。

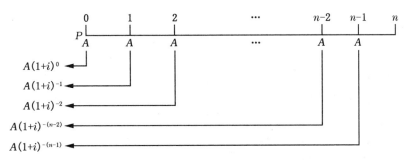

图 2—5　即付年金现值的计算

☞ 任务 2—11

某人 10 年期分期付款购房,每年年初支付 20 000 元,设银行利率为 10%,则该项分期付款相当于一次支付多少现金?

$$P = 20\,000 \times [(P/A, 10\%, 9) + 1]$$
$$= 20\,000 \times (5.759 + 1)$$
$$= 135\,180(元)$$

3. 递延年金

递延年金是指第一次收付发生在若干期(假设为 s 期,$s \geq 1$)以后,即从 $s+1$ 期开始每期末收付的等额款项。它是普通年金的特殊形式,凡不是从第一期开始的普通年金都是递延年金。s 称为递延期。如图 2—6 所示。

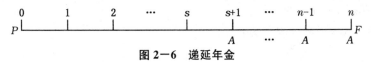

图 2—6　递延年金

(1)递延年金终值的计算。

递延年金终值的计算与递延期 s 无关,其计算方法与普通年金终值相同。

$$F = A \times (F/A, i, n-s)$$

☞ 任务 2—12

某人若从第三年年末开始存钱,每年末存入银行 2 000 元,银行年利率为 6%,则 10 年后能一次性从银行取出的款项为多少?

$$F = 2\,000 \times (F/A, 6\%, 8) = 2\,000 \times 9.897 = 19\,794(元)$$

（2）递延年金现值的计算。

❖方法一：先计算出 n 期的普通年金现值，然后减去前 s 期的普通年金现值，即递延年金现值。

$$P=A\times[(P/A,i,n)-(P/A,i,s)]$$

❖方法二：先将递延年金视为 $(n-s)$ 期普通年金，求出在第 s 期的现值，然后再折算为第一期期初的现值。

$$P=A\times\frac{1-(1+i)^{-(n-s)}}{i}\times(1+i)^{-s}=A\times(P/A,i,n-s)\times(P/F,i,s)$$

☞ 任务 2-13

五洲公司融资租赁一台设备，协议中约定从第 5 年年初开始，连续 6 年每年年初支付租金 5 600 元，若年利率为 10%，则相当于现在一次性支付多少？

$$P=A\times[(P/A,10\%,9)-(P/A,10\%,3)]$$
$$=5\ 600\times(5.759-2.487)=18\ 323.2（元）$$

或　$P=5\ 600\times(P/A,10\%,9-3)\times(P/F,10\%,3)$
$$=5\ 600\times4.355\times0.751=18\ 315.39（元）$$

4. 永续年金

永续年金是指无限期地等额定期收付的年金，也可视为普通年金的特殊形式，即期限趋于无穷大的普通年金。

在实际工作中，如优先股股利、奖学金等，均可看做是永续年金。由于永续年金的期限趋于无穷大，因此，它只能计算现值，不能计算终值。另外，期限长、利率高的年金现值，也可按永续年金现值公式计算其现值的近似值。

根据普通年金现值公式 $P=A\times\frac{1-(1+i)^{-n}}{i}$，当期限 n 趋于无穷大时，求其极限得：

$$P=A\times\frac{1}{i}$$

☞ 任务 2-14

某人欲购买某优先股股票，该股票每年每股分发股利 1.5 元，设市场利率为 6%，若当前该股票市价为 20 元，问是否应购买？

根据计算公式，该股票的现值为：

$$P=\frac{1.5}{6\%}=25（元）$$

因为股票价值高于市价，所以可以购买。

（五）利率与期间的推算

由上述的有关计算可以看出，时间价值的计算受 F、P、i、n 四个因素影响，只要已知其中的三个因素，即可推知第四个。关于 F 与 P 之间的计算都已经介绍过，这里主要讲述期间 n 与利率 i 的有关推算。应用广泛的是插值法，也叫内插法。

1. 利率的推算

（1）对于一次性收付款项，可根据其复利终值（或现值）的计算公式推算利率。计算公式为：

$$i = \left(\frac{F}{P}\right)^{\frac{1}{n}} - 1$$

也可以直接根据复利终值(或现值)的计算公式查复利终值(或现值)系数表,采用插值法来计算。

☞ **任务2-15**

某人把100元存入银行,10年后可获本利和为250元,问银行存款的利率为多少?

已知 $F=250$, $P=100$, $n=10$, 求 i。

$$250 = 100 \times (1+i)^{10}$$

$$(1+i)^{10} = \frac{250}{100} = 2.50$$

查"1元的终值表",当利率为9%时,系数为2.367;当利率为10%时,系数为2.594。因此,利率应当介于9%~10%之间。

	利率	复利终值系数
	9%	2.367
	i	2.50
	10%	2.594

利用内插法计算如下:

$$\frac{i-9\%}{10\%-9\%} = \frac{2.50-2.367}{2.594-2.367}$$

$$i = 9\% + \frac{2.5-2.367}{2.594-2.367} \times (10\%-9\%)$$

$$i = 9.59\%$$

(2)永续年金折现率(利率)的计算。

根据永续年金现值公式:

$$P = A \times \frac{1}{i}$$

推知:

$$i = \frac{A}{P}$$

(3)普通年金折现率(利率)的计算。

☞ **任务2-16**

现在向银行存入5 000元,在利率为多少时,才能保证在以后的10年中每年年末得到750元?

$$(P/A, i, 10) = 5\,000/750 = 6.667$$

查"1元的年金现值表",当利率为8%时,系数为6.710;当利率为9%时,系数为6.418。所以,利率应介于8%~9%之间。

利率	年金现值系数
8%	6.710
i	6.667
9%	6.418

利用内插法计算如下：

$$i=8\%+\frac{6.710-6.667}{6.710-6.418}\times(9\%-8\%)=8.15\%$$

2. 期间的推算

期间 n 的推算，其原理和步骤同折现率(利息率) i 的推算相类似。

 任务 2-17

某项目建成投产后，每年可为五洲公司创造 30 万元的收益，该项目投资额为 100 万元，要求的最低报酬率为 6%，则该项目的最短寿命期应为多少？

根据年金现值计算公式，得：

$100=30\times(P/A,6\%,n)$

查"1 元的年金现值表"，在 $i=6\%$ 时：

$(P/A,6\%,n)=3.333$

当 $n=3$ 时，年金现值系数为 2.673；当 $n=4$ 时，年金现值系数为 3.465，于是：

$$n=3+\frac{2.673-3.333}{2.673-3.465}\times(4-3)=3.83(年)$$

即该项目最低应使用 3.83 年才能使公司获利。

帮你学

1. 货币具有时间价值：今天的 10 万元比 10 年后的 10 万元值钱。

2. 在商业活动中，资金的时间价值至关重要。

3. 复利终值和复利现值互为逆运算。

4. 偿债基金和普通年金终值互为逆运算。

5. 资本回收额与普通年金现值互为逆运算。

6. 货币时间价值通常用"无风险无通货膨胀情况下的社会平均利润率"来表示。

情境二 风险价值观念

一、风险的概念及其分类

(一)风险的概念

风险一般是指某一行动的结果具有多样性。例如，五洲公司准备投资 100 万元，有两种方案可供选择。方案一，购买 3 年期单利计息国库券，年利率 5%，到期可取出 115 万元，这一投资基本没有风险(即只有一个结果)。方案二，开发一种新产品，如果销路好，可盈利 1 000 万元,出现的概率为 45%;如果销路不好,将亏损 20 万元,出现的概率为 55%。显然,这一投资的结果具有多种可能而不肯定,就叫做有风险。

与风险相联系的另一个概念是不确定性。不确定性是指事前不知道所有的结果,或知道可能的结果,但不知道它们出现的概率。显然,不确定性无法进行量化分析。风险是指事前知道所有可能的结果,以及每种结果出现的概率,但不知道会出现哪种结果。在以后的讲述中,均以风险决策为例。

从财务管理角度分析,风险主要是指无法达到预期报酬的可能性,或由于各种难以预料和无法控制的因素,使企业的实际收益与预期收益发生背离,而蒙受经济损失的可能性。风险有可能带来超出预期的损失,呈现其不利的一面,但也有可能带来超出预期的收益,呈现其有利的一面。

(二)风险的分类

1. 按风险能否分散,分为不可分散风险和可分散风险

不可分散风险是指那些影响所有企业的风险,也称市场风险或系统风险,如战争、自然灾害、通货膨胀、利率调整等。因为这些因素影响所有投资,所以不可能通过多角化投资分散风险。

可分散风险也称公司特有风险或非系统风险,是指发生于个别公司的特有事件给企业造成的风险,如罢工、新产品开发失败等。这类事件是随机发生的,仅影响与之相关的公司,可以通过多角化投资分散风险。

2. 按风险形成的原因,分为经营风险与财务风险

经营风险是指企业因经营上的原因导致利润变动的不确定性。例如,原材料价格变动、市场销售因素、生产成本因素等变动,使得企业的收益变得不确定。经营风险是不可避免的。

财务风险也叫筹资风险,是指因借款而增加的风险,是筹资决策带来的风险。因为借款的利息固定,当企业经营状况不佳时,将导致企业所有者收益下降甚至无法按期支付利息,影响偿债能力。财务风险是可避免的,如果企业不举债,企业就没有财务风险。

二、风险的衡量

风险是客观存在的,广泛影响着企业的财务和经营活动,因此,正视风险并将风险程度予以量化,成为企业财务管理中的一项重要工作。衡量风险大小需要使用概率和统计方法,下面分别进行介绍。

(一)概率

概率是用百分数或小数来表示随机事件发生可能性的大小,或出现某种结果可能性大小的数值。一般用 P_i 表示,它是介于 0~1 之间的一个数。

(二)期望值

期望值是一个概率分布中的所有可能结果以其概率为权数进行加权平均的加权平均数,反映事件的集中趋势。计算公式为:

$$\overline{E} = \sum_{i=1}^{n} P_i X_i$$

式中,X_i 为第 i 种结果出现的预期收益(或预期收益率),P_i 为第 i 种结果出现的概率,n 为所有可能结果的数目。

(三)标准离差

标准离差是各种可能的收益(或收益率)偏离期望收益(或期望收益率)的综合差异,是反映离散程度的一种量度。计算公式为：

$$标准离差\ \sigma = \sqrt{\sum_{i=1}^{n}(X_i - \overline{E})^2 P_i}$$

在期望值相等的情况下，标准离差越大，意味着风险越大。

（四）标准离差率

标准离差率是标准离差同期望值的比值。计算公式为：

$$V = \frac{\sigma}{E}$$

标准离差率越大，风险程度就越大。在期望值不相等的情况下，应用标准离差率比较风险大小。

☞ 任务 2-18

五洲公司拟对外投资，现有 A 公司和 B 公司有关股票收益的资料如表2-1所示，试分析其风险的大小。

表 2-1   A、B 公司股票收益概率分布

经济情况	事件发生的概率 P_i	A 公司收益额 X_i（万元）	B 公司收益额 Y_i（万元）
繁荣	0.2	40	70
一般	0.6	20	20
衰退	0.2	0	-30
合计	1.0	—	—

在表 2-1 中，概率表示每种结果出现的可能性，即经济情况会出现三种结果，其概率分别为 0.2、0.6、0.2。

A 公司期望值 $\overline{E}=40\times0.2+20\times0.6+0\times0.2=20$（万元）

B 公司期望值 $\overline{E}=70\times0.2+20\times0.6+(-30)\times0.2=20$（万元）

A 公司股票的标准离差为：

$\sigma=\sqrt{(40-20)^2\times0.2+(20-20)^2\times0.6+(0-20)^2\times0.2}$

$=12.65$（万元）

同理可以计算 B 公司股票的标准离差为：

$\sigma=31.62$（万元）

因为 A 公司股票的标准离差小于 B 公司股票的标准离差，所以，在期望收益均为 20 万元的条件下，A 公司股票的风险程度小于 B 公司股票的风险程度，应选择投资 A 公司股票。

A 公司股票的标准离差率 $V=\dfrac{12.65}{20}=0.6325$

B 公司股票的标准离差率 $V=\dfrac{31.62}{20}=1.581$

可见，A 公司股票的标准离差率小于 B 公司股票的标准离差率，即 A 公司股票的风险程度小于 B 公司股票。

三、风险报酬的计算

(一)风险报酬的概念

风险报酬是指投资者由于冒风险进行投资而获得的超过资金时间价值的额外收益,又称投资风险收益或投资风险价值,可以用风险报酬额或风险报酬率来反映。风险报酬额与投资额的比率即风险报酬率。

(二)风险报酬的计算

风险与报酬的关系是风险越大,要求的报酬率越高。用公式表示如下:

$$K = R_F + bv = 无风险报酬率 + 风险报酬系数 \times 标准离差率$$
$$= 无风险报酬率 + 风险报酬率$$

式中,K 为期望投资报酬率,R_F 为无风险报酬率,b 为风险报酬系数,v 为标准离差率。

风险报酬的计算关键是风险报酬系数 b 的确定。风险报酬系数是一个经验数据,它可以根据对历史资料的分析、统计回归、专家评议获得,或者由政府等专门机构公布。

 任务 2-19

承任务 2-18,假设无风险报酬率为 5%,股票投资的风险报酬系数为 0.2,则投资 A、B 公司股票的风险报酬率和期望投资报酬率分别为多少?

A 公司股票的风险报酬率 = 0.2×0.632 5×100% = 12.65%

A 公司股票的期望投资报酬率 = 5% + 12.65% = 17.65%

B 公司股票的风险报酬率 = 0.2×1.581×100% = 31.62%

B 公司股票的期望投资报酬率 = 5% + 31.62% = 36.62%

由结果可见,由于 B 公司股票的风险程度大于 A 公司股票,按照风险收益对等原理,投资于 B 公司股票所要求的风险报酬率和期望投资报酬率均高于 A 公司,这是投资者风险投资所应得到的报酬。如果 B 公司给予投资者的回报低于 36.62%,则对投资者而言,该项投资是不可行的。

> **帮你学**
>
> 1. 抗衡投资风险的四种能力:资金管理的能力、规避风险的能力、解除风险的能力、扭亏为盈的能力。
> 2. 风险控制对策:规避风险、减少风险、转移风险、接受风险。

情境三 价值评估的方法与模型

一、价值的定义

价值有多种定义,这里的价值是指资产的价值,即资产值多少钱。虽然价值的评估比较困难,但却是财务管理活动不可回避的问题。

(一)清算价值

清算价值是指一项资产从使用它的组织中分离出来单独出售能得到的价值。公司清算时,清算价值是所有财产的变现价值减去负债及清算费用后的净值。清算财产的价值主要取决于财产的变现速度。清算价值反映了一个公司的最低价值。

(二)账面价值

账面价值是指资产在企业会计账面上列示的价值,它是以原始成本入账的。对于一个历史悠久的企业而言,其账面上的资产价值并不代表企业目前的真实价值。

(三)公允价值

公允价值亦称公允市价、公允价格,是指熟悉情况的买卖双方在公平交易的条件下所确定的价格,或无关联的双方在公平交易的条件下一项资产可以被买卖的成交价格。公允价值的确定,需要依靠专业人员的职业判断。

(四)内在价值

内在价值主要在股票投资中经常出现,它在理论上的定义很简单:它是一家企业在其余下的寿命中可以产生的现金流量的折现值。因此,要计算内在价值,应当推测出将来的现金流量,确定适当的折现率。事实上,要精确甚至大概地计算一家企业的内在价值是很困难的。

二、债券估价

(一)债券的概念

债券是发行者为筹集资金,向债权人发行的,在约定时间支付一定比例的利息,并在到期时偿还本金的一种有价证券。

1. 债券的票面价值

债券的票面价值也称为到期价值,是在债券上标明到期时须偿还的金额。票面价值在债券发行后不会更改,虽然市场价格有升有降,但债券的票面价值不会变动。它代表发行公司承诺于未来某一特定日期偿付给债券持有人的金额。

2. 债券的票面利率

债券的票面利率是指债券发行者预计一年内向投资者支付的利息占票面金额的比率。一般在债券的发行契约中规定,与票面利率相对应的是市场利率,即债券发行时金融市场通行的利率。在多数情况下,债券的票面利率与市场利率是不一致的,正是由于这种不一致,使得债券的购入价格与债券的票面价值不一致。

3. 债券的到期日

债券的到期日是指偿还本金的日期。债券一般都有明确的到期日,债券持有者可以根据此日期计算何时可以收回本金及其债券现在的价值。

(二)债券的价值

债券投资的目的是为了获得一定的收益,同时承担一定的风险。对债券持有者来说,购买债券后,可以定期获取固定的利息,如果发行债券的公司不违约,由债券所产生的现金流量应该是每年的利息和债券到期时收回的本金。

债券的价值是指债券按票面利率计算的利息和到期收回的本金现值之和,也称为债券的内在价值。典型的债券是固定利率、每年计算并支付利息、到期归还本金。按照这种模式,债券价值计算的基本模型是:

$$V = \sum_{t=1}^{n} \frac{M \times r}{(1+i)^t} + \frac{M}{(1+i)^n} = I \times (P/A, i, n) + M \times (P/F, i, n)$$

其中,V 为债券的价值;M 为债券面值;r 为债券票面利率;i 为贴现率,一般采用当时的市场利率或投资人要求的必要报酬率;n 为债券到期前的年数。

☞ 任务 2-20

五洲公司购买 A 公司发行的面值 1 000 元、票面利率为 10%、期限为 5 年的债券,假设公司要求的必要报酬率为 8%,该债券的价值是多少?

$$V = \sum_{t=1}^{n} \frac{M \times r}{(1+i)^t} + \frac{M}{(1+i)^n} = \sum_{t=1}^{5} \frac{1\,000 \times 10\%}{(1+8\%)^t} + \frac{1\,000}{(1+8\%)^5}$$

$$= 100 \times 3.992\,7 + 1\,000 \times 0.680\,6$$

$$= 1\,079.87(元)$$

债券作为一种投资对象,只有当其价值大于购买价格时,才值得购买。像例题中 A 公司的债券价格小于或等于 1 079.87 元时,五洲公司才会购买。也只有这样,才能获得不低于 8% 的报酬。

(三)债券的到期收益率

债券的收益水平通常用到期收益率来衡量。到期收益率是指以特定价格购买债券并持有至到期日所能获得的收益率,它是使未来现金流量的现值等于债券购买价格的折现率。即:

购进价格＝每年利息×年金现值系数＋面值×复利现值系数

$$V = I \times (P/A, i, n) + M \times (P/F, i, n)$$

其中,V 为债券购买价格,I 为每年的利息,M 为面值,n 为到期的年数,i 为贴现率。

☞ 任务 2-21

五洲公司 2015 年 2 月 1 日用平价购买一张面值为 1 000 元的债券,票面利率为 8%,每年 2 月 1 日计算并支付一次利息,并于 5 年后的 1 月 31 日到期。该公司持有债券至到期日,计算其到期收益率。

$1\,000 = 80 \times (P/A, i, 5) + 1\,000 \times (P/F, i, 5)$

计算 i 要用逐步测试法。

用 $i = 8\%$ 试算:

$80 \times (P/A, 8\%, 5) + 1\,000 \times (P/F, 8\%, 5)$

$= 80 \times 3.993 + 1\,000 \times 0.681 = 1\,000(元)$

可见,平价发行的每年付息一次的债券,其到期收益率等于票面利率。

如果债券的价格高于或低于面值,则情况将发生变化。

☞ 任务 2-22

承任务 2-21,假设其他条件不变,债券购买价格为 1 105 元,则到期收益率为多少?

$1\,105 = 80 \times (P/A, i, 5) + 1\,000 \times (P/F, i, 5)$

通过前面试算已知,$i = 8\%$ 时,等式右方为 1 000 元,小于 1 105 元,可判断收益率低于 8%,故降低贴现率进一步试算。

用 6% 试算:

$80 \times (P/A, 6\%, 5) + 1\,000 \times (P/F, 6\%, 5)$

$= 80 \times 4.212 + 1\,000 \times 0.747 = 1\,083.96(元)$

由于贴现结果仍小于 1 105,还应进一步降低贴现率。

用 $i=4\%$ 试算：

$80\times(P/A,4\%,5)+1\,000\times(P/F,4\%,5)$

$=80\times4.452+1\,000\times0.822=1\,178.16(元)$

贴现结果高于 1 105，可以判断，收益率高于 4%。用插值法计算近似值：

$$i=4\%+\frac{1\,178.16-1\,105}{1\,178.16-1\,083.96}\times(6\%-4\%)=5.55\%$$

由于逐步测试法比较麻烦，在计算时可采用下面的简便算法求得近似结果：

$$i=\frac{I+(M-P)\div N}{(M+P)\div 2}$$

其中，i 为债券到期收益率，I 为每年的利息，M 为债券面值，P 为买价，N 为年数。

将数据代入：

$$i=\frac{80+(1\,000-1\,105)\div 5}{(1\,000+1\,105)\div 2}\times100\%=5.6\%$$

从此例可以看出，如果买价和面值不相等，则到期收益率和票面利率亦不同。

三、股票估价

(一)股票的有关概念

1. 什么是股票

股票是股份有限公司发给股东的所有权凭证，是股东借以取得股东权的一种有价证券。股票持有者即为公司的股东，对该公司拥有剩余控制权。

2. 股票价格

股票本身没有价值，仅是一种凭证。它之所以有价格、可以买卖，是因为它能给持有人带来收益。一般来说，公司第一次发行股票，要规定发行总额和每股金额，一旦股票发行后上市买卖，股票价格就与原来的面值分离。这时的价格主要由预期股利和当时的市场利率决定，即股利的资本化价值决定了股票价格。此外，股票价格还受整个经济环境变化和投资者心理等复杂因素的影响。

股市上的价格分为开盘价、收盘价、最高价和最低价等，投资人在进行股票估价时主要使用收盘价。

股票价格会随着经济形势和公司的经营状况而升降。

3. 股利

股利是公司对股东投资的回报，它是股东所有权在分配上的体现。股利是公司税后利润的一部分。

(二)股票的价值

股票的价值是指股票期望提供的所有未来收益的现值。

1. 股票估价的基本模式

股票持有者持有股票所能获取的现金流量，包括每期的预期现金股利和出售股票而得到的现金收入。股票的价值也就是未来所得现金收入折为现值的总额。

如果股东购入股票后永久持有，不在市场上售出，那么他只能获得股利，是一个永续的现金流入，这个现金流入的现值就是股票的价值，可表示为：

$$P=\sum_{t=1}^{\infty}\frac{D_t}{(1+R_s)^t}$$

其中，P 为股票的价值；D_t 为第 t 年的股利；R_S 为贴现率，即必要报酬率；t 为年份。

如果股票持有者并不想永久持有股票，且可预知持有一段时间后的售价时，其股票的估价模型为：

$$P = \sum_{t=1}^{n} \frac{D_t}{(1+R_S)^t} + \frac{P_n}{(1+R_S)^n}$$

其中，P_n 为预计股票的售价。

☞ **任务 2-23**

某人购入一批股票，预计 3 年后出售可得 50 000 元，这批股票 3 年中每年获得股利收入为 8 000 元，假设股票投资的报酬率为 18%，则其价值是多少？

$$P = \sum_{t=1}^{3} \frac{8\,000}{(1+18\%)^t} + \frac{50\,000}{(1+18\%)^3}$$
$$= 8\,000 \times (P/A, 18\%, 3) + 50\,000 \times (P/F, 18\%, 3)$$
$$= 8\,000 \times 2.174 + 50\,000 \times 0.609$$
$$= 47\,842(\text{元})$$

2. 零成长股票的价值

零成长股票就是公司每年发放给股东的股利相等，即预期股利的增长率为零。这种股票的估价模型为：

$$P = \frac{D}{R_s}$$

其中，P 为股票的价值，D 为每年的股利，R_s 为股东要求的报酬率。

☞ **任务 2-24**

五洲公司购入一种股票，预计每年获得股利为 4 元，购入这种股票要求得到的报酬率为 16%，则此股票的价值是多少？

$$P = \frac{D}{R_s} = \frac{4}{16\%} = 25(\text{元})$$

3. 固定成长股票的价值

企业的股利一般不是固定不变的，而应当不断成长。一般来说，这种股票的估价模型比较复杂。但如果假设一种股票的股利永远按照一个固定的比率增长的话，那么，股票的基本估计模型可以简化为下列公式：

$$P = \frac{D_0 \times (1+g)}{R_s - g} = \frac{D_1}{R_s - g}$$

其中，P 为股票的价值；D_0 为公司最近发放的股利；D_1 为预期第一年的股利，可以用 $D_0(1+g)$ 计算；R_s 为贴现率，即必要报酬率；g 为股利增长率。

将其变为计算股票预期报酬率的公式：

$$R_s = \frac{D_1}{P} + g$$

☞ **任务 2-25**

五洲公司持有某公司发行的股票，公司最近实际发放的股利为每股 2 元，预计股利增长率为 12%，公司要求的报酬率为 16%，则该股票的内在价值是多少？

$$P = \frac{2 \times (1+12\%)}{16\% - 12\%} = \frac{2.24}{4\%} = 56(元)$$

4. 非固定成长股票的价值

现实生活中，公司的股利一般是不固定的，但同时又具有一定的特征。例如，在一段时间里高速成长，在另一段时间里正常固定成长或固定不变。在这种情况下，要分段计算，才能确定股票的价值。

☞ 任务 2－26

五洲公司持有 A 公司发行的股票，公司投资报酬率为 15%，预计 A 公司未来 3 年股利将高速增长，成长率为 20%。在此以后转为正常增长，增长率为 12%。A 公司最近支付的股利是 2 元。则该公司股票的内在价值是多少？

首先，计算非正常增长期的股利现值：

年份	股 利	现值系数(15%)	现 值
1	2×1.2＝2.4	0.87	2.088
2	2.4×1.2＝2.88	0.756	2.177
3	2.88×1.2＝3.456	0.658	2.274
	合计(3 年股利现值)		6.539

其次，计算第三年年底的普通股内在价值：

$$P_3 = \frac{D_4}{R_s - g} = \frac{D_3(1+g)}{R_s - g} = \frac{3.456 \times 1.12}{15\% - 12\%} = 129.02(元)$$

计算其现值：

$$PVP_3 = 129.02 \times (P/F, 15\%, 3) = 129.02 \times 0.658 = 84.9(元)$$

最后，计算股票目前的内在价值：

$$P = 6.539 + 84.9 = 91.439(元)$$

👥 帮你学

1. 债券投资决策——债券内在价值与市价比较，前者大应购买；债券实际收益率与必要收益率比较，前者大应购买。

2. 股票的投资决策——计算股票价值，然后与已知的市价相比较，高于市价可以购买。

3. 股票的购买价格＝未来收益的现值。

4. 债券的价值＝未来收益的现值。

❓ 基本达标

一、单项选择题

1. 资金时间价值的实质是（　　）。

A. 存款利息率　　　　　　　　　　　　B. 资金周转使用后的增值额

C. 资金利润率   D. 差额价值

2. 某企业现在将 1 000 元存入银行,年利率为 8%,复利计算,5 年后企业可以从银行取出( )元。

A. 1 400   B. 1 452.6   C. 1 469   D. 1 685.1

3. 企业 5 年内每年年末存入银行 1 000 元,年利率为 9%,则 5 年后可从银行取出( )元。

A. 5 985   B. 6 105.1   C. 4 506.1   D. 4 573.5

4. 从财务的角度来讲,风险主要是指( )。

A. 生产经营风险   B. 无法达到预期报酬率的可能性

C. 筹资决策带来的风险   D. 不可分散的市场风险

5. 甲方案在 3 年中每年年初付款 100 元,乙方案在 3 年中每年年末付款 100 元,若利率为 10%,则两者在第三年年末时终值相差( )元。

A. 33.1   B. 31.3   C. 133.1   D. 13.31

6. 影响所有公司的因素引起的风险称为( )。

A. 公司特有风险   B. 市场风险   C. 经营风险   D. 财务风险

7. 某公司发行面值为 1 000 元、票面利率为 10%、期限为 5 年、每年付息一次、到期还本的债券,市场平均收益率为 8%,其内在价值为( )元。

A. 927.5   B. 1 080.3   C. 1 021.5   D. 1 000

8. 以下说法不正确的是( )。

A. 复利终值系数与复利现值系数互为倒数

B. 普通年金终值系数与普通年金现值系数互为倒数

C. 普通年金终值系数与偿债基金系数互为倒数

D. 普通年金现值系数与资本回收系数互为倒数

9. 投资者甘愿冒风险投资,因为( )。

A. 风险投资可以使企业获利

B. 风险投资可以使企业获得等于资金时间价值的报酬

C. 风险投资可以获得高于资金时间价值的报酬

D. 风险投资可以使企业获得报酬

10. 下列各项中,不能通过证券组合分散的风险是( )。

A. 非系统性风险   B. 公司特别风险

C. 可分散风险   D. 市场风险

11. 已知甲方案投资收益率的期望值为 15%,乙方案投资收益率的期望值为 12%,两个方案都存在投资风险。比较甲、乙两个方案风险大小应采用的指标是( )。

A. 方差   B. 净现值   C. 标准离差   D. 标准离差率

12. 某公司 2015 年以 12 000 元的价格购入一张面值为 10 000 元的公司债券,该债券的期限为 5 年,公司持有债券到期,票面利率为 10%,每年付息一次,使用简便法计算的债券到期收益率的近似结果是( )。

A. 5.79%   B. 5.45%   C. 5.62%   D. 4.12%

13. A 公司准备购买 B 公司发行的一种零成长股票,预计该股票的股利为每股 2 元,A 公司要求的投资报酬率为 16%,则 B 公司发行股票的内在价值为( )元。

A. 11　　　　　　　　B. 11.5　　　　　　　　C. 12　　　　　　　　D. 12.5

14. 下列各项中,会带来非系统风险的是(　　　)。

A. 某公司发生火灾　　　　　　　　B. 国家调整利率

C. 通货膨胀　　　　　　　　　　　D. 战争

15. 某公司购买一种固定成长股票,该股票本年实际发放股利为每股 2 元,预计股利增长率为 15%,则该股票第 10 年的股利预期为(　　　)元。

A. 6.523　　　　　　　B. 8.09　　　　　　　　C. 7.458　　　　　　　D. 9.12

二、多项选择题

1. 永续年金的特点有(　　　)。

A. 无法计算终值　　　　　　　　　B. 没有固定的期限

C. 每期等额收付　　　　　　　　　D. 每期不等额收付

2. 影响期望报酬率的因素有(　　　)。

A. 无风险报酬率　　　　　　　　　B. 风险程度

C. 风险报酬率　　　　　　　　　　D. 市场利率

3. 决定债券发行价格的因素是(　　　)。

A. 债券面值　　　　　　　　　　　B. 债券票面利率

C. 市场利率　　　　　　　　　　　D. 债券期限

4. 普通年金现值系数表的用途有(　　　)。

A. 已知年金,求现值　　　　　　　B. 已知现值,求年金

C. 已知现值,求终值　　　　　　　D. 已知现值和年金,求利率

5. 下列各项中,属于普通年金形式的项目有(　　　)。

A. 零存整取储蓄存款的整取额　　　B. 定期定额支付的养老金

C. 年资本回收额　　　　　　　　　D. 偿债基金

6. 某人决定在未来 5 年内每年年初存入银行 1 000 元(共存 5 次),年利率为 2%,则在第 5 年年末能一次性取出的款项额计算正确的是(　　　)。

A. $1\ 000 \times (F/A, 2\%, 5)$ 　　　B. $1\ 000 \times (F/A, 2\%, 5) \times (1 + 2\%)$

C. $1\ 000 \times (F/A, 2\%, 5) \times (F/P, 2\%, 1)$ 　　　D. $1\ 000 \times [(F/A, 2\%, 6) - 1]$

7. 某项年金前三年没有流入,从第四年开始每年年末流入 1 000 元,共计 4 次。假设年利率为 8%,则该递延年金现值的计算公式正确的是(　　　)。

A. $1\ 000 \times (P/A, 8\%, 4) \times (P/F, 8\%, 3)$

B. $1\ 000 \times [(P/A, 8\%, 8) - (P/A, 8\%, 4)]$

C. $1\ 000 \times [(P/A, 8\%, 7) - (P/A, 8\%, 3)]$

D. $1\ 000 \times (P/A, 8\%, 4) \times (P/F, 8\%, 8)$

8. 年金按其每次收付发生的时点不同,可分为(　　　)。

A. 普通年金　　　　B. 即付年金　　　　C. 递延年金　　　　D. 永续年金

9. 下列公式中,正确的是(　　　)。

A. 风险收益率＝风险报酬系数×标准离差率

B. 风险收益率＝风险价值系数×标准离差

C. 投资总收益率＝无风险收益率＋风险收益率

D. 投资总收益率＝无风险收益率＋风险报酬系数×标准离差率

10. 对递延年金的说法中,正确的有( )。

A. 递延年金的现值与递延期有关

B. 递延年金的终值与递延期无关

C. 递延年金的第一次支付发生在若干期以后

D. 递延年金只有现值没有终值

三、判断题

1. 在通货膨胀率很低的情况下,公司债券的利率可以视同为资金时间价值。 ( )

2. 资金时间价值相当于没有风险情况下的社会平均资金利润率。 ( )

3. 即付年金的现值系数是在普通年金的现值系数的基础上系数加 1、期数减 1 得到的。 ( )

4. 递延年金有终值,终值的大小与递延期是有关的。在其他条件相同的情况下,递延期越长,则递延年金的终值越大。 ( )

5. 利率不仅包含时间价值,而且也包含风险价值和通货膨胀补偿率。 ( )

6. 普通股投资与优先股投资相比,投资风险较大,而收益较低。 ( )

7. 债券的价格会随着市场利率的变化而变化。当市场利率上升时,债券价格下降;当市场利率下降时,债券价格上升。 ( )

8. 对股票进行估价时,准备短期持有的股票不需要考虑货币时间价值,而准备长期持有的股票则需要考虑货币时间价值。 ( )

9. 当投资者要求的收益率高于债券票面利率时,债券价值会低于面值;当投资者要求的收益率低于债券票面利率时,债券价值会高于面值。 ( )

10. 从长期来看,公司股利的固定增长率(扣除通货膨胀因素)不可能超过公司的资本成本。 ( )

 能力提升

1. 某人决定分别在 2012 年、2013 年、2014 年和 2015 年每年的 1 月 1 日分别存入 10 000 元,按 8% 利率,每年复利一次。

[要求]

计算 2015 年 12 月 31 日的本利和。

2. 某公司拟租赁一间厂房,期限是 10 年,假设年利率是 10%,出租方提出以下几种付款方案:

(1)立即付全部款项,共计 20 万元;

(2)从第 4 年开始每年年初付款 4 万元,至第 10 年年初结束;

(3)第 1 年到第 8 年每年年末支付 3 万元,第 9 年年末支付 4 万元,第 10 年年末支付 5 万元。

[要求]

通过计算,回答该公司应选择哪一种付款方案比较合算?

3. 某公司发行债券,面值为 1 000 元,票面利率为 10%,期限为 5 年,每年付息一次,到期一次还本。

[要求]

计算并回答下列问题:

(1)假设当前市场利率为 8%,债券发行价格为 1 020 元,投资者是否愿意购买?

(2)假设投资者以 1 020 元的价格购买债券,并且持有到期,则到期收益率为多少?

4. ABC 企业计划进行长期股票投资,企业管理层从股票市场上选择了两种股票:甲公司股票和乙公司股票,ABC 企业只准备投资一家公司股票。已知甲公司股票现行市价为每股 6 元,上年每股股利为 0.2 元,预计以后每年以 5% 的增长率增长。乙公司股票现行市价为每股 8 元,每年发放的固定股利为每股 0.6 元。ABC 企业所要求的投资必要报酬率为 8%。

[要求]

(1)利用股票估价模型,分别计算甲、乙公司股票价值,并为该企业作出股票投资决策。

(2)如果该公司按照当前的市价购入(1)中选择的股票,计算其持有期收益率。

5. 某人拟购买 A 公司的股票,预计该公司股票在未来 3 年内将高速增长,成长率为 12%。在此以后转为正常增长,增长率为 5%。公司最近支付的股利为每股 2 元,该投资者要求获得 10% 的报酬率。

[要求]

计算该股票的内在价值。

 创新应用

案例一:年金终值与现值的计算

〈资料一〉利民公司 2010 年 1 月 1 日向沈阳信托投资公司融资租赁一台万能机床,双方在租赁协议中明确:租期截止到 2015 年 12 月 31 日。年租金 5 600 元,于每年年末支付一次,沈阳信托投资公司要求的利息及手续费率为 5%。

〈资料二〉利民公司 2015 年 8 月拟在东北某大学设立一笔"助成奖学基金"。奖励计划为:每年特等奖 1 名,金额为 10 000 元;一等奖 2 名,每名金额 5 000 元;二等奖 3 名,每名金额 3 000 元;三等奖 4 名,每名金额 1 000 元。目前银行存款年利率为 4%,并预测短期内不会发生变动。

〈资料三〉利民公司 2008 年 1 月 1 日向工商银行沈阳分行借入一笔款项,银行贷款年利率为 6%,同时,利民公司与该银行约定:前三年不用还本付息,但从 2011 年 12 月 31 日起至 2015 年 12 月 31 日止,每年年末要偿还本息20 000元。

[要求]

(1)根据资料一计算系列租金的现值和终值。如果年租金改按每年年初支付一次,再计算系列租金的现值和终值。

(2)根据资料二分析利民公司为设此项奖学基金,应一次性存入银行多少钱?

(3)根据资料三分析利民公司当初向工商银行沈阳分行借入多少本金?每年年末偿还的

本息在 2015 年 12 月 31 日的终值是多少?

案例二:北方公司风险收益的计量

北方公司 2014 年陷入经营困境,原有柠檬饮料因市场竞争激烈、消费者喜好发生变化等原因开始滞销。为了改变产品结构、开拓新的市场领域,北方公司拟开发以下两种新产品:

1. 清洁纯净水

面对全国范围内的节水运动及供应限制,尤其是北方"十年九旱"的特殊环境,开发部认为清洁纯净水将进入百姓的日常生活,市场前景看好。有关市场预测资料如表 2—2 所示。

表 2—2　　　　　　　　　清洁纯净水市场预测资料

市场销路	概率(%)	预计年净收益(万元)
好	60	150
一般	20	60
差	20	—10

据专家测算,该项目的风险系数为 0.5。

2. 消渴啤酒

北方人向来豪爽、好客,亲朋好友聚会总会开怀畅饮一番;北方气候干燥,且近年来气温大幅度升高;随着人均收入的增长,人们的生活水平日益提高。据此,开发部提出开发消渴啤酒方案,有关市场预测资料如表 2—3 所示。

表 2—3　　　　　　　　　消渴啤酒市场预测资料

市场销路	概率(%)	预计年净收益(万元)
好	50	180
一般	20	85
差	30	—25

据专家测算,该项目的风险系数为 0.6。

[要求]

(1)对两种产品开发方案的收益与风险予以计量。

(2)对两种产品开发方案进行评价。

 信息搜索

1. 什么是资金时间价值?
2. 什么是年金? 年金包括哪些种类?
3. 什么是风险? 风险有哪些分类?
4. 债券价值的计算和哪些要素有关?

模 - 块 - 三
筹资决策管理

 学习目标

◎ 了解预测企业资金需要量的方法。
◎ 理解筹资方式对企业的影响。
◎ 掌握并会运用资金成本和财务杠杆系数等方法来判断筹资方案的可行性。
◎ 掌握如何调整企业的资金结构。

案例引导

北京市天华房地产股份有限公司是信用等级为 AA 级的一家中外合资股份制的大型综合性房地产开发企业。为了弥补其在建的、计划于 2005 年竣工的西区工程的后期资金缺口,该公司决定负债经营。在公司进行发行债券计划之前,必须进行成本效益分析,对运用债券筹集资金的各种要求和具体的操作进行详细的了解,以便能顺利筹集到所需的资本,充分发挥债务性资本的优势。通过本章的学习,你将对如何采用债券筹资有所了解和掌握。

情境一 筹集资金的基本要求

筹集资金是企业通过一定的渠道,采用适当的方式向企业外部单位和个人以及从企业内部筹措和集中生产经营活动所需资金的一种财务活动。

资金是企业生产经营的血液,没有资金,企业将无法持续经营。企业的日常生产经营活动,扩大生产经营规模、购置设备、开发新产品、进行技术改造等,都必须以一定数量的资金作为基本保证。筹集资金是企业资金运动的起点,是企业财务管理的重要职能。

企业在筹集资金时,要研究影响筹资的多种因素,讲求资金筹集的综合经济效益。具体要考虑以下四个方面的问题:

一、预测和确定企业资金的需要量

筹集资金是企业经营和发展的必要保证,但必须考虑筹集资金的使用效果。企业无论通过何种渠道,采用何种方式筹资,必须根据企业生产经营的实际情况,科学预测合理的资金需要量,既要保证流动资金的供应,又要保证固定资金的供应。这样既能避免因资金筹集不足而影响生产经营的正常进行,又可防止因资金筹集过多而造成资金闲置和浪费。

二、预测和确定资金的需要时间

企业在筹集资金时,必须针对企业生产经营需要资金的时间,考虑资金的时间价值,科学合理地控制资金筹措的最佳时间,适时取得所需资金,并在企业资金需要的最佳时间投放于企业生产经营过程中,以减少资金占用时间、提高资金的使用效率。

三、选择合适的筹资渠道和方式

筹资渠道是指筹措资金来源的方向和通道,反映资金的来源和供应量。筹资方式是指筹集资金所采取的具体形式。企业通过不同的渠道取得的资金,对企业使用资金的收益和成本会产生不同的影响。同时,企业筹资必须要付出相应的代价,而采取不同方式取得的资金成本高低不等,也会对使用资金的效益产生影响。因此,企业必须认真研究资金来源渠道,合理选择资金来源,并对各种筹资方式进行分析、比较,选择经济、可行的筹资方式,以降低成本、减少筹资风险。

四、确定合理的资金结构

企业应适当安排自有资金和负债资金的比例,降低财务风险。自有资金是指企业投资人投入以及在持续经营中形成的积累。负债资金是指企业发行债券、向银行借款、融资租赁等取得的资金。企业依靠自有资金开展经营活动,财务风险小,但资金成本较高。企业依靠负债资金开展经营活动,由于借款利息可以在税前列支,从而对企业净利润影响较小,能够提高自有资金的利润率,又可缓解自有资金紧张的矛盾。但是,如果负债资金过多,就会增加企业的经营负担,产生较大的财务风险,甚至会使企业因债务压力过大而面临破产。因此,企业必须考虑负债资金的积极意义和风险,适当安排自有资金和负债资金的比例,确定合理的资金结构,以降低企业的财务风险。

企业在筹资过程中,应建立筹资业务的内部会计控制制度,防范筹资过程中的差错与舞弊,控制筹资风险,降低筹资成本。建立筹资业务的内部会计控制一般要做好以下工作:

(1)建立筹资业务的岗位责任制,明确相关部门和岗位的职责、权限,确保办理筹资业务的不相容岗位相互分离、制约和监督。筹资业务的不相容岗位至少包括:筹资方案的拟订与决策,筹资合同或协议的订立与审核,与筹资有关的各种款项偿付的审批与执行,筹资业务的执行与相关会计记录。不得由同一部门或个人办理筹资业务的全过程。

(2)对筹资业务建立严格的授权审批制度,明确授权批准的方式、程序和相关控制措施,规定审批人的权限、责任以及经办人的职责范围和工作要求。严禁未经授权的机构或人员办理筹资业务。审批人应当根据筹资业务授权批准制度的规定,在授权范围内进行审批,不得超越审批权限。

(3)建立筹资业务流程,明确筹资决策、执行、偿付等环节的内部控制要求,并设置相应的记录或凭证,如实记载各环节业务的开展情况,确保筹资全过程得到有效控制。

帮你学

> 1. 筹资是企业经常性的财务活动。
> 2. 筹集资金时应考虑四大问题——筹资金额、筹资时间、筹资方式、确定合理的财务结构。

情境二　资金需要量的预测

资金需要量的预测是解决要筹集多少资金的问题。企业既要预测整个企业的资金需要量,又要预测单项资金的需要量。

一、资金需要量预测的基本程序

(一)确定企业需要资金的时间

资金具有时间价值,因此在筹集资金前,企业财务人员必须根据企业生产经营活动的需要确定投放资金的时间,按资金价值的原理计算不同情况下的资金时间价值。合理、适时地安排企业资金筹集的时间,既能避免过早筹集资金导致资金闲置,又能防止筹措资金的时间滞后,错失资金投放的最佳时间。

(二)确定企业需要资金的用途

企业需要筹措的资金,可以投放于企业生产经营过程的各个方面。例如,可以投资于现金、应收账款、存货等,也可以投资于新产品、新技术的研制和开发及企业厂房、机器设备的更新和改造。由于用途不同,导致资金需要量不同,资金使用时间长短不同,因此,在进行企业资金需要量预测时,必须确定企业需要资金的用途。

(三)搜集相关资料

进行企业资金需要量预测,需要大量的历史资料和企业生产经营活动的现时资料,包括:企业历年的资产负债表、利润表及现金流量表等财务报表资料,企业资产结构资料、企业产品生产的规模、企业将要投资项目的可行性报告等各方面资料。这些都会为企业进行科学、合理的资金需要量预测提供充分的依据。

(四)选择企业资金需要量预测的方法

预测企业资金需要量的方法有很多种,常用的有定性预测法、比率预测法及资金习性预测法等。企业应根据预测资金的种类、用途和实际资料的情况,合理选择资金需要量预测的方法,以预测一定时期的资金需要量,真正成为企业实际筹措资金的重要参考资料。

(五)合理确定企业资金的需要量

企业财务人员可以依据企业资金需要量的相关资料,选择适当的方法,首先测算资金需要量的预计数,但这一数据仅仅为企业筹集资金起参考作用。企业财务人员还应会同企业的相关管理决策部门,综合考虑筹措资金的实际情况,合理确定企业资金的需要量。

二、资金需要量预测的方法

(一)定性预测法

定性预测法一般是在缺乏完备、准确的历史资料的情况下,依靠相关人员的个人经验、主观分析和判断能力,测算企业未来一定时期的资金需要数量。

主要预测步骤是:首先,由熟悉财务情况和生产经营情况的专业人员,根据过去所积累的经验,进行分析判断,提出预测的初步意见;其次,通过召开座谈会或发出各种表格等形式,对上述预测的初步意见进行修正补充。如此经过一次或几次以后,得出预测的最终结果。

定性预测法在企业缺乏完备、准确的历史资料的情况下采用,是十分有用的。但是,它不能揭示资金需要量与产销量等有关因素之间的依存关系。

(二)比率预测法

比率预测法是以一定的财务比率来预测资金需要量的一种方法,如销售百分比法、周转率法等。常用的方法是销售百分比法,本书仅介绍这种方法。

销售百分比法的预测步骤是:首先,将资产负债表中现金、应收账款、存货、应付费用、应付账款等随销售收入变动而变动的项目分离出来。固定资产、无形资产、长期负债、股本等项目在一定时期内不会随销售变动而变动。其次,确定销售收入中所需资金比率。最后,确定追加资金需要量。

$$追加资金需要量 = \frac{A}{S_1} \times \Delta S - \frac{B}{S_1} \times \Delta S - P \times E \times S_2$$

式中:A——变动资产;

$\quad\quad B$——变动负债;

$\quad\quad S_1$——基期销售额;

$\quad\quad S_2$——预测期销售额;

$\quad\quad \Delta S$——变动的销售额;

$\quad\quad P$——销售净利率;

$\quad\quad E$——预计的留存比率。

☞ **任务 3—1**

某公司 2015 年年末的资产负债表如表 3—1 所示。

已知该公司 2014 年的销售额为 1 000 万元,假定销售净利率为 10%,2015 年销售额扩大到 1 200 万元,利润分配率为 60%,试预测外部筹资额。

根据销售百分比法的步骤,首先计算出资产负债表中随销售额变动的各项目分别与销售额的比例关系,如表 3—2 所示。

表 3—1   **资产负债表**

2015 年 12 月 31 日   单位:万元

资　产		负债与所有者权益	
库存现金	50	应付费用	50
应收账款	150	应付账款	100
存货	300	短期借款	250
固定资产净值	300	公司债券	100
		实收资本	200
		留存收益	100
资产总计	800	负债与所有者权益总计	800

表 3—2   该公司销售百分率表

资　产	占销售收入（%）	负债与所有者权益	占销售收入（%）
库存现金	5	应付费用	5
应收账款	15	应付账款	10
存货	30	短期借款	不变动
固定资产	不变动	公司债券	不变动
		实收资本	不变动
		留存收益	不变动
合　计	50	合　计	15

然后根据表 3—2 计算出企业应追加资金量。

追加资金需要量＝50%×200－15%×200－10%×40%×1 200

＝100－30－48＝22（万元）

资金需要量的预测方法还有很多，如资金习性预测法、现金流量分析法等。针对不同的资金项目，资金需要量的预测应采用不同的方法。

 帮你学

1. 销售百分比法的特点：(1)计算新增资金量；(2)找出资产、负债、所有者权益各项目与销售收入的比例关系；(3)新增的利润也是计划期的资金来源。

2. 再看一看第三章的现金预算表，你会发现什么？现金的余缺是不是资金需要量的预测呢？

情境三　筹资方式的选择

明确企业应该筹集多少资金之后，就需要考虑企业到哪里筹集资金。这就是筹资渠道和筹资方式的问题。

我国企业目前的筹资渠道主要包括：

(1)国家财政资金。国家对企业的直接投资是原来国有企业最主要的资金来源。现在国家直接投资越来越少，但是，国家也会对重要的行业和企业采用专项拨款或减免税的方式进行投资。

(2)银行信贷资金。银行对企业的各种贷款是我国目前各类企业最主要的资金来源。我国银行目前分为两种：商业银行和政策性银行。商业银行是以营利为目的的，如工商银行、建设银行、农业银行等，它们为企业提供各种形式的商业贷款。政策性银行则为特定企业提供政策性贷款，如开发银行、农业发展银行等。

(3)非银行金融机构资金。我国的非银行金融机构主要有信托投资公司、保险公司、租赁公司、证券公司、财务公司等，它们提供各类金融服务，包括信贷资金、租赁物资以及承销各种有价证券等。

(4)其他法人单位资金。企业在生产经营活动中,往往会形成一定规模的闲置资金,并且为一定目的相互投资;此外,企业间的购销业务有些是通过商业信用形式来完成的。这种短期间的债权债务关系形成债务人的短期信用资金占用。相互投资和商业信用的存在使其他企业资金也成为企业筹资的重要来源。

(5)居民个人资金。职工和居民的个人资金可以通过投资、借贷等方式流入企业。

(6)企业内部资金。企业内部资金主要指公积金和未分配利润。

(7)境外资金。境外资金一方面来源于境外投资者直接投入的资金及企业境外发行股票筹集的外资;另一方面来源于借用外资,如进口物资延期付款、补偿贸易、国际租赁、发行债券等。吸收外资不仅可以弥补企业资金的不足,而且能够引进国外先进技术和管理经验,促进企业技术进步和管理水平的提高。

企业对各筹资渠道的资金可以采用以下方式筹集:(1)吸收直接投资;(2)发行股票;(3)利用留存收益;(4)向银行借款;(5)利用商业信用;(6)发行公司债券;(7)融资租赁。其中,利用(1)到(3)筹集到的是权益资金,利用(4)到(7)筹集到的是负债资金。筹资渠道和筹资方式之间的关系如表3-3所示。

表3-3　　　　　　　　　　　筹资渠道和筹资方式之间的关系

筹资渠道 ＼ 筹资方式	吸收直接投资	发行股票	利用留存收益	向银行借款	发行公司债券	利用商业信用	融资租赁
国家财政资金	✓	✓					
银行信贷资金				✓			
非银行金融机构资金	✓	✓		✓	✓		✓
其他企业资金	✓	✓			✓	✓	✓
居民个人资金	✓	✓			✓	✓	
企业内部资金	✓		✓				
境外资金	✓	✓		✓	✓	✓	✓

一、吸收直接投资

吸收直接投资是指企业按"共同投资、共同经营、共担风险、共享利润"的原则直接吸收国家、法人、个人投资的一种筹资方式。出资方是企业的所有者,同时有权参与经营管理,企业经营状况好,各方按出资比例参与分红;反之,企业经营差,连年亏损,以至破产清算,各方则要按其出资的份额承担损失和责任。

(一)吸收投资的对象

1.吸收国家投资

国家投资是指有权代表国家投资的政府部门或者机构以国有资产投入企业。这种情况下形成的资本叫国有资本。按照《企业国有资本与财务管理暂行办法》的规定,国家对企业注册的国有资本实行保全原则。在企业持续经营期间,对国有资本除依法转让外,不得抽回,并以出资款承担责任。企业拟以盈余公积、资本公积转增资本的,需由董事会或经理办公会决定并报主管财政机关备案,或由股东大会审议通过。国家投资一般有以下特点:(1)产权属于国家;

(2)资金的运用和处置受国家的约束较大;(3)在国有企业中广泛采用。

2. 吸收法人投资

法人投资是指法人以其依法可以支配的资产投入企业。这种情况下形成的资本叫法人资本。法人投资一般有以下特点:(1)只发生在法人之间;(2)以参与企业利润分配为目的;(3)出资方式多样。

3. 吸收个人投资

个人投资是指社会个人以个人合法财产投入企业。这种情况下形成的资本叫个人资本。个人投资有以下特点:(1)参加人员较多;(2)每人投资款项相对较少;(3)以参与企业利润分配为目的。

(二)吸收投资中的出资方式

1. 现金出资

现金出资是最普通的形式,企业要鼓励投资主体以现金方式出资,其筹措的款项取决于除投资人的实物、工业产权之外尚需多少资金来满足建厂的开支和日常周转需要。至于外商投资款项,应由双方依据各国法律以及国际惯例相互协商确定。

2. 实物出资

实物出资是指投资者以厂房、建筑物、设备等固定资产和原材料、商品等流动资产所进行的投资。这里的实物是指:确为企业科研、生产、经营所需,技术性能好,作价公平、合理的实物。

3. 工业产权出资

工业产权投资是指投资者以专有技术、商标权、专利权等无形资产所进行的投资。这里的工业产权是指能帮助企业研发出新的高科技产品,能帮助企业生产适销对路的高科技产品,能帮助企业改进产品质量、提高效率,能大面积降低能耗,作价较为合理的工业产权。

4. 土地使用权出资

投资者可以土地使用权出资。这种土地使用权必须是企业科研、生产、销售活动所需要的,交通、地理条件比较适宜的,作价较为合理的土地。

(三)吸收直接投资方式的优缺点

吸收直接投资的主要优点是:(1)有利于增强企业信誉。吸收直接投资形成的是权益资金,可以增强企业的信誉和供款能力,壮大企业实力。(2)有利于快速形成生产力。吸收直接投资中的设备和技术,可以尽快形成生产力,生产产品,尽快开拓市场。(3)有利于降低财务风险。吸收直接投资形成的是权益资金,其分红不是固定财务费用支出,而是视生产经营的好坏来决定分红数额,所以其财务风险较小。

吸收直接投资的主要缺点是:(1)资金成本较高。分红在企业取得良好效益时进行,给投资者的报酬根据投资者出资款项的多少来进行。(2)容易分散企业控制权。出资方一般都会要求收到与其出资份额相应的经营管理权,如果外来投资者较多,有可能对企业实行完全控制,这也是吸收投资最不利的一面。

二、发行普通股

普通股是股份有限公司发行的无特别权利的股份,也是最基本、最标准的股份,具有股票最一般的特性。

(一)普通股股东的权利

(1)出席或委托代理人出席股东大会,并依据公司章程规定行使表决权。

(2)股份转让权。股东所持有的股份可以自由转让,但必须符合《公司法》、其他法规和公司章程规定的条件和程序。

(3)股利分配请求权。

(4)对公司账目和股东大会决议的审查权和对公司事务的质询权。

(5)分配公司剩余财产的权利。

(6)公司章程规定的其他权利。

同时,普通股股东也对公司负有义务:(1)股东必须遵守公司章程;(2)按时缴纳股款;(3)对公司负有限责任;(4)不得退股,只能转让等。

(二)公开发行普通股股票必须遵循法律规定的条件

1. 新设立的股份有限公司申请公开发行股票应符合的条件

(1)生产经营符合国家产业政策;

(2)发行普通股限于一种,同股同权,同股同利;

(3)在募集方式下,发起人认购的股份不得少于公司拟发行公司筹集资金的35%;

(4)发起人在最近 3 年内没有重大违法行为;

(5)证监会规定的其他条件。

国有企业改组设立股份有限公司申请公开发行股票,除应符合上述条件,还应符合以下条件:

(1)股份有限公司改组 1 年来,净资产在资产中所占比例不低于 30%,无形资产在净资产中所占比例不高于 20%;

(2)最近 3 年连续盈利;

(3)改制企业国有部分所占比例由国务院或国务院授权的部门规定;

(4)采取募集方式。

2. 股份有限公司增发股票必须具备的条件

(1)前一次发行的股份已募足,并间隔 1 年以上;

(2)公司在最近 3 年内连续盈利,并可向股东支付股利;

(3)公司在最近 3 年内财务会计文件无虚假记载;

(4)公司预期利润率可达同期银行存款利率。

(三)发行普通股筹集资金的优缺点

发行普通股筹集资金的优点有:

(1)普通股筹资没有固定的利息负担。公司有盈余,并认为适合分配股利,就可以分给股东;公司盈余较少,或虽有盈余但资金短缺或有更有利的投资机会,就可以少支付或不支付股利。

(2)普通股没有固定的到期日,不用偿还。利用普通股筹集的资金是永久性的资金,除非公司清算才需偿还,这对保证企业最低的资金需求具有重要意义。

(3)能增加公司的信誉。普通股本与留存收益构成公司的权益资金。有了较多的权益资本,可以提高公司的信用价值。

(4)普通股筹资的限制较少。利用优先股或债券筹资,通常有许多限制,如不允许企业支付过多的现金股利等,这些限制往往会影响公司经营的灵活性。利用普通股筹资则没有这种限制。

发行普通股筹集资金的缺点有:

(1)普通股筹资的资金成本较高。一般来说,普通股筹资的成本要大于债务资金。这主要是股利要从税后盈余中支付,而债务资金的利息可在税前扣除;另外,普通股的发行费用也比较高。

(2)利用普通股筹资,出售了新的股票,引进了新股东,容易分散公司的控制权。

三、发行优先股

优先股是一种具有股票和债券双重性质的股票。从法律上讲,它是权益资金的一部分。优先股的股利不能像债务利息那样从税前扣除,而必须从净利润中支付。但是,优先股有固定的股利,这与债券利息相似,同时优先股对盈利和剩余资产的分配具有优先权,这也类似于债券。

(一)优先股股东的权利

(1)优先分配股利权。优先股股利一般按面值的百分比计,同时必须在支付普通股股利前支付。

(2)优先分配剩余财产权。企业破产清算,出售资产的收入应按债务人、优先股东、普通股东的次序分配。

(3)部分管理权。如优先股股东有权在股东大会上表决与优先权有关的相关事项决议。

(二)发行优先股筹资的优缺点

发行优先股筹资的优点有:

(1)没有固定到期日,不用偿还本金。

(2)股利支付既固定,又有一定的弹性。在企业财务状况不佳时,可暂不支付优先股股利。

(3)有利于增强公司信誉度。优先股作为权益资金,扩大了公司的权益基础,可以适当增加公司的信誉,加强公司的借款能力。

发行优先股筹资的缺点有:

(1)筹资成本高。优先股支付的股利要从税前利润中扣除,不同于债券。

(2)筹资限制多。通常,优先股筹资有许多限制性条件。

(3)财务负担重。当利润下滑时,优先股股利会成为一种沉重的财务负担,有时不得不延期支付。

四、银行借款

银行借款就是企业根据借款合同从有关银行或非银行金融机构借入所需资金的一种筹资方式。银行借款关键是要考虑资金成本——利息。

(一)银行的借款利率

银行的借款利率多种多样,随借款期长短不一。一般对于不同企业来说,同一期限的贷款利率也有优惠利率、浮动优惠利率、非优惠利率三种。优惠利率为名义利率,浮动优惠利率是在名义利率上上浮若干点,非优惠利率则更高。

企业借款利息偿付时一般有以下三种:

1. 收款法

收款法是借款到期向银行支付利息的方法。大多数企业都采用这种方法偿还借款利息。

2. 贴现法

贴现法是银行向企业发放贷款时,先从本金中扣除利息,到期时借款企业再偿还贷款全部本金的一种计息方法。

☞ 任务 3-2

某企业从银行借款 100 000 元,期限为 1 年,年利率为 8%,利息为 8 000 元,按照贴现法付息,问该项贷款的实际利率为多少?

$$该项贷款的实际利率=\frac{8\ 000}{100\ 000-8\ 000}\times100\%=8.7\%$$

3. 加息法

加息法是指银行在要求分期等额偿还贷款时采用的一种利息收取方法。银行将贷款的名义利息计算出来,然后要求企业分期偿还本息。采取分期等额归还借款的方式,虽然可以减轻企业本金到期一次偿还所造成的现金短缺压力,但会同时提高企业使用贷款的实际利率。因为在分期等额偿还贷款的情况下,银行要根据名义利率计算的利息加到贷款本金上,计算出贷款的本利和,然后要求企业在贷款期内分期等额偿还本利和。由于贷款本利和分期等额偿还,贷款期内借款企业实际上只平均使用了贷款本金的半数,却支付全额利息。这样,企业所负担的实际利率便会高于名义利率大约 1 倍。

☞ 任务 3-3

某企业借入利率为 12% 的贷款 200 000 元,且分 12 个月等额偿还本息,求企业这笔借款的实际利率。

在该例中,企业实际负担的利息为 24 000 元(200 000×12%),而企业实际使用的贷款时间只有 6 个月,说明企业实际使用的贷款额只有 100 000 元(200 000÷2)。则该项贷款的实际利率为:

$$实际利率=\frac{200\ 000\times12\%}{200\ 000\div2}\times100\%=24\%$$

(二)银行借款筹资的优缺点

银行借款筹资的优点是:(1)筹资速度快。与其他各种证券比较,没有相应的印刷、申请时间,所以银行借款筹资最短,可以迅速地获取资金。(2)筹资成本低。(3)借款弹性好,除银企双方当面协商外,贷款到期后,如有正当理由,可以协商延长。

银行借款筹资的缺点是:(1)财务风险大。企业在经营不利时,如不能定期还本付息,则有不能偿还债务的风险,直至破产。(2)限制条款较多。如定期报送财务报表,不准改变贷款用途等,有可能影响企业经营活动。(3)筹资数额有限。银行一般不愿借出巨额的长期借款给一个企业。

五、发行债券

债券是企业为筹集资金而发行的,用于记载和反映债权债务关系的有价证券。债券一般有国家债券、金融债券和公司债券。发行公司债券是企业取得资金的一种极为重要的方式。

(一)公司债券的形式

按债券是否记名,分为记名债券和无记名债券。

按能否转换为公司股票,分为可转换债券和不可转换债券,发行可转换债券的仅限于股份有限公司中的上市公司。

按有无特定的财产担保,分为抵押债券和信用债券。

按是否参加公司盈余分配,分为参加公司债券和不参加公司债券。

按利率的不同,分为固定利率债券和浮动利率债券。

按能否上市,分为上市债券和非上市债券。

(二)发行公司债券的条件

(1)股份有限公司的净资产额不低于人民币 3 000 万元,有限责任公司的净资产额不低于人民币 6 000 万元。

(2)累计债券额不超过公司净资产额的 40%。

(3)最近 3 年平均可分配利润足以支付公司债券 1 年的利息。

(4)所筹集资金的投向符合国家产业政策。

(5)债券的利率不得超过国务院限定的水平。

(6)国务院规定的其他条件。

(三)债券筹资的优缺点

债券筹资的优点有:

(1)资金成本较低,因为发行费用比股票筹资低且利息在税前支付。

(2)保证控制权,债权人无权干预企业的管理事务。

(3)可以发挥财务杠杆的作用。企业只偿付固定利息,而更多的利润可用于投资者的分配。

债券筹资的缺点有:

(1)筹资风险高。债券有固定的到期日,并需要定期支付利息。若企业不景气,定期还本、付息会给企业经营造成极大困难,甚至导致破产。

(2)限制条件多。尤其是长期债券,限制条件可能影响企业今后的发展和筹资能力。

(3)筹资额有限。公司负债比率超过一定限度后,其信用等级会下降,筹资成本要上升,且债券发行困难。

六、融资租赁

融资租赁又称财务租赁,是由租赁公司按照承租单位要求出资购买设备,并在契约规定的期限内提供给承租企业使用的信用性业务。

(一)融资租赁的特点

(1)一般由承租企业向租赁公司提出正式申请,而由租赁公司出资购进设备给承租企业使用。

(2)租赁期限较长。一般为设备使用年限一半以上。

(3)契约稳定。相关条款在规定的期限内非经双方同意,一方不得单方面中止续约。

(4)由承租企业负责设备的保养、维修和日常管理。

(5)租赁期满,设备按契约条款处置,一般有退返、续租和留购三种。通常由承租企业留购。

(二)融资租赁的优缺点

融资租赁的优点有:

(1)筹资速度快。同贷款买设备比,由于租赁是筹资与设备购置同时进行,可以缩短时间,尽快形成生产力,取得效益。

(2)限制条款少。借款有相当多限制条款,虽然类似的限制在租赁中也有,但非常少。

(3)设备淘汰风险小。随着固定资产更新改造期限的缩短,企业设备陈旧过时的风险很大,利用租赁筹资可以减少这一风险,因为大多数租赁设备都在协议中规定由出租人承担设备陈旧过时的风险。

(4)财务风险小。由于租金是分期负担,这样减少了到期一次还本付息的不能偿付的风险。

(5)税收负担轻。租金可以税前扣除,具有债务资金所具有的税收屏蔽作用。

融资租赁的缺点有:与其他债务筹资方法相比,资金成本高。融资租赁的租金比向银行借款的贷款利率要高得多,且固定的租金对企业来说构成一项沉重的财务负担。

七、商业信用

商业信用是指商品交易中延期付款或延期交货所形成的借贷关系。

(一)商业信用的主要形式

1. 赊购商品

甲方向乙方购买商品,甲方收到商品后不立即付款,可延期一定时间付款。

2. 预收货款

商业信用是销货方在付出商品之前向购货方预先收取部分或全部货物价款的信用行为,它等于向购买方先借一笔款项,然后用商品归还。一般在商品紧俏时宜采取这种信用形式。此外,对于生产周期长、占用资金较多的商品,如飞机、轮船等,销货方经常要向购买方分次预收货款,以缓解企业资金占用过多的矛盾。

3. 商业汇票

商业汇票是指单位之间根据购物合同进行延期付款的商品交易时,开出的反映债权债务关系的票据。按承兑人的不同,分为商业承兑汇票和银行承兑汇票。商业汇票是一种期票,是反映应收或应付账款的一种证明。对买方而言,它是一种短期融资方式。

(二)商业信用筹资的优缺点

商业信用筹资的优点是:(1)筹资便利。这种融资形式和商业交易买卖同时进行,是一种自然性融资。(2)筹资成本低。利用商业信用筹资,在没有现金折扣的情况下,几乎没有资金成本。(3)限制条件少。商业信用相对于银行借款几乎没有限制条件。

商业信用筹资的缺点是:筹资期限短。若企业取得现金折扣,则期限更短,而企业放弃现金折扣,则要付出较高的资金成本。

 帮你学

1. 找到资产负债表,看一看它的右边,负债和所有者权益中的每一项目都应该是企业的一种筹资方式,并将上述筹资方式对应到资产负债表中的具体项目。

2. 在选择筹资方式时,要注意到每一种筹资方式的优缺点。

3. 企业在筹资时,不是只用一种方式筹资,而是进行筹资组合,利用多种方式筹集一笔资金。

4. 通过内部挖潜(如卖掉不用的固定资产和存货、收回应收账款等),增加企业的可用资金,也是一种筹资方式。

情境四　资金成本及财务杠杆

一、资金成本

资金成本经常用来作为衡量筹资、投资经济效益的标准。企业筹得的资金加以使用后,只有当产生的收益率大于资金成本率时,才可以说该资金的使用取得了较好的经济效益。

所谓资金成本,是指企业为筹集和使用资金而发生的代价。

资金成本包括资金筹集费和用资费用两个部分。资金筹集费是指资金在筹集过程中所发生的各项费用,如发行股票、债券支付的发行手续费、律师费、资信评估费、公证费、担保费、广告费、上市推荐商收取的中介费等。用资费用是指占用资金支付的费用,如股票的股息、银行借款利息和债券利息等。资金筹集费一般与筹集资金金额、资金占用期无关,可视为资金成本的固定费用;用资费用与资金时间价值和投资风险报酬相联系,可视为资金成本的变动费用。在研究资金成本时,对两者应区别对待。

资金成本通常用相对数来表示,企业使用资金所负担的费用同筹资净额的比值称为资金成本率(一般亦通称为资金成本)。其通用的计算公式如下:

$$资金成本率=\frac{每年的用资费用}{筹集资金总额-资金筹集费用}$$

即:

$$K=\frac{D}{P(1-F)}$$

式中:K——资金成本率;

D——资金占用费用(股利或利息);

P——筹集资金总额;

F——筹资费用率,即筹资费用占筹资总额的比率。

(一)资金成本的作用

资金成本是在商品经济条件下,资金使用权和资金所有权相分离而形成的一种财务概念,是一个极其重要的经济范畴。

资金成本对企业筹资决策的影响主要包括以下几个方面:

1. 资金成本是确定资金来源、拟订筹资方案的依据

企业筹资可以通过发行股票、发行债券、贷款、融资租赁、使用留存收益等方式进行,但不同资金来源,资金成本不尽相同,要取得较好的经济效益,必须分析各种资金来源取得成本的高低,并合理加以配置。当然,资金成本并不是选择筹资方式所要考虑的唯一依据,还有筹资使用期的长短、取得的难易、偿还的条件等。但资金成本作为一项经济因素,直接关系到筹资的经济效益,则是一个不容回避的问题。

2. 资金成本是评价投资项目可行性的主要经济标准

任何投资项目所预期的投资收益率超过资金成本才是有利可图的,在经济上才是可行的;反之,该项目就不能实施和使用。因此,企业在判断投资项目可行性时,资金成本是确定投资项目是否可行的取舍率。

3. 资金成本是评价企业经营成果的最低尺度

企业生产经营活动的最终结果是为了取得收益,但收益率的衡量是以资金成本为最底线

的。企业在结束经济活动时,必须首先偿付资金成本,然后才得以计算收益,所以,该资金成本是衡量企业经营活动成果的最低尺度。

(二)资金成本的计算

1. 个别资金成本

个别资金成本是指使用各种长期资金的成本,主要包括长期借款资金成本、债券资金成本、优先股资金成本、普通股资金成本、留存收益资金成本。其中,前两者可以统称为负债资金成本,后三者可以统称为权益资金成本。

(1)长期借款资金成本。

按照国际惯例,债务的利息一般在企业所得税前支付。这样,长期借款就具有了减税作用,减税额为"利息额×所得税税率"。所以,长期借款实际负担的利息额就要小于实际支付的利息额,实际负担的利息额为"利息额×(1－所得税税率)"。

不存在筹资费用时,长期借款资金成本的计算公式为:

$$K_l = \frac{I \times (1-T)}{L} = \frac{L \times i \times (1-T)}{L} = i \times (1-T)$$

式中:K_l——长期借款成本;

L——长期借款筹资总额;

i——长期借款利息率;

T——所得税税率。

存在筹资费用,并且借款时间比较长时,长期借款资金成本的计算公式为:

$$K_l = \frac{i \times (1-T)}{1-f}$$

式中,f 为长期借款筹资费用率。

任务 3－4

五洲公司取得 10 年期借款 800 万元,年利率为 8%,每年付息一次,到期一次还本。已知企业所得税税率为 25%,筹资费率为 0.5%,计算该项长期借款的资金成本。

$$K_l = \frac{8\% \times (1-25\%)}{1-0.5\%} \times 100\% = 6.03\%$$

(2)债券资金成本。

债券资金成本主要是指债券利息和筹资费用。由于债券利息在税前支付,具有减税效应,其债券利息的处理与长期借款相同。债券的筹资费用一般较高,主要包括申请发行债券的手续费、债券注册费、印刷费等。债券资金成本的计算公式为:

$$K_d = \frac{I(1-T)}{P_0(1-f)} = \frac{M \times r \times (1-T)}{P_0(1-f)}$$

式中:K_d——债券资金成本;

M——债券面值;

r——债券票面利率;

P_0——债券发行总额,即债券的实际发行价格;

T——所得税税率;

f——债券筹资费用率。

👉 任务 3－5

五洲公司发行 5 年期的债券,票面面值为 100 万元,票面年利率为 10%,每年付一次利息,到期还本。发行价为 120 万元,发行费用率为 5%,所得税税率为 25%,计算该笔债券的资金成本。

$$K_d = \frac{100 \times 10\% \times (1-25\%)}{120 \times (1-5\%)} \times 100\% = 6.58\%$$

(3)优先股资金成本。

企业发行优先股,既要支付筹资费用,又要定期支付股利。它与债券不同的是股利在税后支付,并且没有固定的到期日。优先股资金成本的计算公式为:

$$K_p = \frac{D}{P_0 (1-f)}$$

式中:K_p——优先股资金成本;

D——优先股每年的股利;

P_0——优先股发行总额;

f——优先股筹资费用率。

👉 任务 3－6

五洲公司按面值发行 5 000 万元优先股股票,共支付筹资费用 50 万元,优先股年股利率为 10%,计算其资金成本。

$$K_p = \frac{5\,000 \times 10\%}{5\,000 - 50} \times 100\% = 10.1\%$$

(4)普通股资金成本。

发行普通股筹集的资金为企业的基本资金,其股利取决于企业的生产经营情况,不能事先确定,因此普通股的资金成本很难预先准确地加以计算。如果公司采用固定股利增长率政策,假设固定股利增长率为已知数,则其资金成本的计算公式为:

$$K_s = \frac{D_1}{P_0 (1-f)} + g$$

式中:K_s——普通股资金成本;

D_1——预计公司第一年的股利;

P_0——普通股发行总额;

f——普通股筹资费用率;

g——普通股股利增长率。

👉 任务 3－7

五洲公司准备发行普通股,面值发行,发行价格为 2 000 万元,预计第一年年末支付 10% 的股利,筹资费用率为 2%,预计未来股利年增长率为 3%,计算其资金成本。

$$K_s = \frac{2\,000 \times 10\%}{2\,000 \times (1-2\%)} \times 100\% + 3\% = 13.2\%$$

(5)留存收益资金成本。

企业所获利润,按规定可留存一定比例的资金,满足自身资金需要。因留存收益属于普通股股

东所有,故其成本应与普通股相同,只是没有筹资费用。留存收益资金成本的计算公式为:

$$K_s = \frac{D_1}{P_0} + g$$

式中:K_s——留存收益资金成本;

D_1——预计公司第一年的股利;

P_0——普通股发行总额;

g——普通股股利增长率。

2. 加权平均资金成本

如前所述,企业筹集资金的渠道不相同,其资金成本也不同。在资金运用决策时,如果只以某一种资金成本作为依据,则往往会造成决策失误。计算加权平均资金成本主要是保证企业有一个合理的资金来源结构,使各种资金保持合理的比例,并尽可能使企业加权平均资金成本有所降低。加权平均资金成本是以各种资金所占的比重为权数,对各种资金成本进行加权平均计算出来的。加权平均资金成本的计算公式为:

$$加权平均资金成本 = \sum(各种资金成本 \times 该种资金占全部资金总额的比重)$$

$$K_w = \sum K_j W_j$$

式中:K_w——平均资金成本;

K_j——第 J 种来源的个别资金成本;

W_j——第 J 种资金占全部资金总额的比重。

☞ **任务 3-8**

某企业账面反映的长期资金共 5 000 万元,其中,长期借款 1 000 万元,应付长期债券 500 万元,普通股 2 500 万元,留存收益 1 000 万元,其成本分别为 6.7%、9.17%、11.26%、11%,计算该企业的加权平均资金成本。

$$K_w = \sum K_j W_j$$

$$= 6.7\% \times \frac{1\,000}{5\,000} + 9.17\% \times \frac{500}{5\,000} + 11.26\% \times \frac{2\,500}{5\,000} + 11\% \times \frac{1\,000}{5\,000}$$

$$= 10.09\%$$

3. 边际资金成本

(1)边际资金成本的概念。

边际资金成本是指每增加一个单位的筹资额而增加的成本。这是财务管理中的重要概念,企业在追加投资的决策中必须考虑边际资金成本的高低。

一般来讲,企业无法以某一固定的资金成本来筹措无限的资金,当其筹集的资金超过一定幅度时,按成本递增规律来看,资金成本将会有所提高。前面阐述的个别资金成本和加权平均资金成本,是企业过去筹集的或目前使用的资金成本。随着时间的推移或筹资条件的变化,各个别资金成本会随之变化,加权平均资金成本也会随之发生变动。因此,企业在未来追加筹资时,不能仅仅考虑目前所使用的资金成本,更须考虑新筹资金的成本,即边际资金成本。

(2)边际资金成本的计算和应用。

现举例说明边际资金成本的计算和应用。

☞ 任务 3—9

某公司现有长期资金 1 000 万元,其中,长期借款 250 万元,优先股 150 万元,普通股 600 万元。由于扩大经营规模的需要,企业拟筹集新资金,则筹集新资金的成本可按下列步骤确定:

① 确定目标资金结构。

假定该公司财务人员经过分析,认为目前的资金结构即为最优资金结构,因此,在今后筹资时,继续保持长期借款占 25%、优先股占 15%、普通股占 60% 的资金结构。

② 确定各种筹资方式的资金成本。

该公司财务人员通过对资本市场状况和本公司筹资能力的分析,认为随着公司规模的扩大,各种筹资成本也会增加,详情如表 3—4 所示。

表 3—4   筹资范围及资金成本预测

资金种类	目标资金结构(比重)	新筹资的数量范围	资金成本
长期借款	25%	50 000 元以内 50 000~100 000 元 100 000 元以上	5% 6% 7%
优先股	15%	150 000 元以内 150 000~300 000 元 300 000 元以上	9% 10% 11%
普通股	60%	300 000 元以内 300 000~600 000 元 600 000 元以上	13% 14% 15%

③ 计算筹资突破点。

由表 3—4 可知,花费一定的资金成本只能筹集到一定限度的资金,超过这一限度多筹集资金,会引起原资金结构的变化,于是就把在保持某资金成本的条件下可以筹集到的资本总限额称为现有资金结构下的筹资突破点。在筹资突破点范围筹资,原来的资金成本不会改变;一旦筹资额超过筹资突破点,即使维持现有的资金结构,其资金成本也会增加。筹资突破点的计算公式为:

$$筹资突破点 = \frac{可用某一特定成本筹集到的某种资金额}{该种资金在资本结构中所占的比重}$$

如果以 5% 的资金成本取得的长期借款筹资限额为 50 000 元,则其筹资突破点为:

$$\frac{50\ 000}{25\%} = 200\ 000(元)$$

如果以 6% 的资金成本取得的长期借款筹资限额为 100 000 元,则其筹资突破点为:

$$\frac{100\ 000}{25\%} = 400\ 000(元)$$

按此方法,资料中各种情况下的筹资突破点的计算结果见表 3—5。

表 3—5 筹资突破点计算表

资金种类	资金结构	资金成本	新筹资的数量范围	筹资突破点
长期借款	25%	5% 6% 7%	50 000 元以内 50 000～100 000 元 100 000 元以上	200 000 元 400 000 元 ——
优先股	15%	9% 10% 11%	150 000 元以内 150 000～300 000 元 300 000 元以上	1 000 000 元 2 000 000 元 ——
普通股	60%	13% 14% 15%	300 000 元以内 300 000～600 000 元 600 000 元以上	500 000 元 1 000 000 元 ——

④计算边际资金成本。

根据上一步计算出的筹资突破点,可以得到下列 6 组新的筹资总额范围:200 000 元以内,200 000～400 000 元,400 000～500 000 元,500 000～1 000 000 元,1 000 000～2 000 000 元,2 000 000 元以上。对这 6 组筹资范围分别计算其加权平均资金成本,即可得到各种筹资总额范围的边际资金成本,计算结果见表 3—6。

表 3—6 边际资金成本计算表

筹资总额范围	资金种类	资金结构	资金成本	边际资金成本(合计)
20 万元以内	长期借款 优先股 普通股	25% 15% 60%	5% 9% 13%	5%×25%＝1.25% 9%×15%＝1.35% 13%×60%＝7.8% **(10.4%)**
20 万～40 万元	长期借款 优先股 普通股	25% 15% 60%	6% 9% 13%	6%×25%＝1.5% 9%×15%＝1.35% 13%×60%＝7.8% **(10.65%)**
40 万～50 万元	长期借款 优先股 普通股	25% 15% 60%	7% 9% 13%	7%×25%＝1.75% 9%×15%＝1.35% 13%×60%＝7.8% **(10.9%)**
50 万～100 万元	长期借款 优先股 普通股	25% 15% 60%	7% 9% 14%	7%×25%＝1.75% 9%×15%＝1.35% 14%×60%＝8.4% **(11.5%)**
100 万～200 万元	长期借款 优先股 普通股	25% 15% 60%	7% 10% 15%	7%×25%＝1.75% 10%×15%＝1.5% 15%×60%＝9% **(12.25%)**
200 万元以上	长期借款 优先股 普通股	25% 15% 60%	7% 11% 15%	7%×25%＝1.75% 11%×15%＝1.65% 15%×60%＝9% **(12.4%)**

根据表 3—5 计算出的边际资金成本,企业即可做出最佳筹资规划。

二、杠杆原理

(一)经营杠杆

经营杠杆是指固定经营成本对息税前利润的影响。相对于固定成本低且变动成本高的企业来说,固定成本高且变动成本低的企业,其息税前利润的变动幅度较大,即经营杠杆作用较大。这是因为固定成本不随业务量的增加而增加,在一定业务量范围内,随着业务量的增加,单位业务量所负担的固定成本会相应减少,从而给企业带来较大的利润。

经营杠杆的作用程度,通常用经营杠杆系数来表示,它是指息税前利润的变动率与产销量变动率的比率。用公式表示为:

$$经营杠杆系数(DOL) = \frac{\Delta EBIT/EBIT}{\Delta S/S} = \frac{\Delta EBIT/EBIT}{\Delta Q/Q}$$

式中:$\Delta EBIT$——息税前利润的变动额;

      $EBIT$——基期息税前利润;

      ΔS——销售收入的变动额;

      S——基期的销售收入;

      ΔQ——产销量的变动数;

      Q——基期产销量。

实际工作中,对上式加以简化,得到以下公式:

$$DOL = \frac{M}{EBIT} = \frac{M}{M-a}$$

式中:M——边际贡献总额;

      a——固定成本。

☞ **任务 3-10**

金利公司当前销售量为 10 000 件,单位售价为 30 元,单位变动成本为 18 元,固定成本为 100 000 元,息税前利润($EBIT$)为 20 000 元,预计下一年度的销售量为 12 000 件(即增长 20%),固定成本保持不变。试计算该公司的经营杠杆系数(DOL)。

方法一,根据定义公式可得:

$$息税前利润变动率 = \frac{44\,000 - 20\,000}{20\,000} \times 100\% = 120\%$$

$$销售收入(销售量)变动率 = \frac{360\,000 - 300\,000}{300\,000} \times 100\% = 20\%$$

$$经营杠杆系数(DOL) = \frac{\Delta EBIT/EBIT}{\Delta S/S} = \frac{\Delta EBIT/EBIT}{\Delta Q/Q} = \frac{120\%}{20\%} = 6$$

方法二,根据简化公式可得:

$$DOL = \frac{M}{M-a} = \frac{120\,000}{120\,000 - 100\,000} = 6$$

这表示金利公司的销售收入每增长 1%,其息税前利润将增长 6%(1%×6)。如果该企业下一年度的销售收入增长 20%,则其息税前利润将增长 120%(20%×6);反之,若销售收入下降 1%,则其息税前利润将下降 6%(1%×6)。

引起企业经营风险的主要原因是市场需求和成本等因素的不确定性,经营杠杆本身并不是利润不稳定的根源。但是,经营杠杆扩大了市场和生产等不确定因素对利润变动的影响。而且,通过上述计算可以看出,只要存在经营性固定成本,则经营杠杆系数就恒大于1,息税前利润变动率大于产销量变动率,经营杠杆系数越大,利润变动越激烈,企业的经营风险就越大。一般来说,在其他条件相同的情况下,经营性固定成本占总成本的比例越大,经营杠杆系数越高,经营风险就越大。

(二)财务杠杆与财务风险

财务杠杆也称融资杠杆或资本杠杆,是指资本结构中长期负债的运用对每股收益的影响。企业的融资来源不外乎两种:债务资金与权益资金。不论企业营业利润为多少,债务的利息、融资租赁的租金和优先股的股息通常都是固定不变的。这种由于固定性财务费用的存在而导致普通股每股收益变动大于息税前利润变动的杠杆效应,称为财务杠杆效应。

财务杠杆效应的大小,通常用财务杠杆系数来表示,它是指普通股每股收益(EPS)的变动率与息税前利润(EBIT)变动率的比率。用公式表示为:

$$财务杠杆系数(DFL) = \frac{\Delta EPS/EPS}{\Delta EBIT/EBIT}$$

式中:ΔEPS——普通股每股收益的变动额;

$\quad\quad EPS$——基期每股收益。

上述公式是计算财务杠杆系数的理论公式,必须同时已知变动前后两期的资料才能计算,比较麻烦。实际工作中,可以简化如下:

$$DFL = \frac{EBIT}{EBIT - I - \dfrac{d}{(1-T)}}$$

式中:I——债务利息;

$\quad\quad d$——优先股股息;

$\quad\quad T$——所得税税率。

如果企业没有发行优先股,其财务杠杆系数的计算公式可以进一步简化为:

$$DFL = \frac{EBIT}{EBIT - I}$$

必须说明的是,上述公式中的 $EBIT,I,d,T$ 均为基期值。

☞ 任务 3-11

上一任务中,金利公司计划年度预测需要资金 200 000 元。现有两种融资方案可供选择:方案 A,发行 20 000 股普通股,每股面值为 10 元;方案 B,25% 采用负债筹资,利率为 8%,75% 采用权益筹资,每股面值为 10 元。若当前年度息税前利润为 20 000 元,所得税税率为50%,预计下一年度息税前利润也同比增长 20%,试计算财务杠杆系数(DFL)。

根据简化公式:

$$DFL = \frac{EBIT}{EBIT - I}$$

A 方案 $DFL = \dfrac{20\ 000}{20\ 000 - 0} = 1$

B 方案 $DFL = \dfrac{20\ 000}{20\ 000 - 4\ 000} = 1.25$

这显示了在每种筹资方式下的财务杠杆对每股收益的影响。本任务中,两种方案的资金总额均相同,$EBIT$ 相等,$EBIT$ 增长的幅度也相等,不同的仅仅是资金结构(各种来源的资金占资金总额的比重)。当 $EBIT$ 增长 20% 时,A 方案的 EPS 也增长 20%,这是因为该方案没有举债,其财务杠杆系数等于 1;B 方案 EPS 的增长幅度超过了 $EBIT$ 的增长幅度,为 25%,这是因为它借入了资金。这就是财务杠杆效应。

从简化公式可以看出,若企业资金中没有负债,即 I 为 0,则财务杠杆系数将恒等于 1,EPS 的变动率将恒等于 $EBIT$ 的变动率,企业也就得不到财务杠杆利益,当然也就没有财务风险。在资金总额、息税前利润相同的情况下,负债比率越高,财务杠杆系数越大,普通股每股收益波动幅度越大,财务风险就越大;反之,负债比率越低,财务杠杆系数越小,普通股每股收益波动幅度越小,财务风险就越小。

实务中,企业的财务决策者在确定企业负债水平时,必须认识到负债可能带来的财务杠杆收益和相应的财务风险,从而在利益与风险之间做出合理的权衡。

(三)复合杠杆

复合杠杆又称总杠杆,是由经营杠杆和财务杠杆共同作用形成的总杠杆。如前所述,由于存在固定性经营成本,产生经营杠杆作用,使息税前利润的变动幅度大于产销业务量的变动幅度;同样由于存在固定性财务费用,产生财务杠杆效应,使企业每股收益的变动率大于息税前利润的变动率。如果两种杠杆共同起作用,那么产销业务量稍有变动,每股收益就会发生更大的变动。这种由于固定性经营成本和固定性财务费用的共同存在而导致的每股收益变动率大于产销业务量变动率的杠杆效应,称为复合杠杆效应。

复合杠杆效应的大小用复合杠杆系数(简称 DCL)来衡量,它是经营杠杆与财务杠杆的乘积,是指每股收益变动率与产销业务量变动率的比率。其计算公式为:

$$DCL = \frac{\Delta EPS/EPS}{\Delta S/S} = \frac{\Delta EPS/EPS}{\Delta Q/Q}$$

或

$$DCL = DOL \times DFL = \frac{M}{EBIT - I}$$

☞ **任务 3-12**

仍以金利公司为例,假设其成本结构及成本水平不变,企业选择 B 方案,即 25% 采用债务融资。

方法一,根据定义公式可得:

$$DCL = \frac{150\%}{20\%} = 7.5$$

方法二,根据简化公式可得:

$$DCL = \frac{120\ 000}{20\ 000 - 4\ 000} = 7.5$$

或 $DCL = DOL \times DFL = 6 \times 1.25 = 7.5$

复合杠杆系数为 7.5,表明当销售收入增长 1% 时,每股收益将增长 7.5%;反之,当销售收入下降 1% 时,每股收益将下降 7.5%。

由于复合杠杆作用使每股收益大幅度波动而造成的风险,称为复合风险。从以上分析可以看出,在复合杠杆的作用下,当企业经济效益好时,每股收益会大幅度上升;当经济效益差时,每股收益会大幅度下降。企业复合杠杆系数越大,每股收益的波动幅度越大。在其他因素不变的情况下,复合杠杆系数越大,复合风险越大;复合杠杆系数越小,复合风险越小。

帮你学

1.资金成本包括筹资费用和资金的占用费,通常用资金成本率来表示。

2.债务资金的资金成本低,因为债务资金的资金占用费可以抵税;权益资金的资金成本相对要高,因为权益资金的资金占用费是在税后利润中支付的。当然,不付股利或少付股利,权益资金的资金成本就会下降。

3.加权资金成本是重要的筹资决策指标。

4.财务杠杆系数是衡量企业财务风险的重要财务指标,但不是唯一的指标。财务杠杆系数越大,财务风险也越大。

情境五 资金结构

一、资金结构的含义

资金结构是指各种资金的构成及其比例关系,有广义和狭义之分。广义的资金结构是指全部资金的来源构成,包括各项资金占总资金的比重、长期资金与短期资金之间构成的比例等,亦称为财务结构;狭义的资金结构主要是指负债资金与权益资金之间的构成比例。这里我们讨论的就是狭义的资金结构。

二、资金结构控制的方法

在资金结构控制中,关键是找到企业合理的资金结构。所谓合理的资金结构,是指企业在一定时期内,使加权平均资金成本最低、企业价值最大时的资金结构。衡量企业资金结构是否合理,常用的分析方法是每股收益无差别点法、比较资金成本法和因素分析法。

(一)每股收益无差别点法

该方法用每股收益的变化来衡量资本结构:能提高每股收益的资本结构是合理的,反之则不够合理。每股收益无差别点是指每股收益不受筹资方式影响的销售水平,据此可以分析判断在什么样的销售水平下适于采用何种资本结构。每股收益的计算公式如下:

$$EPS = \frac{(EBIT - I) \times (1 - T)}{N}$$

式中:EPS——每股收益;

$EBIT$——息税前利润;

I——利息;

T——所得税税率;

N——流通在外的普通股股数。

在每股收益无差别点上,无论是采用负债融资还是采用权益融资,每股收益都是相等的。若以 EPS_1 代表负债融资,EPS_2 代表权益融资,则 $EPS_1 = EPS_2$,此时的销售额就是每股收益无差别点时的销售额。

$$\frac{(EBIT_1-I_1)\times(1-T)}{N_1}=\frac{(EBIT_2-I_2)\times(1-T)}{N_2}$$

$$\frac{(S-VC_1-F_1-I_1)(1-T)}{N_1}=\frac{(S-VC_2-F_2-I_1)(1-T)}{N_2}$$

式中：S——每股收益无差别点销售额；

I_1、I_2——两种筹资方式下的年利息；

VC_1、VC_2——两种筹资方式下的变动成本总额；

F_1、F_2——两种筹资方式下的固定成本总额；

N_1、N_2——两种筹资方式下的普通股股数。

☞ 任务 3—13

某公司原有资本 700 万元，其中债务资本 200 万元（每年负担利息 24 万元），普通股资本 500 万元（发行普通股 10 万股，每股面值 50 元）。由于扩大业务，需要追加筹资 300 万元，有增发普通股（增发 6 万股，每股面值 50 元）和发行债券（债务利率为 12%，每年追加利息 36 万元）两种方案可供选择。公司的变动成本率为 60%，固定成本为 180 万元，所得税税率为 25%。试就此分析筹款决策。

每股收益无差别点的计算公式如下：

$$\frac{(S-0.6S-180-24)\times(1-25\%)}{10+6}=\frac{(S-0.6S-180-24-36)\times(1-25\%)}{10}$$

$S=750$（万元）

此时每股收益 $=\dfrac{(750-0.6\times750-180-24)\times(1-25\%)}{16}$

$\qquad\qquad=\dfrac{(750-0.6\times750-180-24-36)\times(1-25\%)}{10}$

$\qquad\qquad=4.5$（元/股）

某公司两种资金结构下的每股收益如表 3—7 所示。

表 3—7　　　　　　　　　　某公司不同资金结构下的每股收益　　　　　　　　　　单位：元

项　目	增发普通股	发行债券
公司债务（利率 12%）	200	500
普通股（面值 50 元）	800	500
股本数（万股）	16	10
总资本	1 000	1 000
预计销售额（无差别点处）	750	750
变动成本总额（变动成本率 60%）	450	450
固定成本额	180	·180
预计息税前利润	120	120
减：利息	24	60

续表

项 目	增发普通股	发行债券
税前利润	96	60
减:所得税(25%)	24	15
税后利润	72	45
每股收益(EPS)	4.5	4.5

从表3—7中可以看出,当销售额大于750万元时,宜采用债券筹资;当销售额小于750万元时,宜采用股票筹资。每股收益无差别点分析图如图3—1所示。

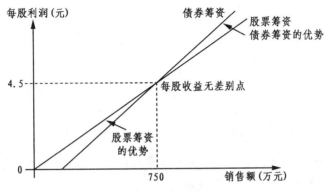

图3—1 每股收益无差别点分析

这种分析方法可以帮助企业根据销售量的多少来选择筹资方式,为企业确定最佳的财务结构提供了依据。但这种分析方法也有缺陷,它只考虑了资金结构对每股收益的影响,且假定每股收益最大,股票价格就最高,而没有考虑风险因素,因此是不全面的。在资金市场完善时,投资人主要根据每股收益多少来计算市盈率,并做出投资决策。

(二)比较资金成本法

比较资金成本法是计算不同资金结构(或筹资方案)的加权平均资金成本,并以此为标准相互比较进行资金结构决策。企业的资金结构决策可分为初始筹资和追加筹资两种情况。前者可称为初始资金结构决策,后者可称为追加资金结构决策。

1. 初始资金结构决策

在实际中,企业对拟订的筹资总额可以采用多种筹资方式来筹集,同时每种筹资方式的筹资数额亦可有不同安排,由此形成若干个可供选择的资金结构(或筹资方案)。企业可以通过计算比较不同方案的资金成本,对方案进行选择。

☞ **任务3—14**

五洲公司初创时拟筹资2 000万元,有A、B两个筹资方案可供选择,有关资料如表3—8所示。

表 3—8   五洲公司筹资资料

资金来源	A 方案		B 方案	
	筹资额(元)	资金成本	筹资额(元)	资金成本
长期借款	600	6%	800	7%
长期债券	400	7%	600	8%
优先股	200	10%	200	15%
普通股	800	15%	400	20%
合　计	2 000		2 000	

下面分别测算两个筹资方案的加权平均资金成本,并比较其高低,从而确定最佳筹资方案即最佳资金结构。

A 方案的加权平均资金成本为:

$$6\% \times \frac{600}{2\,000} + 7\% \times \frac{400}{2\,000} + 10\% \times \frac{200}{2\,000} + 15\% \times \frac{800}{2\,000} = 10.2\%$$

B 方案的加权平均资金成本为:

$$7\% \times \frac{800}{2\,000} + 8\% \times \frac{600}{2\,000} + 15\% \times \frac{200}{2\,000} + 20\% \times \frac{400}{2\,000} = 10.7\%$$

对以上两个筹资方案的加权平均资金成本进行比较,发现 A 方案较低,在其他有关因素大体相同的条件下,A 方案是最好的筹资方案。

2. 追加资金结构决策

企业在持续的生产经营过程中,由于扩大业务或对外投资的需要,有时会增加筹集资金,即所谓追加筹资。因追加筹资以及筹资环境的变化,企业原有的资金结构就会发生变化,从而使原定的最佳资金结构未必仍是最优的。因此,企业应在资金结构不断变化中寻求最佳资金结构,保持资金结构的最优化。

一般而言,按照最佳资金结构的要求,选择追加筹资方案可有两种方法:一种方法是直接测算比较各备选追加筹资方案的边际资金成本,从中选择最优筹资方案;另一种方法是将备选追加筹资方案与原有最佳资金结构汇总,测算各追加筹资条件下汇总资金结构的加权平均资金成本,比较确定最优追加筹资方案。

☞ 任务 3—15

金利公司原有的资金结构见表 3—9。

表 3—9   金利公司资金结构

资本来源	资本额(万元)	资金成本(%)
长期借款	400	6
长期债券	400	8
优先股	200	10
普通股	600	14
合　计	1 600	

该企业由于扩大经营规模拟增资 400 万元,有以下两种追加筹资方案可供选择:

A 方案:发行长期债券 100 万元,资金成本为 8.5%;另发行普通股 300 万元,资金成本为 16%。

B 方案:长期借款 300 万元,资金成本为 7%;另发行普通股 100 万元,由于增加负债增加了风险,普通股资金成本上升为 18%。

追加筹资方案的加权平均资金成本也要按加权平均法计算,两个追加筹资方案的加权平均资金成本计算如下:

(1)A 方案:

$$\frac{400}{2\,000} \times 6\% + \frac{400+100}{2\,000} \times \frac{400\times8\%+100\times8.5\%}{500} + \frac{200}{2\,000} \times 10\% + \frac{900}{2\,000} \times$$
$$\frac{600\times14\%+300\times16\%}{900} = 10.825\%$$

(2)B 方案:

$$\frac{400+300}{2\,000} \times \frac{400\times6\%+300\times7\%}{700} + \frac{400}{2\,000} \times 8\% + \frac{200}{2\,000} \times 10\% + \frac{600+100}{2\,000} \times$$
$$\frac{600\times14\%+100\times18\%}{700} = 9.95\%$$

比较两个方案追加筹资后新的资金结构下的加权平均资金成本,结果是 B 方案的加权平均资金成本低于 A 方案的加权平均资金成本,因此,追加筹资 B 方案优于 A 方案。

由此可见,该企业追加筹资后,虽然改变了资金结构,但经过科学的测算,作出正确的筹资决策,企业仍可保持其资金结构的最优化。

(三)因素分析法

因素分析法是一种定性分析法,即科学地分析出影响企业资金结构的各种因素,据此进行筹资。分述如下:

1. 企业销售的增长情况

企业销售较为稳定,且以 8%~10% 或更高的速度增长,就可以利用财务杠杆作用,扩大负债资金占总资本的比重,取得更好的每股收益;反之,则要降低负债资金的比重,调整到合理的资金结构,以降低风险。

2. 企业所有者和管理人员的态度

企业所有者若是少数控股股东,且害怕控制权被削弱,则会要求企业尽量采用优先股或负债方式筹资;反之,则可采用发行股票方式筹资。

企业管理人员若是喜欢冒险的决策人员,可能会采用较高的负债比例;一些持稳健态度的管理人员,则可能较少使用债券。

3. 贷款人和信用评级机构的影响

公司一般都充分重视贷款人和信用评级机构的意见,大部分贷款人都不希望负债比例过大。同样,企业债券太多,信用评级机构可能会降低企业的信用等级,从而影响企业的筹资能力,提高企业的资金成本。

4. 行业因素

不同行业的资金结构有很大差别,财务经理必须考虑行业平均水平,确定合理的资金结构。

5. 企业财务状况

如果企业获利能力强,财务状况好,变现能力强,完全有能力负担财务上的风险,就可以以较低的资金成本举债融资。当然,有些企业由于财务状况不好,不能顺利发行股票,则只能以高利率发行债券来筹措资金。

6. 资产结构

拥有大笔固定资产的企业主要通过长期负债和发行股票筹资,拥有较多流动资产的企业更多采用流动负债筹资,资产适用于抵押贷款的公司如房地产公司的举债额比重较大,以技术研究开发为主的公司则负债较少。

7. 所得税税率

因为企业利用负债可以获得减税利益,因此所得税税率越高,负债筹资就越吸引企业;反之,则不吸引企业。

8. 利率水平的变动趋势

若利率有上升的趋势,则财务管理人员会采用发行债券的形式把利率较低水平保持若干年;反之,则不能采用,因为较高的利率水平会给企业举债筹资带来较大风险。

上述定性方法应与定量方法结合使用,以帮助选择合理的资金结构。

帮你学

1. 资金结构是筹资决策重点考虑的又一个因素,主要是考虑债务资金与权益资金的结构关系。

2. 在投资报酬率大于利息率时,适度举债经营有利于提高投资者的报酬率;否则,应该减少负债。

3. 每股收益无差别点的原理是:销售额越大,利润也大,则投资报酬率也大,所以应该举债;反之,则应采用权益筹资。

 基本达标

一、单项选择题

1. 在财务管理中,将资金划分为变动资金与不变资金两个部分,并据以预测企业未来资金需要量的方法,称为（　　）。

A. 定性预测法　　　B. 比率预测法　　　C. 资金习性预测法　　　D. 成本习性预测法

2. （　　）可以为企业筹集自有资金。

A. 内部积累　　　B. 融资租赁　　　C. 发行债券　　　D. 向银行借款

3. （　　）可以为企业筹集短期资金。

A. 融资租赁　　　B. 商业信用　　　C. 内部积累　　　D. 发行股票

4. 不存在筹资费用的筹资方式是（　　）。

A. 长期借款　　　B. 融资租赁　　　C. 发行债券　　　D. 利用留存收益

5. 不存在财务杠杆作用的筹资方式是（　　）。

A. 银行借款　　　B. 融资租赁　　　C. 发行债券　　　D. 发行普通股

6. 某企业发行 5 年期债券,债券面值为 1 000 元,票面利率为 10%。每年付息一次,发行价为 1 100 元,筹资费用率为 5%,所得税税率为 25%。则该债券的资金成本是（　　）。

A. 9.37%　　　　　　B. 7.18%　　　　　　C. 7.36%　　　　　　D. 6.66%

7. 企业向银行取得借款 100 万元,年利率为 5%,期限为 10 年。每年付息一次,到期还本,所得税税率为 25%,手续费忽略不计,则该项借款的资金成本为(　　　)。

A. 3.75%　　　　　　B. 5%　　　　　　　C. 4.5%　　　　　　D. 3%

8. 某公司普通股目前的股价为每股 10 元,筹资费用率为 8%,公司最近支付的股利为每股 2 元,股利固定增长率为 5%,则该股票的资金成本为(　　　)。

A. 22.39%　　　　　B. 21.74%　　　　　C. 24.74%　　　　　D. 26.74%

9. 某公司普通股目前的股价为每股 10 元,筹资费用率为 8%,公司最近支付的股利为每股 2 元,股利固定增长率为 5%,则该公司利用留存收益筹资的资金成本为(　　　)。

A. 22.39%　　　　　B. 25%　　　　　　C. 24.74%　　　　　D. 27.83%

10. 某企业的资金总额中,长期借款筹集的资金占 40%,已知长期借款筹集的资金在 500 万元以下时其资金成本为 4%,在 500 万元以上时其资金成本为 6%,则在长期借款筹资方式下企业的筹资总额分界点是(　　　)万元。

A. 1 000　　　　　　B. 1 250　　　　　　C. 1 500　　　　　　D. 1 650

11. 某企业 2015 年的销售额为 1 000 万元,变动成本为 600 万元,固定经营成本为 200 万元,则 2015 年的经营杠杆系数为(　　　)。

A. 2　　　　　　　　B. 3　　　　　　　　C. 4　　　　　　　　D. 无法计算

12. 如果企业的资金来源全部为自有资金,且没有优先股存在,则企业的财务杠杆系数(　　　)。

A. 等于 0　　　　　　B. 等于 1　　　　　　C. 大于 1　　　　　　D. 小于 1

13. 某企业 2015 年的销售额为 1 000 万元,变动成本为 600 万元,固定经营成本为 200 万元,利息费用为 10 万元,没有融资租赁和优先股,预计 2016 年息税前利润增长率为 10%,则 2016 年的每股利润增长率为(　　　)。

A. 10%　　　　　　　B. 10.5%　　　　　　C. 15%　　　　　　　D. 12%

14. 某企业的销售收入为 800 万元,变动成本率为 40%,经营杠杆系数为 2,总杠杆系数为 3。假设固定成本增加 80 万元,其他条件不变,企业没有融资租赁和优先股,则总杠杆系数变为(　　　)。

A. 3　　　　　　　　B. 4　　　　　　　　C. 5　　　　　　　　D. 6

15. 在其他条件不变的情况下,借入资金的比例越大,财务风险(　　　)。

A. 越大　　　　　　　B. 不变　　　　　　　C. 越小　　　　　　　D. 无法确定

二、多项选择题

1. 筹资的动机有(　　　)。

A. 设立性动机　　B. 扩张性动机　　　C. 调整性动机　　　D. 混合性动机

2. 按所筹集资金性质不同,资金可分为(　　　)。

A. 长期资金　　　B. 短期资金　　　　C. 自有资金　　　　D. 负债资金

3. 企业自有资金的筹集方式有(　　　)。

A. 发行股票　　　B. 吸收直接投资　　C. 发行债券　　　　D. 利用留存收益

4. 企业负债资金的筹集方式有(　　　)。

A. 银行借款　　　B. 发行债券　　　　C. 融资租赁　　　　D. 商业信用

5. 采用销售百分比法预测对外筹资需要量时,对外筹资需要量受到(　　)的影响。

A. 销售增长率　　　　B. 资产利用率　　　　C. 股利支付率　　　　D. 销售净利率

6. 资金成本包括用资费用和筹资费用两个部分,其中属于用资费用的是(　　)。

A. 向股东支付的股利　　　　　　　　B. 向债权人支付的利息

C. 借款手续费　　　　　　　　　　　D. 债券发行费

7. 在计算个别资金成本时,需要考虑所得税抵减作用的筹资方式有(　　)。

A. 银行借款　　　　B. 长期债券　　　　C. 优先股　　　　D. 普通股

8. 权益资金成本包括(　　)。

A. 债券成本　　　　B. 优先股成本　　　　C. 普通股成本　　　　D. 留存收益成本

9. 不考虑优先股,经营杠杆系数可以用(　　)公式来计算。

A. $\dfrac{\Delta EBIT/EBIT}{\Delta S/S}$　　B. $\dfrac{\Delta EBIT/EBIT}{\Delta Q/Q}$　　C. $\dfrac{EBIT}{EBIT-I}$　　D. $\dfrac{M}{M-a}$

10. 最佳资金结构是指(　　)的资金结构。

A. 企业价值最大　　　　　　　　　　B. 加权平均资金成本最低

C. 每股收益最大　　　　　　　　　　D. 净资产值最大

三、判断题

1. 企业的自有资金都属于长期资金,而债务资金既有长期的,也有短期的。　　　　(　　)

2. 按照资金与产销量之间的依存关系,可以把资金区分为不变资金、变动资金和半变动资金,其中原材料的保险储备属于不变资金。　　　　(　　)

3. 资金成本是投资人对投入资金所要求的最低收益率,也可作为判断投资项目是否可行的取舍标准。　　　　(　　)

4. 资金成本包括用资费用和筹资费用两个部分,一般使用相对数表示,即表示为筹资费用和用资费用之和与筹资额的比率。　　　　(　　)

5. 企业采用借入资金的方式筹资比采用自有资金方式筹资付出的资金成本低,但承担的风险大。　　　　(　　)

6. 在所有资金来源中,一般来说,普通股的资金成本最高。　　　　(　　)

7. 某企业发行股利固定增长的普通股,市价为 10 元/股,预计第一年的股利为 2 元,筹资费用率为 4%,已知该股票资本成本为 23.83%,则股利的年增长率为 2.5%。　　　　(　　)

8. 资金结构不影响企业价值,企业不存在最佳资金结构。　　　　(　　)

9. 负债程度越高,企业价值越大。　　　　(　　)

10. 企业负债比例越高,财务风险越大,因此,负债对企业总是不利的。　　　　(　　)

能力提升

1. 某公司 2014 年的财务数据如表 3—10 所示。

表 3—10   **某公司 2014 年的财务数据**   单位:万元

项　目	金　额
流动资产	4 000
长期资产	8 000
流动负债	400
长期负债	6 000
当年销售收入	4 000
净利润	200
分配股利	60
留存收益	140

假设企业的流动资产和流动负债均随销售收入的变化同比例变化。

[要求]

2015 年预计销售收入达到 5 000 万元,销售净利率和收益留存比率维持 2014 年水平,计算需要补充多少外部资金?

2. 百华公司在筹资过程中通常采用多种筹资方式,该公司本年进行了以下筹资行为:

(1)取得 10 年期借款 100 万元,年利率为 8%,每年付息一次,到期一次还本。已知公司所得税税率为 30%,筹资费用率为 1%。

(2)发行 5 年期的债券,票面面值为 1 200 万元,票面年利率为 10%,每年付息一次,发行价为 1 200 万元,发行费用率为 3%,所得税税率为 30%。

(3)按面值发行 100 万元的优先股股票,筹资费用率为 4%,年优先股股利率为 10%。

(4)发行普通股 600 万股,每股 10 元,筹资费用率为 5%,第一年年末每股发放股利 2 元,预计未来股利每年增长率为 4%。

(5)留存收益为 600 万元。

[要求]

计算各种筹资方式的个别资金成本和加权平均资金成本。

3. 贝尔公司目前有资金 5 000 万元,其中长期债务 2 000 万元、优先股 500 万元、普通股 2 500 万元,该结构为最优资金结构。现公司为满足投资要求,准备筹集更多的资金,并测算出了随筹资的增加各种资金成本的变化,如表 3—11 所示。

表 3—11   **各种资金成本的变化**

筹资方式	目标资金结构(%)	新筹资的数量范围(元)	资金成本(%)
长期债务	40	0~100 000	5
		100 000~500 000	6
		大于 500 000	7
优先股	10	0~10 000	10
		10 000~50 000	11
		大于 50 000	12
普通股	50	0~100 000	13
		100 000~500 000	14
		大于 500 000	15

［要求］

计算贝尔公司筹资总额分界点及边际资金成本。

4. 海成公司当前销售量为 10 000 件,售价为 50 元,单位变动成本为 20 元,固定成本为 200 000 元,*EBIT* 为 100 000 元,预计下年度的销售量为 12 000 件(即增长 20%),固定成本保持不变。

下年度预测需要资金 400 000 元。假设有两种筹资方案可供选择:方案 A,发行40 000股普通股,每股面值 10 元;方案 B,采用负债筹资,利率为 8%,所得税税率为 40%,预计下年度 *EBIT* 也同比增长 20%。

［要求］

(1)计算该公司两种筹资方案的财务杠杆系数。

(2)计算该公司的复合杠杆系数,并进行简单分析。

5. 某公司原有资本 1 000 万元,其中债务资本 400 万元(每年负担利息 30 万元),普通股资本 600 万元(发行普通股 12 万股,每股面值为 50 元),企业所得税税率为 30%。由于扩大业务,需要追加筹资 300 万元,其筹资方式有两种:一是全部发行普通股,增发 6 万股,每股面值为 50 元;二是全部按面值发行债券,债券利率为 10%。

［要求］

(1)计算普通股筹资与债券筹资每股收益无差别点的息税前利润。

(2)假设扩大业务后的息税前利润为 300 万元,确定公司应当采用哪种筹资方式(不考虑风险)。

信息搜索

1. 企业的筹资渠道和筹资方式有何区别及联系?

2. 企业在筹集资金时应该遵循哪些要求?

3. 分析普通股筹资的利弊及筹资策略。

4. 什么是商业信用? 商业信用有哪些特点? 如何计算商业信用的成本?

5. 比较发行股票、发行债券、银行借款和留存收益的资金成本的高低。

模块四
项目投资管理

 学习目标

◎ 理解投资的含义。
◎ 掌握项目投资财务决策评价的依据。
◎ 掌握各项目投资决策评价指标的计算。
◎ 熟练运用项目投资决策评价指标。

案例引导

强利公司是一家经济实力较强的生产加工企业,产品适销对路,并占据了主要销售市场,经济效益连年上涨。基于市场的需求,公司计划扩大经营规模,决定再上生产项目。经多方调研、汇总、筛选,公司只能投资于短期项目 A 和长期项目 B 中的一个项目。其投资额为 250 万元,资本成本为 10%,两个项目的期望未来现金流量如表 4—1 所示。

表 4—1　　　　　　　　　　两个项目的期望未来现金流量　　　　　　　　　　单位:万元

项目 ＼ 时间	第 0 年	第 1 年	第 2 年	第 3 年	第 4 年	第 5 年	第 6 年
项目 A	−250	100	100	75	75	50	25
项目 B	−250	50	50	75	100	100	125

根据上述资料,你能替强利公司做出最后的决策吗?

情境一　项目投资概述

一、投资的含义和种类

(一)投资的含义

投资是指特定经济主体(包括国家、企业和个人)为了在未来可预见的时期内获得收益或是资金增值,在一定时期向一定领域的标的物投放足够数额的资金或实物的货币等价物的经济行为。从特定的角度看,投资就是企业为了获取收益而向一定对象投放资金的经济行为。

(二)投资的种类

1. 按照投资行为的介入程度,分为直接投资和间接投资

直接投资是指由投资人直接介入投资行为,即将货币资金直接投入投资项目,形成实物资产或者购买现有企业资产的一种投资。其特点是,投资行为可以直接将投资者与投资对象联系在一起。间接投资是指投资者以其资本购买公债、公司债券、金融债券或公司股票等,以预期获取一定收益的投资,也称为证券投资。

2. 按照投入的领域不同,分为生产性投资和非生产性投资

生产性投资是指将资金投入生产、建设等物质生产领域中,并能够形成生产能力或可以生产出生产资料的一种投资,又称为生产资料投资。这种投资的最终成果将形成各种生产性资料,包括固定资产投资、无形资产投资、其他资产投资和流动资金投资。其中,前三项属于垫支资本投资,后者属于周转资本投资。非生产性投资是指将资金投入非物质生产领域中,不能形成生产能力,但能形成社会消费或服务能力、满足人们的物质文化生活需要的一种投资。这种投资的最终成果是形成各种非生产性资产。

3. 按照投资的方向不同,分为对内投资和对外投资

从企业的角度来看,对内投资就是项目投资,是指企业将资金投放于为取得供本企业生产经营使用的固定资产、无形资产、其他资产和垫支流动资金而形成的一种投资。对外投资是指企业为购买国家及其他企业发行的有价证券或其他金融产品(包括期货与期权、信托、保险),或以货币资金、实物资产、无形资产向其他企业(联营企业、子公司等)注入资金而发生的投资。

此外,按照投资的内容不同,分为固定资产投资、无形资产投资、其他资产投资、流动资产投资、房地产投资、有价证券投资、期货与期权投资、信托投资和保险投资等多种形式。

二、项目投资及其特点

(一)项目投资的含义

项目投资是一种以特定建设项目为对象,直接与新建项目或更新改造项目有关的长期投资行为。项目投资可分为新建项目和更新改造项目两大类型。新建项目投资以新增生产能力为目的,基本属于外延式扩大再生产;更新改造项目投资以恢复和改善生产能力为目的,基本属于内涵式扩大再生产。

新建项目投资还可进一步分为单纯固定资产投资和完整工业项目投资两类。单纯固定资产投资简称固定资产投资,通常只包括为购建固定资产而发生的资金投入,一般不涉及周转性流动资产的再投入;完整工业项目投资则不仅包括固定资产投资,而且还涉及周转性流动资产的投入,甚至还需要增加如无形资产、长期待摊费用等其他长期资产项目的投资。因此,不能将项目投资简单地等同于固定资产投资。

(二)项目投资的特点

1. 投资数额大

项目投资所形成的生产经营能力主要体现在新增固定资产上。固定资产购建本身所需资金量巨大,而且为使建成的固定资产得以正常运行,还需要配置相应的流动资产,有些项目甚至还需要其他长期资产的投资,如无形资产、长期待摊费用等,所以,投资数额较大。

2. 影响时间长

项目投资的寿命一般都在几年以上,有的甚至长达几十年,投资一旦完成,就会长时期地对企业的生产经营产生影响。首先,项目本身可能会给企业带来长期的经济效益。其次,项目投资支出主要是资本性支出,这就会使企业在今后一个较长时期内增加一部分固定成本。如果投资形成的生产经营能力不能充分利用,企业难以负担这部分固定成本,就有可能造成长期亏损。最后,项目投资作为一项数额较大的预付成本,一旦支出就意味着将大量资金凝固起来,这有可能使企业在一定时期内资金调度相对紧张。

3. 不可逆转性

项目投资一旦实施并形成一定生产经营能力后,无论其投资效益如何,均难以改变。即使必须改变,也必然在财力、物力上付出极高的代价,使企业蒙受巨大的损失。

4. 投资风险高

项目投资所提供的经济效益只能在今后较长时期内逐步实现,未来时期内各种影响投资效益的因素,诸如市场需求、原材料供应、国家政策等,都会发生各种变化,而项目投资又不可逆转,这意味着企业进行项目投资必然冒较高的风险。

综上所述,项目投资耗费资金多、经历时间长、投资风险高、影响程度深,同时,投资形成的是企业生产经营的物质技术基础,合理与否都是至关重要的。因此,企业绝不可在缺乏调查研究和可行性分析的情况下盲目投资。

三、项目投资的一般程序

项目投资的一般程序要经过"提出—可行性分析—决策评价—实施"四个步骤,具体说明如下:

(一)项目投资的提出

在企业的生产经营过程中,会不断地产生新的投资需要,也会出现很多投资机会。当出现新的投资机会或产生投资需要时,就会提出新的投资项目。这些项目一般会由项目的提出者以报告的形式上报管理当局,以便他们研究和选择。管理当局会从各种投资方案中进行初步的筛选、分类和排队,同时结合企业的长期目标和具体情况,制订出初步的投资计划。

(二)项目投资的可行性分析

企业初步确定的投资计划可能有多个,各投资项目之间也会受到资金、技术、环境、人力等的限制。这就要求对投资项目进行可行性分析,主要包括三个方面:(1)在技术方面,要考虑所投项目的技术是否先进、能否取得、能否实施、能维持多长时间,同时还要考虑项目本身在设计、施工等方面的具体要求;(2)在财力方面,首先预测资金的需要量,再看有无足够的资金支持,如果资金不足,能否及时筹措到所需资金,这是投资项目运行的前提;(3)在经济方面,要考虑项目投产后产品销路如何、能增加多少销售收入、为此发生多少成本和费用、能提供多少利润、有多大风险、整个方案在经济上是否合理等。

除对以上三个方面进行分析外,还要考虑项目的相关因素,如所在地区的自然资源、水电、交通、通信等协作条件是否满足项目需要,所需工人、技术人员、管理人员能否达到要求,项目实施后对环境是否会造成不良影响等。应当指出,对投资项目的可行性分析依赖于对项目有关资料的搜集和有关情况的预测,要尽可能搜集与项目有关的资料,进行科学的分析,做出正确的评价。

(三)项目投资的决策评价

项目是否能够实施,取决于企业管理当局的决策评价结果。决策者要综合技术人员、财务人员、市场研究人员等的评价结果，集思广益，全面考核，最后做出是否采纳或采纳哪一个项目的决定。

财务人员的评价依据和评价方法，主要是计算项目的现金流量和以现金流量为基础计算各种评价指标，具体计算方法及其评价指标的运用将在本章后面几节内容中介绍。

(四)项目投资的实施

项目批准或采纳后，要筹集资金并付诸实施。大项目一般交由提出部门或由原设计人员组成的专门小组，负责拟订具体的实施计划并负责具体实施。各有关方面如财务、技术要密切配合，保证投资项目保质、保量完成。项目投产后要严格管理，保证实现预期收益。

四、项目投资的计算期及其构成

项目计算期(记作 n)是指项目从开始投资建设到最终清理结束整个过程的全部时间，即项目的有效持续时间。项目计算期通常以年为计算单位。

一个完整的项目计算期，由建设期(记作 s，$s \geqslant 0$)和生产经营期(记作 p)两个部分构成。其中，建设期是指从开始投资建设到建成投产这一过程的全部时间。建设期的第1年年初(记作第0年)称为建设起点，建设期的最后一年末(记作第 s 年)称为投产日。生产经营期是指从投产日到终结点这一过程的全部时间。生产经营期开始于建设期的最后一年末即投产日，结束于项目最终清理的最后一年末(记作第 n 年)，称为终结点。生产经营期包括试产期和达产期(完全达到设计生产能力)。项目计算期、建设期和生产经营期之间存在以下关系：

$$n = s + p$$

五、项目投资金额及其投入方式

反映项目投资金额的指标主要有原始总投资和投资总额。原始总投资是反映项目所需现实资金的价值指标。从项目投资的角度看，原始总投资等于企业为使项目完全达到设计生产能力、开展正常经营而投入的全部现实资金。投资总额是反映项目投资总体规模的价值指标，它等于原始总投资与建设期资本化利息之和。其中，建设期资本化利息是指在建设期发生的与购建项目所需的固定资产、无形资产等长期资产有关的借款利息。

项目资金的投入分为一次投入和分次投入两种方式。一次投入方式是指集中在项目计算期第一个年度的年初或年末一次发生的投资行为；分次投入方式是指涉及两个或两个以上年度分次发生的投资行为(只涉及一个年度但分次在该年的年初和年末发生的，也属于分次投入方式)。

 帮你学

1. 项目投资的一般程序要经过"提出—可行性分析—决策评价—实施"四个步骤。
2. 计算期＝建设期＋运营期。
3. 项目投资额的内容：建设期投资、原始总投资、投资总额。
4. 投资有风险，决策需谨慎。

情境二 项目投资财务决策评价的依据

项目投资的决策评价需要考虑的因素是多方面的,如国家的产业政策、市场发展前景、技术的先进程度、企业效益和社会效益以及资金的支持情况等,最终综合体现在财务决策评价上。项目投资财务决策评价的基本前提和主要依据是投资项目产生的现金流量。

一、现金流量的内容

(一)现金流量的概念

现金流量是指一个投资项目所引起的现金流出和现金流入的增加数量的总称。这里的"现金"是广义的现金,它不仅包括各种货币资金,而且还包括项目所需要投入的企业拥有的非货币资源的变现价值。例如,一个投资项目需要使用原有的厂房、设备和材料的变现价值等。现金流量是在一个较长时期内表现出来的,受资金时间价值的影响,一定数额现金在不同时期的价值是不同的,因此,研究现金流量及其发生的期间对正确评价投资项目的效益具有重要的意义。

(二)现金流量的内容

现金流量包括三项内容,即现金流出量、现金流入量和现金净流量。

1. 现金流出量

一个方案的现金流出量是指由该方案所引起的企业现金支出的增加额,主要包括以下内容:

(1)建设投资。建设投资是指与形成生产经营能力有关的各种直接支出,包括固定资产投资、无形资产投资、开办费投资等的总和,它是建设期发生的主要现金流出量。其中,固定资产投资是所有类型投资项目注定要发生的内容。这部分现金流出随着建设进程的进行可能一次性投入,也可能分次投入。

(2)流动资金投资。在完整的工业投资项目中,建设投资形成的生产经营能力要投入使用,会引起对流动资金的需求,主要是保证生产正常进行必要的存货储备占用等,这使企业要追加一部分流动资金投资。这部分流动资金投资属于垫支的性质,当投资项目结束时,一般会如数收回。

(3)经营成本。经营成本是指在经营期内为满足正常生产经营而动用现实货币资金支付的成本费用,又称为付现的营运成本(或简称付现成本)。它是生产经营阶段上最主要的现金流出量项目。

(4)各项税款。各项税款是指项目投产后依法缴纳的、单独列示的各项税款,如营业税、所得税等。

(5)其他现金流出。其他现金流出是指不包括在以上内容中的现金流出项目。例如,项目所需投入的非货币资源的变现价值,项目投资可能会动用企业原有的资产,这时企业虽未直接支出现金,但原有资产的变现价值也要视为项目投资的现金流出。

2. 现金流入量

一个方案的现金流入量是指由该方案所引起的企业现金收入的增加额,主要包括以下内容:

(1)营业收入。营业收入是指项目投产后每年实现的全部销售收入或业务收入。营业收入是经营期主要的现金流入项目。

(2)回收固定资产的余值。当投资项目的有效期结束时,残余的固定资产经过清理会得到一笔现金收入,如残值出售收入。同时,清理时还要支付清理费用,如清理人员报酬。残值收入扣除清理费用后的净额,应当作为项目投资的一项现金流入。

(3)回收垫支的流动资金。当投资项目的有效期结束后,原先投入周转的流动资金可以转化成现金,用于其他方面,从而构成一项现金流入。

3. 现金净流量

现金净流量又称净现金流量,是指一定期间现金流入量减去现金流出量的差额。这里所说的"一定期间"一般是指一年期间,当流入量大于流出量时,净流量为正值;反之,净流量为负值。

现金净流量的计算公式为:

$$现金净流量(NCF_t) = 现金流入量 - 现金流出量$$

在实际工作中,具体计算某一投资项目的净现金流量时,可以采用编制现金流量表的形式进行计算。

项目投资决策中的现金流量表,是一种能够全面反映投资项目在其项目计算期内每年的现金流入量和现金流出量的具体构成内容以及现金净流量水平的报表。应当说明的是,它与财务会计中的现金流量表不但格式不同,而且作用也完全不同。以完整的工业投资项目为例,其现金流量表的具体格式如表4—2所示。

表4—2　　　　　完整的工业投资项目现金流量表　　　　　单位:万元

项目计算期 (第 t 年)	建设期		经营期						合 计
	0	1	2	3	4	5	...	n	
一、现金流入量									
1. 营业收入	×	×	√	√	√	√	√	√	Σ
2. 回收固定资产余值	×	×	×	×	×	×	×	√	Σ
3. 回收流动资金	×	×	×	×	×	×	×	√	Σ
4. 其他现金流入量	×	×	?	?	?	?	?	?	Σ
5. 现金流入量合计	0	0	Σ	Σ	Σ	Σ	Σ	Σ	Σ
二、现金流出量									
1. 建设投资	√	×	×	×	×	×	×	×	Σ
2. 流动资金投资	×	√	×	×	×	×	×	×	Σ
3. 经营成本	×	×	√	√	√	√	√	√	Σ
4. 各项税款	×	×	√	√	√	√	√	√	Σ
5. 现金流出量合计	Σ	Σ	Σ	Σ	Σ	Σ	Σ	Σ	Σ
三、现金净流量	−	−	+	+	+	+	+	+	Σ

注:假设本项目的建设期为1年。"×"表示当年没有发生额,"√"表示当年有发生额,"?"表示当年可能有发生额,"Σ"表示求和,"−"表示数值为负值,"+"表示数值为正值。

👉 **任务4-1**

强利公司拟新建固定资产,该投资项目需要在建设期初一次投入 400 万元,资金来源为银行借款,年利率为 10%,建设期为 1 年。该固定资产可使用 10 年,按直线法计提折旧,期满有净残值 40 万元。投入使用后,可使经营期第 1～7 年每年产品销售收入(不含增值税)增加 320 万元,第 8～10 年每年产品销售收入(不含增值税)增加 280 万元,同时使第 1～10 年每年的经营成本增加 150 万元。假设该企业的所得税税率为 40%,不享受减免税优惠。投产后第 7 年年末,用净利润归还借款的本金,在还本之前的经营期内每年年末支付借款利息 40 万元,连续归还 7 年。根据上述资料,计算该项目各年的净现金流量。

项目计算期 = 1 + 10 = 11(年)

固定资产原值 = 400 + 400 × 10% = 440(万元)

固定资产年折旧额 = (440 - 40) ÷ 10 = 40(万元)

经营期第 1～7 年每年总成本 = 150 + 40 + 40 = 230(万元)

经营期第 8～10 年每年总成本 = 150 + 40 = 190(万元)

经营期第 1～7 年每年营业利润 = 320 - 230 = 90(万元)

经营期第 8～10 年每年营业利润 = 280 - 190 = 90(万元)

每年应交所得税 = 90 × 40% = 36(万元)

每年净利润 = 90 - 36 = 54(万元)

项目计算期各年净现金流量如表 4-3 所示。

表 4-3 固定资产投资项目现金流量表 单位:万元

项目计算期 (第 t 年)	建设期		经营期					合 计
	0	1	2	…	8	9	10	11	
一、现金流入量									
1. 营业收入	0	0	320	…	320	280	280	280	3 080
2. 回收固定资产余值	0	0	0	…	0	0	0	40	40
3. 现金流入量合计	0	0	320	…	320	280	280	320	3 120
二、现金流出量									
1. 固定资产投资	400	0	0	…	0	0	0	0	400
2. 经营成本	0	0	150	…	150	150	150	150	1 500
3. 所得税	0	0	36	…	36	36	36	36	360
4. 现金流出量合计	400	0	186	…	186	186	186	186	2 260
三、现金净流量	-400	0	134	…	134	94	94	134	860

二、现金流量的作用

以现金流量作为项目投资的重要价值信息,其主要作用在于:

(1)现金流量信息所揭示的未来期间现实货币资金收支运动,可以序时、动态地反映项目投资的流出与回收之间的投入产出关系,使决策者在投资主体的立场上,完整、准确、全面地评价具体投资项目的经济效益。

(2)利用现金流量指标代替利润指标作为反映项目效益的信息,可以克服因贯彻财务会计的权责发生制原则而带来的计量方法和计算结果的不可比和不透明等问题。也就是说,由于不同的投资项目可能采取不同的固定资产折旧方法、存货估价方法或费用摊配方法,从而导致不同方案的利润信息相关性差、透明度不高和可比性差。

(3)利用现金流量信息排除了非现金收付内部周转的资本运动形式,从而简化了有关投资决策评价指标的计算过程。

(4)由于现金流量信息与项目计算期的各个时点密切结合,有助于在计算投资决策评价指标时应用资金时间价值的形式进行动态投资效果的综合评价。

三、现金流量的简化计算方法

在实际工作中,一般采用简化计算公式计算现金净流量,即根据项目计算期不同阶段上的现金流入量和现金流出量的具体内容,直接计算各阶段的现金净流量。

1. 建设期现金净流量的简化计算公式

若原始投资均在建设期内投入,则建设期净现金流量可按以下简化公式计算:

$$\text{建设期某年的现金净流量}(NCF_t) = \text{一该年发生的原始投资额}$$

2. 经营期现金净流量的简化计算公式

经营期现金净流量可按以下简化公式计算:

$$\text{经营期某年的现金净流量}(NCF_t) = \text{该年净利} + \text{该年折旧} + \text{该年利息} + \text{该年开办费摊销} + \text{该年无形资产摊销}$$

需要说明的是,在项目终止的时候,该年的现金净流量还应包括固定资产的残值收入和收回的原投入的流动资金;在完整工业项目投资某年发生的无形资产和开办费的摊销额,也应包括在公式中,增加该年的现金净流量。另外,在全投资假设的情况下,还应该包括该年的利息支出。

☞ 任务 4-2

强利公司某投资项目需要原始投资 500 万元,其中,固定资产投资 400 万元,开办费投资 20 万元,流动资金投资 80 万元。建设期为 1 年,建设期资本化利息为 40 万元。固定资产投资于建设起点投入,流动资金于建设期期末投入。该项目的寿命期为 10 年,固定资产按直线法计提折旧,期满有 40 万元净残值。预计投产后第 1 年获得净利润 20 万元,以后每年递增 10 万元;流动资金于终结点一次回收。

项目计算期 = 1 + 10 = 11(年)

固定资产原值 = 400 + 40 = 440(万元)

固定资产年折旧额 = (440 - 40) ÷ 10 = 40(万元)

投产后每年净利润分别为 20,30,40,……,110 万元(共 10 年)。

终结点回收额 = 40 + 80 = 120(万元)

项目计算期各年现金净流量分别为:

$NCF_0 = -(400 + 20) = -420$(万元)

$NCF_1 = -80$(万元)

$NCF_2 = 20 + 40 = 60$(万元)

$NCF_3=30+40=70$（万元）
$NCF_4=40+40=80$（万元）
$NCF_5=50+40=90$（万元）
$NCF_6=60+40=100$（万元）
$NCF_7=70+40=110$（万元）
$NCF_8=80+40=120$（万元）
$NCF_9=90+40=130$（万元）
$NCF_{10}=100+40=140$（万元）
$NCF_{11}=110+40+120=270$（万元）

任务 4-3

强利公司打算变卖一套尚可使用 5 年的旧设备，另行购置一套新设备来替换它。取得新设备的投资额为 72 万元，旧设备的变价净收入为 32 万元，到第 5 年年末，新设备与继续使用旧设备届时的预计净残值相等。使用新设备可使企业在 5 年内每年增加营业收入 28 万元，并增加经营成本 10 万元。设备采用直线法计提折旧。新、旧设备的替换不会妨碍企业的正常经营（即更新设备的建设期为零）。假定企业所得税税率为 40%。

更新设备比继续使用旧设备增加的投资额＝72－32＝40（万元）
经营期每年折旧的变动额＝40÷5＝8（万元）
经营期每年总成本的变动额＝10＋8＝18（万元）
经营期每年营业利润的变动额＝28－18＝10（万元）
经营期每年所得税的变动额＝10×40%＝4（万元）
经营期每年净利润的变动额＝10－4＝6（万元）
项目计算期各年现金净流量分别为：
$NCF_0=-40$（万元）
$NCF_{1\sim5}=6+8=14$（万元）

帮你学

1. 新建项目的现金流入量包括营业收入、固定资产残值、收回流动资金、补贴收入。

2. 新建项目的现金流出量包括建设投资、流动资产投资、经营成本、营业税金及附加、调整的所得税、维持运营投资。

3. 更新改造项目的现金流入量包括增加的营业收入、增加的残值、旧设备变现收入。

4. 更新改造项目的现金流出量包括新设备的投资、增加的经营成本、增加的各项税款。

情境三　项目投资决策评价指标及其运用

一、项目投资决策评价指标及其分类

(一)项目投资决策评价指标的含义

投资项目的现金净流量计算出来后,应采用适当的指标进行评价。项目投资决策评价指标是指用于衡量和比较投资项目可行性以便进行方案决策的定量化标准与尺度,它由一系列综合反映投资效益、投入产出关系的量化指标构成。项目投资决策评价指标较多,这里主要从财务评价的角度介绍投资利润率、投资回收期、净现值、净现值率、现值指数、内含报酬率等指标。

(二)项目投资决策评价指标的分类

1. 按其是否考虑资金时间价值,分为非折现评价指标和折现评价指标

非折现评价指标是指在计算过程中不考虑货币时间价值因素的指标,又称为静态指标,包括投资利润率、投资回收期等。折现评价指标是指在计算过程中充分考虑和利用货币时间价值因素的指标,又称为动态指标,包括净现值、净现值率、现值指数、内含报酬率等。

2. 按其性质不同,分为正指标和反指标

投资利润率、净现值、净现值率、现值指数和内含报酬率属于正指标,在评价决策中,这些指标值越大越好;投资回收期属于反指标,在评价决策中,这类指标的值越小越好。

3. 按其数量特征的不同,分为绝对指标和相对指标

前者包括以时间为计量单位的投资回收期指标和以价值量为计量单位的净现值指标;后者除现值指数用指数形式表现外,大多为百分比指标。

4. 按其在决策中所处的地位,分为主要指标、次要指标和辅助指标

净现值、内含报酬率等为主要指标,投资回收期为次要指标,投资利润率为辅助指标。

二、非折现评价指标的含义、计算方法及特点

☞ 任务4-4

海利公司现有甲、乙两个项目投资方案,甲方案初始需投资15 000元,建设期为0,使用寿命为5年,不需垫支流动资金,采用直线法计提折旧,5年后设备清理无净残值,5年中每年增加的销售收入为7 000元,付现成本为2 000元。乙方案初始需投资12 000元,另需垫支流动资金3 000元,也于初始投入(设备清理时收回),建设期为0,采用直线法计提折旧,使用寿命为5年,5年后设备清理净残值收入为2 000元,5年中每年增加的销售收入为8 000元,付现成本第一年为3 000元,以后随着设备日渐陈旧,将逐年增加修理费400元。假设所得税税率为40%。

现采用简化计算公式计算两个方案的现金净流量,计算结果如表4-4所示。

表4—4 投资方案现金净流量计算表 单位:元

项 目	第0年	第1年	第2年	第3年	第4年	第5年
甲方案						
固定资产投资	−15 000					
税后利润		1 200	1 200	1 200	1 200	1 200
折旧		3 000	3 000	3 000	3 000	3 000
现金净流量	−15 000	4 200	4 200	4 200	4 200	4 200
乙方案						
固定资产投资	−12 000					
流动资金垫支	−3 000					
税后利润		1 800	1 560	1 320	1 080	840
折旧		2 000	2 000	2 000	2 000	2 000
固定资产残值						2 000
流动资金回收						3 000
现金净流量	−15 000	3 800	3 560	3 320	3 080	7 840

（一）投资利润率

投资利润率又称投资报酬率(记作ROI)，是指达到正常生产年度利润或年平均利润占项目投资总额的比率。计算公式为:

$$投资利润率(ROI)=\frac{年平均利润}{项目投资总额}\times100\%$$

☞ **任务4—5**

承任务4—4,强利公司甲、乙两个方案的投资利润率计算如下:

$$甲方案投资利润率=\frac{1\ 200}{15\ 000}\times100\%=8\%$$

$$乙方案投资利润率=\frac{(1\ 800+1\ 560+1\ 320+1\ 080+840)/5}{12\ 000+3\ 000}\times100\%$$

$$=\frac{1\ 320}{15\ 000}\times100\%=8.8\%$$

投资利润率的决策标准是:投资项目的投资利润率越高越好,低于无风险投资利润率的方案为不可行方案。乙方案投资利润率更高,所以应选乙方案。

投资利润率指标具有简单、明了、易于掌握的优点,且该指标不受建设期长短、投资方式、回收额的有无以及现金净流量大小等条件的影响,能够说明各投资方案的收益水平。投资利润率指标的缺点有三个:一是没有考虑货币时间价值因素,不能正确反映建设期长短及投资方式不同对项目的影响;二是该指标的分子、分母其时间特征不一致,因而在计算口径上可比基础较差;三是该指标的计算无法直接利用现金净流量信息。

（二）静态投资回收期

投资者总是希望尽快地收回投资,投资回收期越短,对投资者越有利。静态投资回收期(简称回收期)是指以投资项目经营现金净流量抵偿原始总投资所需要的全部时间。它又包括建设期的投资回收期(记作PP)和不包括建设期的投资回收期(记作PP')两种形式,两者的关系为:$PP=$建设期$+PP'$。这里仅以包括建设期的投资回收期为例进行介绍。

静态投资回收期指标的计算有公式法和列表法两种方法。

1. 公式法

如果某一项目投资均集中发生在建设期内,经营期每年的现金净流量相等且其合计大于或等于原始投资额,则包括建设期的投资回收期可按下式计算:

$$投资回收期(PP)=建设期+\frac{原始投资合计}{经营期每年相等的现金净流量}$$

☞ 任务 4—6

承任务 4—4,强利公司甲方案的投资回收期计算如下:

$$甲方案投资回收期(PP)=0+\frac{15\ 000}{4\ 200}=3.57(年)$$

2. 列表法

如果经营期每年的现金净流量不相等,则应采用列表计算的方法。所谓列表法,是指通过列表计算"累计现金净流量"的方式,来确定包括建设期的投资回收期的方法。因为不论在什么情况下,都可以通过这种方法来确定静态投资回收期,所以此方法又称为一般方法。

该法的原理是:按照回收期的定义,包括建设期的投资回收期满足以下关系式:

$$\sum_{t=0}^{pp}NCF_t=0$$

这表明在财务现金流量表的"累计现金净流量"一栏中,包括建设期的投资回收期恰好是累计现金净流量为零的年限。

如果无法在"累计现金净流量"栏中找到零,则必须按下式计算包括建设期的投资回收期:

$$投资回收期(PP)=\frac{最后一项为负值的}{累计现金净流量对应的年数}+\frac{最后一项为负值的\ 累计现金净流量绝对值}{下年现金净流量}$$

☞ 任务 4—7

承任务 4—4,强利公司乙方案的投资回收期计算如下:

乙方案每年的营业现金净流量不相等,需要先列表计算其各年尚未收回的投资额,然后计算投资回收期,如表 4—5 所示。

表 4—5　　　　　　　　　　　　海利公司现金流量计算表　　　　　　　　　　单位:元

年 度	每年现金净流量	累计现金净流量	年末尚未收回的投资额
0	−15 000	−15 000	15 000
1	3 800	−11 200	11 200
2	3 560	−7 640	7 640
3	3 320	−4 320	4 320
4	3 080	−1 240	1 240
5	7 840	6 600	—

$$乙方案投资回收期(PP)=4+\frac{1\ 240}{7\ 840}=4.16(年)$$

企业进行投资评价时,首先要将投资方案的回收期同期望回收期相比较,如果投资方案回收期小于等于期望回收期,此方案可以采纳;否则,此方案不可采纳。如果同时有几个投资方案可供选择,应该比较各个投资方案的回收期,先取短者。前两个任务中,甲方案投资回收期小于乙方案,应选择甲方案。

投资回收期的优点也是能够直观地反映原始总投资的返本期限,便于计算和理解。主要缺点在于:(1)没有考虑资金的时间价值;(2)只考虑了回收期内的现金净流量,没有考虑回收期满后的现金净流量。所以,它有一定的局限性,一般只能作为项目投资决策的次要指标使用。

三、折现评价指标的含义、计算方法及特点

(一)净现值

净现值(记作 NPV)是指在项目计算期内,按选定的折现率计算的各年现金净流量的现值的代数和。其计算公式为:

$$净现值＝\sum(项目计算期内各年的现金净流量×复利现值系数)$$

在原始投资均集中在建设期初一次性投入、其余时间不再发生投资的情况下,净现值是指按选定的折现率计算的项目投产后各年现金净流量的现值之和减去初始投资后的余额。计算公式为:

$$净现值＝\sum(项目投产后各年的现金净流量×复利现值系数)-初始投资额$$

采用净现值指标的决策标准是:净现值≥0 为可行方案,净现值<0 为不可行方案。如果几个方案的投资额相等,且净现值都是正数,那么,净现值最大的方案为最优方案。如果几个投资方案的初始投资额不相等,则不宜采用净现值,可采用其他评价指标(如净现值率等)进行分析和评价。

任务 4-8

承任务 4-4,强利公司甲、乙两个方案的净现值计算如下:

甲方案投入使用后每年的现金净流量相等,可按年金现值一次计算。折现率为 10%,期限为 5 年,查表得,年金现值系数为 3.791,则甲方案的净现值计算如下:

甲方案净现值＝4 200×3.791-15 000

＝922.2(元)

乙方案投入使用后每年的现金净流量不相等,可按复利现值进行计算。折现率为 10%,期限为 5 年,各年的复利现值系数查表可得,则乙方案的净现值计算如下:

乙方案净现值＝3 800×0.909+3 560×0.826+3 320×0.751

+3 080×0.683+7 840×0.621-(12 000+3 000)

＝860.36(元)

通过上面的计算可以看出,两个方案的净现值均大于零,故都是可行的方案。

应当指出的是,在项目评价中,正确地选择折现率至关重要,它直接影响项目评价的结论。如果选择的折现率过低,则会导致一些经济效益较差的项目得以通过,从而浪费了有限的社会资源;如果选择的折现率过高,则会导致一些效益较好的项目不能通过,从而使有限的社会资源不能充分发挥作用。在实务中,一般采用以下几种方法来选定项目的折现率。(1)以投资项目的资金成本作为折现率。(2)以投资的机会成本作为折现率。(3)根据不同阶段采用不同的折现率。在计算项目建设期净现金流量现值时,以贷款的实际利率作为折现率;在计算项目经营期净现金流量现值时,以全社会资金平均收益率作为折现率。(4)以行业平均资金收益率作为项目折现率。

净现值指标的优点,一是考虑了资金的时间价值,能够反映各种投资方案的净收益,增强

了投资经济性的评价;二是考虑了项目计算期的全部现金净流量,体现了流动性与收益性的统一;三是考虑了投资风险性,因为折现率的大小与风险高低有关,风险越高,折现率也就越高。因此,用净现值指标进行评价是一种较好的方法。净现值指标的缺点是不能揭示各个投资方案本身可能达到的实际投资报酬率是多少,如果各个投资方案的投资额不相同,单纯看净现值的绝对值就不能做出正确的评价。这时,就应采用与其他方法结合进行评价。

(二)净现值率

净现值率(记作 NPVR)是指投资项目的净现值占原始投资现值总额的百分比。计算公式为:

$$净现值率 = \frac{投资项目净现值}{原始投资现值总额} \times 100\%$$

☞ **任务 4—9**

承任务 4—4,强利公司甲、乙两个方案的净现值率计算如下:

$$甲方案净现值率 = \frac{922.2}{15\ 000} \times 100\% = 6.15\%$$

$$乙方案净现值率 = \frac{860.36}{15\ 000} \times 100\% = 5.74\%$$

净现值率是一个折现的相对量评价指标,采用净现值率的决策标准与净现值是相同的。净现值率指标的优点在于可以从动态的角度反映项目投资的资金投入与净产出之间的关系;其缺点与净现值指标相似,都无法直接反映投资项目的实际收益率。

(三)现值指数

现值指数(记作 PI)是指按选定的折现率计算的项目投产后各年现金净流量的现值之和与原始投资现值总额之比。计算公式为:

$$现值指标 = \frac{项目投产后各年现金净流量现值之和}{原始投资现值总额}$$

☞ **任务 4—10**

承任务 4—4,强利公司甲、乙两个方案的现值指数计算如下:

$$甲方案现值指数 = \frac{15\ 922.2}{15\ 000} = 1.061\ 5$$

$$乙方案现值指数 = \frac{15\ 860.36}{15\ 000} = 1.057\ 4$$

采用现值指数这一指标进行投资项目决策评价的标准是:如果投资方案的现值指数大于1,该方案为可行方案;如果投资方案的现值指数小于1,该方案为不可行方案;如果几个方案的现值指数均大于1,则现值指数越大,投资方案越好。但是,在采用现值指数进行互斥方案的选择时,其正确的选择原则不是选择现值指数最大的方案,而是在保证现值指数大于1的条件下,使追加投资所得的追加收入最大化。

现值指数的优缺点与净现值基本相同,但有一个重要区别,现值指数可以从动态的角度反映项目投资的资金投入与总产出之间的关系,可以弥补净现值在投资额不同方案之间不能比较的缺陷,使投资方案之间可以直接用现值指数进行对比。其缺点除了无法直接反映投资项目的实际收益率外,计算起来比净现值指标复杂,计算口径也不一致。因此,在实务中通常并不要求直接计算现值指数,如果需要考核这个指标,可在求得净现值率的基础上推算出来。

(四)内含报酬率

内含报酬率又称内部收益率(记作 *IRR*),它是使投资项目的净现值等于零的折现率。内含报酬率反映了投资项目的实际报酬率,越来越多的企业使用该指标对投资项目进行评价。内含报酬率的计算过程如下:

(1)如果每年的现金净流量相等,则按下列步骤计算:

第一步,计算年金现值系数:

$$年金现值系数 = \frac{初始投资额}{每年现金净流量}$$

第二步,查年金现值系数表,在相同的期数内,找出与上述年金现值系数相邻近的较大和较小的两个折现率。

第三步,根据上述两个邻近的折现率和已求得的年金现值系数,采用插值法计算出该投资项目的内含报酬率。

(2)如果每年的现金净流量不相等,则需要按下列步骤计算:

第一步,先预估一个折现率,并按此折现率计算净现值。如果计算出的净现值为正数,则表明预估的折现率小于该投资项目的实际内含报酬率,应予提高,再进行测算;如果计算出的净现值为负数,则表明预估的折现率大于该投资项目的实际内含报酬率,应予降低,再进行测算。经过如此反复的测算,找到净现值的由正到负并且比较接近于零的两个折现率。

第二步,根据上述两个邻近的折现率再来用插值法,计算出投资项目的实际内含报酬率。

☞ **任务 4-11**

承任务 4-4,强利公司甲、乙两个方案的内含报酬率计算如下:

由于甲方案的每年现金净流量相等,故可采用下列方法计算其内含报酬率:

$$年金现值系数 = \frac{15\,000}{4\,200} = 3.571$$

查年金现值系数表,第 5 期与 3.571 相邻近的年金现值系数在 12%~14% 之间,现用插值法计算如下:

$$甲方案内含报酬率 = 12\% + \left(\frac{3.571 - 3.605}{3.433 - 3.605} \times 2\%\right) = 12.4\%$$

乙方案的每年现金净流量不相等,必须逐次进行测算,测算过程如表 4-6 所示。

表 4-6   内含报酬率计算表   单位:元

年度	每年现金净流量	测试 10%		测试 12%		测试 14%	
		复利现值系数	现值	复利现值系数	现值	复利现值系数	现值
0	-15 000	1.000	-15 000	1.000	-15 000	1.000	-15 000
1	3 800	0.909	3 454	0.893	3 393	0.877	3 333
2	3 560	0.826	2 941	0.797	2 837	0.769	2 738
3	3 320	0.751	2 493	0.712	2 364	0.675	2 241
4	3 080	0.683	2 104	0.636	1 959	0.592	1 823
5	7 840	0.621	4 869	0.567	4 445	0.519	4 069
净现值	—	—	860	—	2	—	-796

在表4—6中,先按10%的折现率进行测算,净现值为正数;再把折现率调高到12%进行第二次测算,净现值为2,说明该投资项目的内含报酬率比12%稍大;为计算其精确数,再将折现率调高到14%进行测算,净现值为负数。这说明该项目的内含报酬率一定在12%~14%之间。现用插值法计算如下:

$$乙方案内含报酬率=12\%+\frac{0-2}{-796-2}\times2\%=12.005\%$$

内含报酬率是一个折现的相对量正指标,采用这一指标的决策标准是将所测算各方案的内含报酬率与其资金成本对比,如果该方案的内含报酬率大于其资金成本,该方案为可行方案;如果该方案的内含报酬率小于其资金成本,则为不可行方案。如果几个投资方案的内含报酬率都大于其资金成本,且各方案的投资额相同,那么,内含报酬率与资金成本之间差异最大的方案最好;如果几个方案的内含报酬率均大于其资金成本,但各方案的原始投资额不相等,则其决策标准应是"投资额×(内含报酬率－资金成本)"最大的方案为最优方案。

内含报酬率指标的优点是非常注重资金时间价值,能从动态的角度直接反映投资项目的实际收益水平,且不受行业基准收益率高低的影响,比较客观。但是,该指标的计算过程比较麻烦,当进入生产经营期又发生大量追加投资时,就有可能导致多个高低不同的内含报酬率出现,依据多个内含报酬率进行评价就会失去实际意义。

以上介绍的净现值、净现值率、现值指数、内含报酬率四个指标,都属于折现的决策评价指标,它们之间存在以下数量关系,即:

当净现值>0时,净现值率>0,现值指数>1,内含报酬率>设定折现率;

当净现值=0时,净现值率=0,现值指数=1,内含报酬率=设定折现率;

当净现值<0时,净现值率<0,现值指数<1,内含报酬率<设定折现率。

此外,净现值率的计算需要在已知净现值的基础上进行,内含报酬率在计算时也需要利用净现值的计算技巧或形式。这些指标都会受到建设期的长短、投资方式以及各年现金净流量的数量特征的影响。所不同的是净现值为绝对量指标,其余为相对数指标,计算净现值、净现值率和现值指数所依据的折现率都是事先已知的设定折现率,而内含报酬率的计算本身与设定折现率的高低无关。

四、项目投资决策评价指标的运用

计算评价指标的目的,是为项目投资提供决策的定量依据,进行项目的评价与优选。由于评价指标的运用范围不同,评价指标的自身特征不同,评价指标之间的关系比较复杂,因此,必须根据具体运用范围确定如何运用评价指标。

(一)单一独立投资项目的财务可行性评价

所谓单一独立投资项目,就是在只有一个投资项目可供选择的条件下,评价该投资项目的可行性。这就需要利用评价指标考查该独立项目是否具有财务可行性,从而做出接受或拒绝该项目的决策。当有关正指标大于或等于某些特定数值,反指标小于特定数值时,该项目具有财务可行性;反之,则不具备财务可行性。具体应注意以下各要点:

(1)如果某一投资项目的评价指标同时满足以下条件,则可以断定该投资项目无论从哪个方面看都具备财务可行性,应当接受此投资方案。这些条件是:

净现值>0,净现值率>0,获利指数>1,内含报酬率>设定折现率,投资回收期<生产经营期的一半,投资利润率>基准投资利润率(事先给定)

(2)如果某一投资项目的评价指标同时不满足上述条件,即同时发生以下情况,就可以断定该投资项目无论从哪个方面看都不具备财务可行性,应当放弃该投资方案:

净现值<0,净现值率<0,获利指数<1,内含报酬率<设定折现率,投资回收期>生产经营期的一半,投资利润率<基准投资利润率

(3)当静态投资回收期(次要指标)或投资利润率(辅助指标)的评价结论与净现值等主要指标的评价结论发生矛盾时,应当以主要指标的结论为准。

(4)利用净现值、净现值率、现值指数和内含报酬率指标对同一个独立项目进行评价,会得出完全相同的结论。

(二)多个互斥方案的比较与优选

在实际业务中,企业往往同时面临多种投资方案,但是,由于筹资能力的限制,企业不可能投资于所有可接受的方案,而应先做比较然后从中选择最优的方案作为投资对象。项目投资决策中的互斥方案是指在决策时涉及的多个相互排斥、不能同时并存的投资方案。互斥方案决策过程就是在每一个入选方案已具备财务可行性(可行的不一定都是最优的)的前提下,利用具体决策方法对各个方案进行比较,利用评价指标从各个已具备财务可行性的备选方案中最终选出一个最优方案的过程。

在项目投资的多方案比较决策理论中,将利用某一特定评价指标作为决策标准或依据的方法称为以该项指标命名的方法,如以净现值作为互斥方案择优依据的方法就是所谓净现值法,同样道理,还有净现值率法、差额投资内含报酬率法和年等额净回收额法等。

净现值法和净现值率法适用于原始投资相同且项目计算期相等的多方案比较决策,在这种情况下,可以选择净现值或净现值率大的方案作为最优方案。

☞ **任务 4－12**

某个固定资产投资项目需要原始投资 200 万元,有 A、B、C、D 四个互相排斥的备选方案可供选择,依各方案净现值指标的大小排序,分别为 A>C>D>B(四个备选方案的净现值均大于零,均具有财务可行性)。四个备选方案的原始投资相同,评价结果当然是:A 方案最优,其次为 C 方案,再次为 D 方案,最差为 B 方案。

差额投资内含报酬率法和年等额净回收额法适用于原始投资额不同的多方案比较,后者尤其适用于项目计算期不同的多方案比较决策。下面简要介绍这两种方法。

所谓差额投资内含报酬率法,是指在两个原始投资额不同方案的差量净现金流量的基础上,计算出差额内含报酬率,并据以判断方案优劣的方法。在该法下,当差额内含报酬率指标大于基准收益率或设定折现率时,原始投资额大的方案较优;反之,则原始投资额小的方案为优。差额投资内含报酬率的计算过程同内含报酬率一样,只是所依据的是差量净现金流量。该法还经常被用于更新改造项目的投资决策中,当更新改造项目的差额投资内含报酬率指标大于基准收益率或设定折现率时,应当进行更新改造;反之,就不应当进行更新改造。

☞ **任务 4－13**

某更新改造项目的差量净现金流量如任务 4－3 的结果所示,即:

$NCF_0 = -40$(万元)

$NCF_{1\sim5} = 14$(万元)

要求就以下两种不相关情况做出是否更新改造的决策:

(1)该企业的行业基准折现率为22%；

(2)该企业的行业基准折现率为24%。

依据题意,该更新改造方案的差额投资内含报酬率计算如下：

$$年金现值系数 = \frac{400\ 000}{140\ 000} = 2.857\ 1$$

因为方案的每年现金净流量相等,故可采用下列方法计算其差额投资内含报酬率：

查年金现值系数表,第5期与2.857 1相邻近的年金现值系数为2.990 6和2.745 4,分别对应20%和24%,这说明,该更新改造方案的差额投资内含报酬率在20%～24%之间。现用插值法计算如下：

$$\frac{差额投资}{内含报酬率} = 20\% + \left(\frac{2.857\ 1 - 2.990\ 6}{2.745\ 4 - 2.990\ 6} \times 4\%\right) = 22.18\%$$

在企业的行业基准折现率为22%的情况下,差额投资内含报酬率22.18%大于基准折现率22%,应当更新设备。

在企业的行业基准折现率为24%的情况下,差额投资内含报酬率22.18%小于基准折现率24%,不应当更新设备。

年等额净回收额法是通过比较所有投资方案的年等额净回收额指标的大小来选择最优方案的一种决策方法。某一方案的年等额净回收额按以下公式计算：

$$某投资方案的年等额净回收额 = \frac{该方案的净现值}{相关年金现值系数}$$

采用年等额净回收额决策的标准是：在所有方案中,年等额净回收额最大的方案为最优方案。

☞ 任务4-14

强利公司为扩大规模,拟投资新建一条生产线。现有两个方案可供选择：甲方案的原始投资额为200万元,项目计算期为12年,净现值为98万元；乙方案的原始投资额为180万元,项目计算期为10年,净现值为90万元。行业基准折现率为12%。按年等额净回收额法进行决策分析如下：

首先,甲方案和乙方案的净现值均大于零,这说明两个方案均具有财务可行性。

其次,计算两个投资方案的年等额净回收额指标(查年金现值系数表,对应甲、乙两个方案的相关年金现值系数分别为6.194 4和5.650 2)：

$$甲方案的年等额净回收额 = \frac{98}{6.194\ 4} = 15.82(万元)$$

$$乙方案的年等额净回收额 = \frac{90}{5.650\ 2} = 15.93(万元)$$

最后,通过比较两个投资方案的年等额净回收额指标的大小,选择最优方案。上述计算结果表明,乙方案优于甲方案。

帮你学

1. 在六个指标中,只有投资利润率没有考虑建设期长短及没有考虑各年的现金净流量。

2. 投资利润率≥无风险投资利润率,方案具有财务可行性。

3. 投资回收期<项目经营期,方案具有财务可行性。

4. 净现值≥0,方案具有财务可行性。

5. 净现值率≥0,方案具有财务可行性。

6. 获利指数≥1,方案具有财务可行性。

基本达标

一、单项选择题

1. 在项目投资决策中,完整的项目计算期是指( )。

A. 建设期   B. 生产经营期

C. 建设期+达产期   D. 建设期+生产经营期

2. 在下列指标的计算中,没有直接利用净现金流量的是( )。

A. 内部收益率   B. 投资利润率   C. 净现值率   D. 获利指数

3. 在长期投资决策中,不宜作为折现率进行投资项目评价的是( )。

A. 活期存款利率   B. 投资项目的资金成本

C. 投资的机会成本   D. 行业平均资金收益率

4. 某投资项目投产后预计第一年流动资产需用额为 100 万元,流动负债需用额为 80 万元;第二年流动资产需用额为 120 万元,流动负债需用额为 90 万元。则第二年的流动资金投资额为( )万元。

A. 5   B. 8   C. 10   D. 12

5. 某项目投资需要的固定资产投资额为 100 万元,无形资产投资 10 万元,流动资金投资 5 万元,建设期资本化利息 2 万元,则该项目的原始总投资为( )万元。

A. 113   B. 115   C. 117   D. 120

6. 某企业投资方案 A 的年销售收入为 200 万元,年总成本为 100 万元,年折旧为 10 万元,无形资产年摊销额为 10 万元,所得税税率为 40%,则该项目经营现金净流量为( )万元。

A. 80   B. 90   C. 100   D. 110

7. 某企业打算变卖一套尚可使用 6 年的旧设备,并购置一台新设备替换它。旧设备的账面价值为 510 万元,变价净收入为 610 万元,新设备的投资额为 915 万元。到第 6 年年末,新设备的预计净残值为 15 万元,旧设备的预计净残值为 10 万元,则更新设备每年增加折旧额为( )万元。

A. 40   B. 50   C. 60   D. 70

8. ( )属于项目评价中的辅助指标。

A. 静态投资回收期   B. 投资利润率

C. 内部收益率　　　　　　　　　　　　D. 获利指数

9. 已知甲项目的原始投资额为 800 万元,建设期为 1 年,投产后第 1~5 年的每年现金净流量为 100 万元,第 6~10 年的每年现金净流量为 80 万元,则该项目不包括建设期的静态投资回收期为(　　)年。

　　A. 7.75　　　　　　　　B. 8　　　　　　　　C. 8.75　　　　　　　　D. 9

10. 某项目投资的原始投资额为 100 万元,建设期资本化利息为 5 万元,投产后年均利润为 10 万元,则该项目的投资利润率为(　　)。

　　A. 9.52%　　　　　　　B. 10%　　　　　　　C. 10.25%　　　　　　　D. 11%

11. 在 NCF_0 不等于 0 的情况下,使用插入函数法计算的项目的内含报酬率为 10%,则项目实际的内含报酬率为(　　)。

　　A. 等于 10%　　　　　B. 大于 10%　　　　　C. 小于 10%　　　　　D. 无法确定

12. 净现值、净现值率和获利指数指标共同的缺点是(　　)。

　　A. 不能直接反映投资项目的实际收益率

　　B. 不能反映投入与产出之间的关系

　　C. 没有考虑资金的时间价值

　　D. 无法利用全部现金净流量的信息

13. 下列(　　)指标的计算与行业基准收益率无关。

　　A. 净现值　　　　　　　B. 净现值率　　　　　　C. 获利指数　　　　　　D. 内部收益率

14. 如果某投资项目的建设期为 0,生产经营期为 8 年,基准投资利润率为 5%,已知其净现值为 80 万元,静态投资回收期为 5 年,投资利润率为 3%,则可以判断该项目(　　)。

　　A. 完全具备财务可行性　　　　　　　　B. 完全不具备财务可行性

　　C. 基本具备财务可行性　　　　　　　　D. 基本不具备财务可行性

15. 某投资方案,当贴现率为 16% 时,其净现值为 38 万元;当贴现率为 18% 时,其净现值率为 −22 万元。该方案的内部收益率(　　)。

　　A. 大于 18%　　　　　　　　　　　　　B. 小于 16%

　　C. 介于 16% 与 18% 之间　　　　　　　D. 无法确定

二、多项选择题

1. 项目投资与其他形式的投资相比,具有(　　)的特点。

　　A. 投资金额大　　　　B. 影响时间长　　　　C. 变现能力差　　　　D. 投资风险小

2. 原始总投资包括(　　)。

　　A. 固定资产投资　　　　　　　　　　　B. 开办费投资

　　C. 资本化利息　　　　　　　　　　　　D. 流动资金投资

3. 项目投资的现金流出量包括(　　)。

　　A. 固定资产投资　　　　　　　　　　　B. 流动资金投资

　　C. 新增经营成本　　　　　　　　　　　D. 增加的各项税款

4. 与项目相关的经营成本等于总成本扣除(　　)后的差额。

　　A. 折旧　　　　　　　　　　　　　　　B. 无形资产摊销

　　C. 开办费摊销　　　　　　　　　　　　D. 计入财务费用的利息

5. 在项目投资的评价指标中,按照指标的性质可以分为(　　)。

A. 正指标   B. 反指标   C. 绝对量指标   D. 相对量指标

6. 静态投资回收期和投资利润率指标共同的缺点包括(   )。

A. 没有考虑资金的时间价值

B. 不能正确反映投资方式的不同对项目的影响

C. 不能直接利用现金净流量信息

D. 不能反映原始投资的返本期限

7. 计算净现值时的折现率可以是(   )。

A. 投资项目的资金成本   B. 投资的机会成本

C. 社会平均资金收益率   D. 银行存款利率

8. 净现值计算的一般方法包括(   )。

A. 公式法   B. 列表法   C. 逐步测试法   D. 插入函数法

9. 下列说法正确的有(   )。

A. 在其他条件不变的情况下提高折现率会使得净现值变小

B. 在利用折现评价指标对同一个投资项目进行评价和决策时,会得出完全相同的结论

C. 在多个方案的组合排队决策中,如果资金总量受限,则应首先按照净现值的大小进行排队,然后选择使得净现值之和最大的组合

D. 两个互斥方案的差额内部收益率大于基准收益率,则原始投资额大的方案为较优方案

10. 已知甲、乙两个互斥方案的原始投资额相同,如果决策结论是:无论从什么角度看,甲方案均优于乙方案,则必然存在的关系有(   )。

A. 甲方案的净现值大于乙方案

B. 甲方案的净现值率大于乙方案

C. 甲方案的投资回收期大于乙方案

D. 差额投资内部收益率大于设定折现率

三、判断题

1. 完整的项目计算期包括试产期和达产期。   (   )

2. 投资总额就是初始投资,是指企业为使项目完全达到设计的生产能力、开展正常经营而投入的全部现实资金。   (   )

3. 对于单纯固定资产投资项目来说,如果项目的建设期为0,则说明固定资产投资的投资方式是一次投入。   (   )

4. 项目投资决策中所使用的现金仅指各种货币资金。   (   )

5. 投资回收期是指以项目的现金净流量抵偿原始总投资所需要的全部时间。   (   )

6. 在计算项目的现金流入量时,以营业收入替代经营现金流入是由于假定年度内没有发生赊销。   (   )

7. 经营成本的节约相当于本期现金流入的增加,所以,节约的经营成本属于现金流入量。   (   )

8. 经营期某年的现金净流量＝该年净利＋该年折旧。   (   )

9. 已知项目的获利指数为1.2,则可以知道项目的净现值率为2.2。   (   )

10. 内含报酬率是使项目的获利指数等于1的折现率。   (   )

能力提升

1. 某工业项目需要原始投资 130 万元,其中,固定资产投资 100 万元(全部为贷款,年利率为 10%,贷款期限为 6 年),开办费投资 10 万元,流动资金投资 20 万元。建设期为 2 年,建设期资本化利息为 20 万元。固定资产投资和开办费投资在建设期内均匀投入,流动资金于第 2 年年末投入。该项目的寿命期为 10 年,固定资产按直线法计提折旧,期满有 10 万元净残值;开办费自投产年份起分 5 年摊销完毕。预计投产后第一年获得 10 万元利润,以后每年递增 5 万元;流动资金于终结点一次收回。

[要求]

(1)计算项目的投资总额;

(2)计算项目计算期各年的现金净流量;

(3)计算项目的包括建设期的静态投资回收期。

2. 甲企业拟建造一项生产设备,预计建设期为 1 年,所需原始投资 100 万元于建设起点一次投入。该设备预计使用寿命为 4 年,使用期满报废清理时残值为 5 万元。该设备的折旧方法采用双倍余额递减法。该设备投产后每年增加净利润 30 万元。假定适用的行业基准折现率为 10%。

[要求]

(1)计算项目计算期内各年的现金净流量;

(2)计算该项目的净现值、净现值率、获利指数;

(3)利用净现值指标评价该投资项目的财务可行性。

3. 某公司原有设备一台,账面折余价值为 11.561 万元,目前出售可获得收入 7.5 万元,预计可使用 10 年,已使用 5 年,预计净残值为 0.75 万元。现在该公司拟购买新设备替换原设备,建设期为零,新设备购置成本为 40 万元,使用年限为 5 年,预计净残值与使用旧设备的净残值一致,新、旧设备均采用直线法计提折旧。该公司第 1 年销售额从 150 万元上升到 160 万元,经营成本从 110 万元上升到 112 万元;第 2 年起至第 5 年,销售额从 150 万元上升到 165 万元,经营成本从 110 万元上升到 115 万元。该企业的所得税税率为 33%,资金成本为 10%。已知 $(P/A,11\%,5)=3.696$,$(P/A,12\%,5)=3.605$。

[要求]

(1)计算更新改造增加的年折旧额。

(2)计算更新改造增加的各年净利润。

(3)计算旧设备变价净损失的抵税金额。

(4)计算更新改造增加的各年现金净流量。

(5)利用内插法计算更新改造方案的差额内部收益率,并做出是否进行更新改造的决策(保留小数点后 3 位)。

4. 某公司有 A、B、C、D 四个投资项目可供选择,其中 A 与 D 是互斥方案,有关资料如表 4—7 所示。

表 4-7 投资项目资料

投资项目	原始投资额	净现值	净现值率
A	120 000	67 000	56%
B	150 000	79 500	53%
C	300 000	111 000	37%
D	160 000	80 000	50%

[要求]

(1)确定投资总额不受限制时的投资组合。

(2)如果投资总额限定为 50 万元,请做出投资组合决策。

5. 东大公司于 2015 年 1 月 1 日购入设备一台,设备价款 1 500 万元,预计期末无残值,采用直线法按 3 年计提折旧(均符合税法规定)。该设备于购入当日投入使用,预计能使公司未来 3 年的销售收入分别增长 1 200 万元、2 000 万元和 1 500 万元,经营成本分别增加 400 万元、1 000 万元和 600 万元。购置设备所需资金通过发行债券方式予以筹措,债券面值总额为 1 500 万元,期限为 3 年,票面年利率为 8%,每年年末付息,债券发行价格为 1 500 万元。该公司适用的所得税税率为 33%,要求的投资收益率为 10%。

[要求]

(1)计算债券资金成本率;

(2)计算设备每年折旧额;

(3)预测公司未来 3 年增加的净利润;

(4)预测该项目各年经营现金净流量;

(5)计算该项目的净现值。

6. 某企业计划进行某项投资活动,有甲、乙两个备选的互斥投资方案的资料如下:

(1)甲方案原始投资 150 万元,其中固定资产投资 100 万元,流动资金投资 50 万元,全部资金于建设起点一次投入,建设期为 0,经营期为 5 年,到期净残值收入为 5 万元,预计投产后年营业收入 90 万元,年总成本 60 万元。

(2)乙方案的原始投资额为 200 万元,其中固定资产投资 120 万元,流动资金投资 80 万元。建设期 2 年,经营期 5 年,建设期资本化利息 10 万元,固定资产投资于建设期起点投入,流动资金投资于建设期结束时投入,固定资产净残值收入 10 万元。项目投产后,年营业收入 170 万元,年经营成本 80 万元,经营期每年归还利息 5 万元。固定资产按直线法计提折旧,全部流动资金于终结点收回。企业的所得税税率为 30%。

[要求]

(1)计算甲、乙方案各年的现金净流量;

(2)计算甲、乙方案包括建设期的静态投资回期;

(3)该企业所在行业的基准折现率为 10%,计算甲、乙方案的净现值;

(4)计算甲、乙两个方案的年等额净回收额,并比较两个方案的优劣。

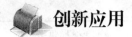

创新应用

案例一:鲍德温公司保龄球投资项目

鲍德温公司始建于 1965 年,当时生产英式足球,现在是网球、棒球、美式足球和高尔夫球领先制造商。鲍德温公司的管理层热衷于寻找一切能够带来潜在现金流量的机会。1996 年,米德斯先生,鲍德温公司的副总裁,发现了另外一个运动球类市场,他认为其大有潜力,并且还未被更大的制造商完全占领。这个市场是亮彩色保龄球市场,他相信许多保龄球爱好者认为外表和时髦的式样比质量更重要。同时他认为,鲍德温公司的成本优势和利用其高度成熟的市场技巧的能力将使竞争者难以从中获利。

因此,1997 年下半年,鲍德温公司决定估计亮彩色保龄球的市场潜力。鲍德温公司向三个市场的消费者发出了问卷:费城、洛杉矶和纽黑文。这三组问卷的结果比预想的要好,支持了亮彩色保龄球能够获得 10%~15% 的市场份额的结论。当然,鲍德温公司的一些人对市场调查的成本颇有微词,因为它达到了 250 000 美元。

鲍德温公司现在开始考虑投资于生产保龄球的机器设备。保龄球将在一幢靠近洛杉矶的由公司拥有的建筑物中生产,这幢空置的建筑加上土地的税后净价为 150 000 美元。至于资金来源,米德斯先生认为可由银行贷款解决。

米德斯先生和同僚一起分析该项投资。他把他的设想总结如下:保龄球机器设备的成本为 100 000 美元,5 年后预计它的市场价值为 30 000 美元。该机器设备在 5 年的使用寿命时间内年产量预计如下:5 000 单位、8 000 单位、12 000 单位、10 000 单位、6 000 单位。第一年保龄球的价格为 20 美元。由于保龄球市场具有高度竞争性,米德斯先生认为,相对于预测 5% 的一般通货膨胀率,保龄球的价格每年最多增长 2%。然而,用于制造保龄球的塑胶将很快变得更昂贵,因此,制造过程的现金流出预计每年将增长 10%。第一年的制造成本为每单位 10 美元。米德斯先生已确定,在鲍德温公司应税收入的基础上,保龄球项目适用的累进公司所得税税率为 34%。有关保龄球项目的各年经营收入与成本见表 4—8。

表 4—8　　　　　　　鲍德温公司保龄球项目的经营收入和成本

年数	产量(单位)	价格(美元)	销售收入(美元)	单位成本(美元)	经营成本(美元)
1	5 000	20.00	100 000	10.00	50 000
2	8 000	20.40	163 200	11.00	88 000
3	12 000	20.81	249 720	12.10	145 200
4	10 000	21.22	212 200	3.31	133 100
5	6 000	21.65	129 900	14.64	87 840

注:(1)价格每年增长 2%。

　　(2)单位成本每年增长 10%。

鲍德温公司认为,它必须保持对营运资本的一定投资额。与其他制造类企业一样,它必须在生产和销售之前购买原材料,并对存货进行投资。它还得为不可预见的支出保留一定的现金作为缓冲。它的信用销售将产生应收账款。管理层认为,对营运资本的各个项目的投资在第 1 年年初为 10 000 美元,另外在第 2 年年末和第 3 年年末分别投资 6 320 美元和 8 650 美元,而在第 4 年可收回 3 750 美元,其余在项目结束时收回。换言之,对营运资本的投资在项目周期结束的时候能够完全被抵补。

资本投资的折旧是基于《1986 年税收改革法案》所规定的数量。在此法案下,对 3 年期、5 年期和 7 年期的折旧安排如表 4—9 所示。按照 IRS 的规定,鲍德温公司将在 5 年内对其投资计提折旧,因此,表中的中间一列适用于此种情形。

表 4—9　　　　　　　　　　鲍德温公司保龄球项目的折旧　　　　　　　　　　单位:美元

年数	回收期分类		
	3 年	5 年	7 年
1	44 440	32 000	24 490
2	33 340	25 760	19 760
3	22 220	19 200	17 490
4		11 520	13 500
5		11 520	9 920
6			7 920
7			7 920
8			
总　计	100 000	100 000	100 000

[要求]

基于这些假设和米德斯先生的分析,试编制鲍德温公司项目投资的现金流量表(所有的现金流量都假定在年末发生)。

案例二:康元葡萄酒厂项目投资的决策

康元葡萄酒厂是生产葡萄酒的中型企业,该厂生产的葡萄酒酒香纯正,价格合理,长期以来供不应求。为了扩大生产能力,康元葡萄酒厂准备新建一条生产线。

张晶是该厂的助理会计师,主要负责筹资和投资工作。总会计师王冰要求张晶搜集建设新生产线的有关资料,并对投资项目进行财务评价,以供厂领导决策考虑。

张晶经过十几天的调查研究,得到以下有关资料:

(1)投资新的生产线需要一次性投入 1 000 万元,建设期为 1 年,预计可使用 10 年,报废时无残值收入;按照税法要求,该生产线的折旧年限为 8 年,使用直线法折旧,残值率为 10%。

(2)购置设备所需的资金通过银行借款筹措,借款期限为 4 年,每年年末支付利息 100 万元,第 4 年年末用税后利润偿付本金。

[要求]

请代张晶对投资项目进行财务评价。

 信息搜索

1. 简述净现值法的优缺点。

2. 简述现值指数与内含报酬率之间的异同。

3. 简述折现指标之间的关系。

模 块 五

流动资产运营管理

 学习目标

◎ 掌握现金平衡管理,会测算最佳现金持有量。

◎ 掌握应收账款的平衡管理。

◎ 熟练掌握存货管理的方法。

◎ 理解平衡性在流动资产管理中的意义。

案例引导

前些年,五洲公司的经营状况很好。从 2010～2013 年,公司的营业收入增长 20%,净利润却以更大的幅度上升。但是,该公司 2014 年损失了 2.73 亿美元,2015 年则损失了 7.12 亿美元,并且该公司时常出现现金、存货短缺,有时也会出现过多的闲置,甚至还经常出现很多坏账、应收账款收不回来。这到底是为什么呢? 怎样才能扭转这些局面呢?

通过本章的学习,你就能对五洲公司的现金、应收账款和存货作出更好的管理,避免这些情况再次发生,提高这些流动资产的营运能力。

情境一　现金管理

现金是可以立即投入流动的交换媒介,是企业资产中流动性最强的资产。现金是一个广义的概念,包括库存现金、各种形式的银行存款和银行本票、银行汇票等。

一、现金持有量的管理

(一)持有现金的目的

企业持有现金的目的,主要是为了满足交易性需要、预防性需要和投机性需要。

交易性需要是指满足日常业务的现金支付需要。企业经常发生收入和支出,两者一般不可能同步同量。收入大于支出,则有现金结余;收入小于支出,则需要借入现金。企业保持适当的现金余额,才能维持日常的经营活动。

预防性需要是指防止发生意外的现金支付需要。企业因现金流量不平衡、筹资能力不稳定及市场环境不确定等因素,需要持有一定的现金,以防止风险。

投机性需要是指用于不寻常的购买机会和投资需要。当材料价格下降或投资有利可图时,企业有足够的现金,就可以创造更大的利润。

因此,持有一定的现金对企业来讲是必要的,也是必需的。但是,持有现金过多,会降低企业的资金使用效率。因为现金本身是不会带来效益的,现金只有在营运中才会产生最大的效益。当企业现金过多时,应尽量安排现金投资,以获取较好的经济利益。

(二)最佳现金持有量的确定

做好现金管理工作,需要控制好现金的持有规模,确定最佳现金持有量。最佳现金持有量是指既能保证企业生产经营的需要,又能使企业获得最大收益的最低限度的现金持有量。最佳现金持有量的确定方法很多,常用的方法有成本分析模式和存货模式。

1. 成本分析模式

成本分析模式是通过分析持有现金的成本,寻找持有成本最低的现金持有量。这种方法主要考虑与现金持有量直接相关的机会成本和短缺成本。管理成本基本属于固定成本,与现金持有量的大小关系不大,在这里可作为现金持有总成本的组成部分来考虑。

最佳现金持有量的具体计算,可以先计算出各种方案的机会成本、短缺成本和管理成本之和,再从中选择出总成本之和最低的方案,即为最佳现金持有量方案。

👉 **任务 5-1**

达利公司现有甲、乙、丙、丁四种现金持有方案,它们各自的机会成本、短缺成本和管理成本如表 5-1 所示。

表 5-1　　　　　　　　　　　　　　　**现金持有量备选方案**　　　　　　　　　　　　　　单位:元

项目＼方案	甲	乙	丙	丁
现金持有量	50 000	100 000	150 000	200 000
机会成本率(%)	10	10	10	10
短缺成本	21 600	12 150	4 500	0
管理成本	30 000	30 000	30 000	30 000

注:假设该公司向有价证券投资的收益率为10%。

根据表 5-1 编制公司最佳现金持有量测算表,如表 5-2 所示。

表 5-2　　　　　　　　　　　　　　　**最佳现金持有量测算表**　　　　　　　　　　　　　　单位:元

项目＼方案	甲	乙	丙	丁
机会成本	5 000	10 000	15 000	20 000
短缺成本	21 600	12 150	4 500	0
管理成本	30 000	30 000	30 000	30 000
总成本	56 600	52 150	49 500	50 000

通过比较可知,丙方案的总成本最低,因此 150 000 元即为最佳现金持有量。

2. 存货模式

存货模式是引入存货的经济批量模型计算最佳现金持有量的一种分析方法,其基本原理源于计算存货经济批量的基本模型。这种方法不考虑短缺成本。引入存货的经济批量模型计算最佳现金持有量时,主要是对现金持有量的机会成本和转换成本进行权衡,寻求两项成本之和达到最低时的现金持有量。

某一时期的现金管理相关总成本 TC 的计算公式为:

$$TC=\frac{Q}{2}\times K+\frac{T}{Q}\times F$$

求得最佳 Q 值,即:

$$Q=\sqrt{\frac{2TF}{K}}$$

那么,最佳现金管理相关总成本$(TC)=\sqrt{2TFK}$

其中,T 为某一时期的现金总需用量,Q 为最佳现金持有量(每次出售有价证券换回的现金数量),K 为有价证券的利息率(机会成本率),F 为每次出售有价证券的转换成本,TC 为某一时期的现金管理总成本。

☞ **任务 5-2**

达利公司现金收支状况比较稳定,预计全年现金总需用量为 800 000 元,每次出售有价证券的转换成本为 400 元,有价证券的年利息率为 10%,则:

最佳现金持有量$(Q)=\sqrt{2\times800\,000\times400/10\%}$
$=80\,000(元)$

最佳现金管理相关总成本$(TC)=\sqrt{2\times800\,000\times400\times10\%}$
$=8\,000(元)$

其中:
机会成本$=(80\,000\div2)\times10\%=4\,000(元)$
转换成本$=(800\,000\div80\,000)\times400=4\,000(元)$

存货模式是假定现金支出比较稳定的情况下计算最佳现金持有量,但在现实经济生活中,如此均衡的现金收支动态是很难形成的,因此,该模式测算的结果只能作为企业判断现金持有量的一个参考标准。

二、现金的日常管理

现金日常管理的内容很多,从财务的角度来讲,主要包括以下内容:

(一)加速收款

加速货款的回收、及时清理拖欠的货款、将应收账款变为现金,是现金管理的重要内容,也是企业财务活动的重要内容。在收款过程中,应选择好收款方式及银行结算方式,提高收款的效率。对欠款不还的,要采取相应的措施。

(二)延迟付款

延迟付款是充分利用商业信用的一种方式。在尽可能的情况下,争取在有效期的最后一天付款。但在使用延迟付款的管理策略时,应注意负面效应,要在不损害企业信用及与客户关系的前提下进行。

(三)选择合理的银行结算方式

银行结算方式的选择是企业能否真正充分利用银行结算资金的一个关键因素。例如,选择银行汇票和银行本票结算方式,利用它们的背书转让功能,可以提高资金的周转速度;选择商业汇票结算方式,既有利于企业的融资,又可以通过判断现金的收付时间,来控制企业的现金持有量。

(四)充分利用有价证券,提高现金收益率

有价证券的变现能力很强,收益较现金要高,它可以作为现金的另一种存放形式。当企业现金过量时,可以用于购买有价证券,以增加收益;当现金短缺时,可以变卖企业的有价证券换取现金,以降低风险。但是,企业每次将有价证券与现金进行转换时,都必须支付一定的费用即转换成本。在利用有价证券作为现金存放形式时,要注意控制转换成本及交易风险。

(五)建立现金收付业务的内部会计控制制度

单位应当建立现金业务的岗位责任制,明确相关部门和岗位的职责权限,确保办理现金业务的不相容岗位相互分离、制约和监督。单位不得由一人办理现金业务的全过程。单位应当对现金业务建立严格的授权批准制度,明确审批人对现金业务的授权批准方式、权限、程序、责任和相关控制措施,规定经办人办理现金业务的职责范围和工作要求。

 帮你学

1. 现金越多,现金机会成本越高;现金越少,现金短缺成本越高。企业保持最佳的现金持有量是很有必要的。

2. 现金预算可以帮助企业进行现金平衡管理。

3. 现金日常管理的内容应结合银行结算方式和现金管理的基本规定进行学习(参考"财务会计"课程中"货币资金核算"的相关内容)。

情境二　应收账款管理

应收账款是指企业因赊销产品或劳务而形成的应收款项,是企业流动资产的一个重要项目。随着市场经济的发展和商业信用的推行,企业应收账款明显增多,应收账款管理已经成为企业经营活动中日益重要的问题。

一、产生应收账款的利与弊

增加应收账款带来的优势是:(1)扩大销售,增强企业竞争力;(2)减少库存,降低存货风险和管理开支。

增加应收账款产生的弊端是:(1)降低企业的资金使用效率,使企业效益下降。资金被别人占用,增加了企业的机会成本。(2)企业为了收回应收账款,必然要增加收账费用,应收账款越多,收账费用越大。(3)增加应收账款会增加坏账损失。(4)夸大了企业经营成果。采用赊销方式进行销售后,如果货款收不回来,企业既要缴纳税金,又要将赊销后产生的利润进行分配,这会给企业带来较大的风险。

增加应收账款有利也有弊,但在市场经济条件下,扩大市场占有率是每一个企业所期望的。通过应收账款扩大销售是许多企业提高市场占有率的一个重要手段,所以,加强应收账款管理是非常必要的。

二、应收账款的平衡管理

赊销产生了应收账款,它意味着商品卖方公司向买方提供商品信用。对买方而言,得到商业信用相当于得到了一笔贷款,而且无需繁琐的手续;对卖方而言,给予商业信用相当于进行了一笔短期投资,而且收益率很可能高于其他短期投资方式。可见,赊销使卖方成为买方既方便又经济的"银行",使买方成为卖方稳妥可靠的短期投资对象。应收账款是企业的一项资金投放,而投资肯定要发生成本,为此,企业需要在应收账款信用政策所增加的盈利和这种政策的成本之间做出权衡。只有当应收账款所增加的盈利超过所增加的成本时,才应当实施应收账款政策。如果应收账款政策有良好的盈利前景,就应当放宽信用条件、增加赊销量。

(一)应收账款的事前管理

应收账款的事前管理主要是在应收账款发生之前制定各种应收账款政策,主要包括制定信用标准、信用额度、信用条件和收账政策四个部分。

1. 信用标准

信用标准是企业同意向顾客提供商业信用而提出的基本要求。通常用预期的坏账损失率作为判别标准。如果企业的信用标准过严,只对信誉很好、坏账损失率很低的顾客给予赊销,就会减少坏账损失,减少应收账款的机会成本,但不利于扩大销售量;反之,信用标准过宽,会提高销售量,但也会提高坏账损失率,增加机会成本。所以,企业在制定信用标准时,应合理权衡得失。

企业在选择信用标准时,也可以查阅顾客的财务报表,计算资产负债率、流动比率、速动比率等财务指标作为判断标准。企业也可以选择银行对企业的信用评估等级作为判断标准。银行的信用评估等级一般分为 AAA、AA、A、BBB、BB、B、CCC、CC、C 九个级别,AAA 级企业是信用最好的企业,C 级企业是信用最差的企业,企业可以选择其中一个级别作为企业的信用判断标准。企业也可以将多种资料进行综合,计算出一个分值作为判断标准。在标准以上的顾客可以进行赊销,在标准以下的顾客必须用现金购买。

2. 信用额度

信用额度包括总额度和分额度。总额度是指企业根据自己最大的资金容量确定企业最大的赊销额度。这一政策是为了避免企业过度赊销而造成资金短缺。分额度是指在总的额度范围内,针对不同的顾客采用不同级别的赊销额度。信用好的客户可以设置较多的赊销额度,信用差的客户则设置较少的赊销额度。

3. 信用条件

所谓信用条件,是指企业要求客户支付货款所提出的付款要求和条件,主要包括信用期限、折扣期限及现金折扣等。信用条件的基本表现方式一般是赊销时在信用定单上加以注明,如"2/10,N/30"就是一项信用条件,它表明的意思是:若客户能够在发票开出后的 10 日内付款,可以享受 2% 的现金折扣;如果放弃折扣优惠,则全部款项必须在 30 日内付清。在此,30 天为信用期限,10 天为折扣期限,2% 为现金折扣百分比。

企业提供比较优惠的信用条件往往能增加销售量,但同时也会增加现金折扣成本、收账成本和应收账款的机会成本及管理成本。在进行信用条件决策时,就是要综合考虑上述因素,先计算增加的收益,再计算增加的成本,最后,根据二者比较,选择最大可能增加企业利润的信用条件。

(1)收益的增加(信用成本前收益)。

$$信用成本前收益＝销售量的增加×单位边际贡献$$

(2)信用成本。

信用成本主要包括现金折扣成本、收账成本、应收账款的机会成本和坏账损失成本。其中,应收账款机会成本的计算公式如下:

$$应收账款机会成本＝维持赊销业务占用资金×资金成本率$$

$$维持赊销业务占用资金＝应收账款平均余额×变动成本率$$

$$应收账款平均余额＝\frac{年赊销额}{360}×平均收账天数$$

☞ **任务 5-3**

达利公司预测的年度赊销额为 3 000 万元,其信用条件是 N/30,变动成本率为 60％,资金成本率为 20％。假设企业收账政策不变,固定成本总额不变。该企业设有两个信用条件的备选方案:甲方案维持 N/30 的信用条件,预计的坏账损失率为 2％,收账费用为 30 万元;乙方案将信用条件放宽到 N/60,预计年赊销额可达到 3 300 万元,坏账损失率为 4％,收账费用为 37万元。

各方案有关数据如表 5-3 所示。

表 5-3   信用条件备选方案   单位:万元

项　目	甲方案(N/30)	乙方案(N/60)
年赊销额	3 000	3 300
应收账款平均余额	250	550
维持赊销业务占用资金	250×60％＝150	550×60％＝330
坏账损失占赊销额(％)	2	4
坏账损失	3 000×2％＝60	3 300×4％＝132
收账费用	30	37

根据以上资料计算有关指标,如表 5-4 所示。

表 5-4   信用条件决策分析评价   单位:万元

项　目	甲方案(N/30)	乙方案(N/60)
年赊销额	3 000	3 300
减:变动成本	3 000×60％＝1 800	3 300×60％＝1 980
信用成本前收益	1 200	1 320
信用成本:		
应收账款机会成本	150×20％＝30	330×20％＝66
坏账损失	60	132
收账费用	30	37
小计	120	235
信用成本后收益	1 080	1 085

根据表 5-4 中的计算结果,乙方案的信用成本后收益大于甲方案,在其他条件不变的情

况下,应选择乙方案。

以下进一步讨论现金折扣与折扣期限决策评价的有关问题。

☞ 任务 5-4

承任务 5-2,如果企业选择了乙方案,但为了加速应收账款的回收,决定将信用条件改为"2/10,1/20,N/60"(丁方案)。假设有 60%的客户(按赊销额计算)将利用 2%的折扣,15%的客户将利用 1%的折扣,其余客户放弃折扣于信用期限届满时付款。坏账损失占赊销额的比例降为 2%,收账费用降为 30 万元。根据上述资料计算有关指标如下:

应收账款周转天数=60%×10+15%×20+25%×60=24(天)

应收账款平均余额=3 300/360×24=220(万元)

维持赊销业务所占用资金=220×60%=132(万元)

应收账款机会成本=132×20%=26.4(万元)

坏账损失=3 300×2%=66(万元)

收账费用=30(万元)

现金折扣=3 300×(2%×60%+1%×15%)=44.55(万元)

根据以上资料编制决策分析评价表,如表 5-5 所示。

表 5-5   决策分析评价   单位:万元

项　目	乙方案(N/60)	丁方案(2/10,1/20,N/60)
年赊销额	3 300	3 300
减:变动成本	1 980	1 980
信用成本前收益	1 320	1 320
减:现金折扣	—	44.55
应收账款机会成本	66	26.4
坏账损失	132	66
收账费	37	30
信用成本后收益	1 085	1 153.05

计算结果表明,采用丁方案虽然增加了现金折扣,但由于应收账款机会成本、坏账损失、收账费用均有较大降低,使企业的收益增加了 68.05 万元(1 153.05-1 085),因此,应选择丁方案。

4. 收账政策

收账政策是指信用条件被违反时,企业应采取的收账策略。企业可以采用较积极的收账政策,也可以采用较消极的收账政策。较积极的收账政策是指投入较多的收账费用和较多的人力,采取较强硬的手段收取账款。这一政策会减少企业应收账款的账面余额,但也会增加收账成本。较消极的收账政策是指投入较少的收账费用收款或由客户自动还款的方式。这一政策会增加企业的应收账款,坏账损失也随之增加。所以,对超过信用期较长的应收账款,应采用较积极的收账政策;对在信用期以内的应收账款,可以采用较消极的收账政策。企业为了做好应收账款的事前管理,必须做好大量的信用调查工作,建立客户的信用档案。

(二)应收账款的日常管理

(1)做好基础记录,了解用户(包括子公司)付款的及时程度。基础记录工作包括企业对用户提供的信用条件、建立信用关系的日期、用户付款的时间、目前尚欠款数额以及用户信用等级变化等,企业只有掌握这些信息,才能及时采取相应的对策。

(2)做好应收账款的对账工作。对账工作是应收账款管理中的难点,是必须做的一项工作。对账的方式有许多,常用的有函对和派人对账。函对的成功率较低,但成本也低;派人对账的成功率较高,但成本也高。企业应合理安排好应收账款的对账工作。

(3)检查用户是否突破了信用额度。企业对用户提供的每一笔赊销业务,都要检查是否有超过信用期限的记录,并注意检验用户所欠债务总额是否突破了信用额度。

(4)掌握用户已过信用期限的债务,密切监控用户已到期债务的增减动态,以便及时采取措施与用户联系,提醒其尽快付款。

(5)分析应收账款周转率和平均收账期,看流动资金是否处于正常水平。企业可通过该项指标,与以前实际、现在计划及同行业相比,借以评价应收账款管理中的成绩与不足,并修正信用条件。

(6)考察拒付状况,考察应收账款被拒付的百分比,即坏账损失率,以决定企业信用政策是否应改变。如果实际坏账损失率大于或低于预计坏账损失率,企业就必须检查信用标准是否过于严格或太松,从而修正信用标准。

(7)进行账龄分析。通过对应收账款的账龄进行分析,企业财务管理部门可以掌握以下信息:①有多少客户在折扣期限内付款;②有多少客户在信用期限内付款;③有多少客户在信用期限过后才付款;④有多少应收账款拖欠太久,可能会成为坏账。

如果账龄分析显示企业应收账款的账龄开始延长或者过期账户所占比例逐渐增加,就必须及时采取措施,调整企业信用政策,努力提高应收账款的收现效率。对尚未到期的应收账款,也不能放松监督,以防发生新的拖欠。

☞ 任务 5-5

五洲公司 2015 年 8 月 31 日应收账款账龄分析表如表 5-6 所示。

表 5-6 　　　　　　 五洲公司 2015 年 8 月 31 日应收账款账龄分析

应收账款账龄	账户数量	金额(万元)	比重(%)
信用期内(3 个月)	100	60	60
3 个月~1 年	80	20	20
1~2 年	35	14	14
2 年以上	16	6	6

表 5-6 表明,该企业的应收账款余额中,有 60 万元尚在信用期内,占全部应收账款的60%;过期数额 40 万元,占全部应收账款的 40%,其中 6% 的应收账款已经逾期 2 年以上。此时,企业对逾期应收账款应予以足够重视,查明具体属于哪些客户、这些客户是否经常发生拖欠情况、发生拖欠的原因何在。对不同拖欠时间的应收账款及不同信用品质的客户,企业应采取不同的收账方法,制定出经济、可行的不同收账政策和收账方案。

(8)利用应收账款融资。应收账款是一种资产,就应有资产的特征。企业可以利用抵押、出售等方式将应收账款变成现金,以减少应收账款的资金占用。当然,将应收账款抵押出售也是要支付一定代价的,企业应该合理地权衡风险与效益之间的利得。

(三)应收账款的事后管理

1. 确定合理的收账程序

催收账款的程序一般为:信函通知、电报电话传真催收、派人面谈、诉诸法律等。在采取法律行动前,应考虑成本效益原则,遇到以下几种情况则不必起诉:(1)诉讼费用超过债务求偿额;(2)客户抵押品折现可冲销债务;(3)客户的债款额不大,起诉可能使企业运行受到损害;(4)起诉后收回账款的可能性有限;等等。

2. 确定合理的讨债方法

若客户确实遇到暂时的困难,经努力可东山再起时,企业可以帮助其渡过难关,以便收回账款。一般做法是进行应收账款债权重组,具体如下:

(1)接受欠款户按市价以低于债务额的非货币性资产予以抵偿;

(2)改变债务形式为"长期应收款",确定一个合理利率,同意用户制订分期偿债计划;

(3)修改债务条件,延长付款期,甚至减少本金,激励其还款;

(4)在共同经济利益驱动下,将债权转变为对用户的"长期投资",协助启动亏损企业,达到收回款项的目的;等等。

如果客户已达到破产界限,则应及时向法院起诉,以期在破产清算时得到部分清偿。

3. 应收账款坏账准备金制度

无论企业采取怎样严格的信用政策,只要存在着商业信用行为,坏账损失的发生总是不可避免的。一般来说,确定坏账损失的标准主要有以下两条:

(1)因债务人破产或死亡,以其破产财产或遗产清偿后,仍不能收回的应收账款。

(2)债务人逾期未履行偿债义务,且有明显特征表明无法收回的应收款项。

企业的应收账款只要符合上述任何一个条件,均可作为坏账损失处理。需要注意的是,当企业将应收账款确定为坏账损失后,并非意味着企业放弃了对该项应收账款的索取权。实际上,企业仍然拥有继续收款的法定权利,企业与欠款人之间的债权债务关系不会因为企业已做坏账处理而解除。

根据谨慎性原则,企业应对坏账损失的可能性预先进行估计,并建立弥补坏账损失的准备金制度,这样就可以分散风险和降低风险。

 帮你学

1. 应收账款的事前管理主要是制定信用政策,如信用标准、信用额度、信用条件和收账政策。

2. 应收账款的事中管理主要有账龄分析、对账和利用应收账款融资等。

3. 应收账款的事后管理主要是对收账进行分析,查找坏账产生的原因。

情境三 存货管理

生产过程中的原材料耗用速度不可能与原材料的供应速度完全相同,产成品的销售速度也不可能与产品的生产速度完全同步,企业或多或少都必须拥有一定数量的存货。存货资金的占用量往往要占流动资产较大的比重。存货资金管理的好坏直接影响整个流动资金管理的成败。

存货管理的内容主要包括存货资金需要量的预测、存货的批量管理以及存货的分类管理等内容。

一、存货资金需要量的预测

为了准确、及时地编制存货资金占用计划,首先必须做好存货资金占用额的测算工作,并利用一定的方法对企业一定时期内存货资金的需要量做出正确的预测。资金需要量的预测方法有很多,主要可分为移动平均法、周转期计算法、因素分析法和比例计算法等,本书只介绍前两种方法。

(一)移动平均法

移动平均法就是将过去若干按照时间先后顺序排列起来的同一经济指标的最近几期的指标数值进行汇总,再对其求算术平均数,并以该算术平均数作为该经济指标下一期预测值的趋势预测方法。这种方法用于存货资金需要量的预测时,是根据存货资金指标的历史资料,按时间的先后顺序,由过去、现在到未来,并根据计算出的移动平均数来确定存货资金需要量的多少。

假设已知某一经济指标数值的历史资料分别为 X_1、X_2、$\cdots$、X_{t-1}、X_t。

现在需要利用该资料中最近 n 期的资料来预测第 $t+1$ 期的指标数值,则该指标第 $t+1$ 期预测值的计算公式如下:

$$X_{t+1}=\frac{X_t+X_{t-1}+\cdots+X_{t-n+1}}{n}$$

☞ 任务 5—6

已知某企业某年三季度各月份的存货资金需要量如表 5—7 所示,试根据该表的资料,用移动平均法预测某年四季度各月份的存货资金需要量。

表 5—7　　　　某企业某年三季度各月份的存货资金需要量

月　份	存货资金需要量(万元)
7	1 520
8	1 540
9	1 530

$$X_{10}=\frac{X_9+X_8+X_7}{3}=\frac{1\,530+1\,540+1\,520}{3}=1\,530(万元)$$

$$X_{11}=\frac{X_{10}+X_9+X_8}{3}=\frac{1\,530+1\,530+1\,540}{3}=1\,533(万元)$$

$$X_{12}=\frac{X_{11}+X_{10}+X_9}{3}=\frac{1\,533+1\,530+1\,530}{3}=1\,531(万元)$$

在计算移动平均数时,期数的多少应根据实际情况确定。一般来讲,期数越大,则资金的实际需要量平均数的敏感性就越小;反之就越大。利用移动平均法对企业所需的存货资金进行预测时,计算十分简便,但是这种方法只适用于企业生产经营活动的规模和市场物价都比较稳定的情况。

(二)周转期计算法

周转期计算法是根据各种存货平均每天的周转额和其周转日数来预测资金需要量的一种资金预测方法。由于存货中包括了库存的原材料、在产品和产成品,因此利用这种方法对存货资金需要量进行预测时,应分别预测出储备资金需要量(原材料资金需要量)、生产资金需要量(在产品资金需要量)和产成品资金需要量。

1. 储备资金需要量的预测

储备资金是指企业从购买材料开始,到材料投入生产为止,在整个供应过程中所需要的资金量。这一过程中所占用的资金主要是原材料资金。

原材料资金需要量＝计划期原材料平均每天消耗额×原材料资金周转天数

＝计划期原材料平均每天消耗量×原材料单价×原材料资金周转天数

原材料资金周转天数＝在途日数＋验收日数＋整理准备日数＋应计供应间隔日数＋保险日数

☞ **任务 5－7**

新华日用品厂某年度计划生产 A、B 两种产品,A、B 产品都需要消耗乙材料。A、B 产品的相关资料如表 5－8 所示。

表 5－8 A、B 产品耗用乙材料的情况

项　　目	A 产品	B 产品
产量(件)	4 000	9 000
单位产品消耗量(千克/件)	38	23
乙材料单价(元)	170	170
在途日数(天)	8	8
验收日数(天)	2	2
整理准备日数(天)	5	5
供应间隔日数(天)	40	40
供应间隔系数(%)	70	70
保险日数(天)	3	3

试根据上述资料,利用周转期计算法,预测新华日用品厂当年乙材料的资金需要量。

乙材料的资金需要量 ＝(4 000×38＋9 000×23)/360×170×(8＋2＋5＋40×70%＋3)

＝7 798 278(元)

2. 生产资金需要量的预测

生产资金是指从原材料投入生产开始直至产品生产完成入库的整个过程中所需占用资金的数额。这一过程中所占用的资金主要是在产品资金。

在产品资金需要量＝计划期平均日产量×单位在产品平均成本×在产品的生产周期

在产品的生产周期可以根据生产周期和在产品成本系数进行合理测算。

3. 产成品资金需要量的预测

产成品资金是指从产品完工入库开始直至销售产品取得相应收入为止所占用的资金数额。

产成品资金需要量＝产成品平均日产量×单位产品计划成本×产成品资金周转天数

产成品资金周转天数是指从产品完工入库开始直到产品销售取得结算货款为止所需的天数,一般包括产成品储存天数、发运天数和结算天数等。

二、存货的批量管理

(一)采购存货的总成本

存货的批量管理主要是采购过程中的批量管理。企业采购存货的总成本一般包括购买成本、订货成本、储存成本和缺货成本。

1. 购买成本

购买成本是指企业在采购过程中发生的各种费用,主要包括买价、运杂费和运输过程中的合理损耗。其支付总额一般会与采购量的多少成正比例变动。但由于单位商品的购买成本一般不受采购数量多少的影响,因此,存货的购买成本在采购批量决策中也就属于无关成本,一般可以不考虑;只有在供应商提供现金折扣时,购买成本才成为相关成本,企业在确定采购批量时就必须考虑。

2. 订货成本

订货成本是指企业为订购材料、商品等而发生的各种费用支出,如采购人员的工资、差旅费、采购业务费、仓库验收费等。订货成本可以分为固定性订货成本和变动性订货成本两部分。当存货需要量一定时,每次采购数量越多,则订货次数越少,订货成本也就越低;反之,则订货成本越高。订货次数又与采购数量相关。在全年需要量既定的情况下,每次采购量越大,订货次数就越少,订货成本就越小;反之,则订货成本越高。订货成本的计算公式如下:

$$订货成本=每次订货的成本×订货的次数$$
$$=每次订货的成本×全年需要量÷每次采购数量$$

3. 储存成本

储存成本是指储存存货而发生的各种费用支出,主要包括仓储费、搬运费、占用资金所支付的利息、储存的损耗、保险费、保管人员的工资、仓储部门的折旧费、维修费、租赁费等。一定时期的储存总成本受存货数量的多少与单位存货储存成本高低两个因素的影响,库存量越低,储存成本越低;反之,储存成本就越高。库存量的高低受采购量的影响,一次采购量越大,则库存量也大;一次采购量越小,则库存量也小。所以,储存成本又是与采购量相关的,采购量越大,储存成本越大;反之,储存成本越小。储存成本的计算公式如下:

$$储存成本=平均库存量×单位存货的储存成本$$

平均库存量可以用简单的算术平均,即最高库存量加上最低库存量除以2得出。一般在最佳状态下,最高库存量就是每次的采购量,最低库存量为0,所以,平均库存量就等于采购量除以2,即:

$$储存成本=每次的采购量÷2×单位存货的储存成本$$

4. 缺货成本

缺货成本是指由于存货数量不能满足企业生产和销售的需要而给企业带来的损失。一般情况下,这部分成本企业很难准确计量,但企业在确定存货量时可以适当加以考虑。但在最佳采购批量的情况下,可以不考虑缺货成本。如果存在缺货成本,就不是最佳的采购批量了。

(二)经济订货批量的确定

经济订货批量就是采购总成本最低时的平均采购量。确定经济订货批量一般要满足以下几个条件:

(1)全年存货的需要量是一个已知的常量;

(2)不允许缺货,即缺货成本为零,同时也不存在变质过时造成的损失;

(3)存货单价不变且不考虑现金折扣和数量折扣;

(4)企业资金充足,不会因资金短缺影响进货,且能集中到货;

(5)所需存货市场供应充足,企业能及时补充存货。

假定全年存货需要量为 D,每次采购数量为 Q,单位存货的储存成本为 C,每次订货的成本为 K,经济订货批量为 Q,存货总成本为 T,则经济订货批量下的存货总成本用公式表示为:

$$存货采购总成本=储存成本+订货成本$$

$$T=\left(\frac{Q}{2}\right)^{*}\cdot C+\left(\frac{D}{Q}\right)\cdot K$$

经济订货批量为:

$$Q^{*}=\sqrt{\frac{(2\times D\times K)}{C}}$$

$$最佳订货次数=\frac{D}{Q^{*}}$$

经济订货批量的基本模型如图 5—1 所示。

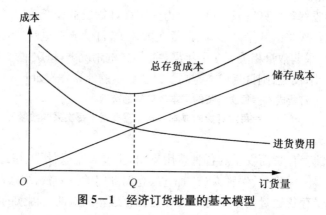

图 5—1　经济订货批量的基本模型

三、存货的分类管理

由于企业存货的品种较多,数量也较多,如果管理再不分轻重缓急,必然会造成企业的人力、物力和财力的浪费。所以,在存货管理中,一般采用分类管理。分类管理的方法可以使用 ABC 控制法。

ABC 控制法就是将企业所有品种的存货按照其全年需要量、占用资金数量的多少划分为 A、B、C 三类,然后针对不同类别的存货,采用不同的管理对策对存货进行管理。

1. ABC 控制法对存货管理的具体步骤

(1)计算每一种存货在一定时期内资金占用额和全部存货的资金总额。

(2)计算每一种存货资金占用额占全部存货资金占用额的百分比,并按从小到大的顺序排列,制成表格。

(3)在同一表中计算累计存货种类数和累计金额百分比,并绘制 ABC 控制图,如图5—2所示。

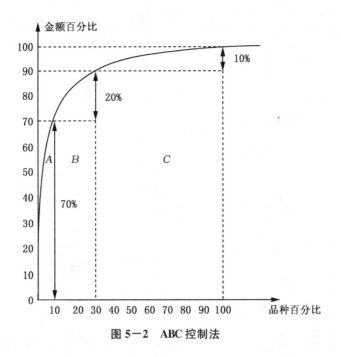

图 5－2　ABC 控制法

2. A、B、C 三类物资的特点

从图 5－2 中可以看出,A、B、C 三类物资的特点可以归纳如表 5－9 所示。

表 5－9　　　　　　　　　　　　　　A、B、C 三类物资分类情况

存货类别	存货品种、数量所占比重(%)	存货占用资金的比重(%)
A 类	10 左右	70 左右
B 类	20 左右	20 左右
C 类	70 左右	10 左右

3. A、B、C 三类物资的管理措施

A 类存货的品种虽少,但是其占用的资金多,应作为企业存货管理的重点进行控制。对这类物资的管理,企业应采用科学的方法确定该类存货的经济订货量、订货时间等,以保证合理的存货水平,并随时对该类存货进行动态跟踪;对该类存货日常管理中出现的问题,应及时加以调整和纠正,使该类存货既能保证生产经营,又不过多占用企业的流动资金。

B 类存货的品种和金额相对于 A 类存货而言较少。对 B 类存货的管理主要是对每个项目计算经济订货量和订货时间,平时登记永续盘存记录。与 A 类存货不同的是,对 B 类存货无需经常逐项对比分析、严格监督,只需定期进行概括检查即可。

C 类存货品种、数量多,金额少。对这类存货可以按不同的情况,采取不同的管理方法。对需求影响不大、容易采购的品种,可以少储备,根据需要适时采购;对于规格复杂、需求量少、价格低的品种,可根据实际情况适当加大采购与库存量。

任务 5－8

某企业材料存货有 10 种,其相关资料如表 5－10 所示。

表 5—10 材料存货情况

材料编号	材料单价(元/千克)	全年存货平均需要量(千克)	全年存货总金额(元)
1	50	1 000	50 000
2	40	700	28 000
3	0.3	5 000	1 500
4	0.2	3 000	600
5	5	1 200	6 000
6	7	1 800	12 600
7	3.5	3 600	12 600
8	0.5	2 000	1 000
9	0.15	1 500	225
10	0.1	8 000	800
合　计			113 325

　　根据上述资料,我们通过表 5—11 的分析可以看出:该企业 A 类存货量占全部存货量的百分比为 6.1%,占用资金却为总资金的 68.8%;B 类存货量占全部存货量的百分比为 19.4%,占用资金为总资金的 22.4%;C 类存货量占全部存货量的百分比为 74.5%,占用资金却仅为 8.8%。所以,该企业存货管理与控制的重点就放在 1 号与 2 号材料上。

表 5—11 材料资金的分类情况

材料编号	全年存货总金额(元)	各存货资金占全部资金的百分比(%)	排序	全年存货需要量(千克)	各存货量占全部存货量的百分比(%)	存货类别
1	50 000	44.1	1	1 000	3.6	A
2	28 000	24.7	2	700	2.5	A
3	1 500	1.3	5	5 000	18.0	C
4	600	0.5	8	3 000	10.8	C
5	6 000	5.2	4	1 200	4.3	C
6	12 600	11.2	3	1 800	6.5	B
7	12 600	11.2	3	360	12.9	B
8	1 000	0.9	6	2 000	7.2	C
9	225	0.2	9	1 500	5.4	C
10	800	0.7	7	8 000	28.8	C
合计	113 325	100	—	24 560	100	—

帮你学

1. 总的存货资金预测可以用移动平均法预测,分类存货资金的预测可以用周转期计算法预测。

2. 存货的订货成本与采购量成反比,储存成本与采购量成正比。当两种成本相等时所对应的采购量是最佳采购批量,也叫经济批量,这时的存货总成本也是最低的。

3. 经济批量如果要考虑采购折扣、安全库存量等因素,其计算过程是比较麻烦的,本书不涉及。

4. ABC 控制法是指将存货进行分类,资金占用大、数量品种较少的存货(A 类)重点管理,资金占用少、数量品种较多的存货(C 类)简化管理,B 类存货适中管理。

基本达标

一、单项选择题

1. 不属于流动资产特点的是(   )。

A. 形态的变动性　　　B. 数量波动大　　　C. 获利能力强　　　D. 投资回收期短

2. 在一定范围内,下列不随现金持有量变动而变动的成本是(   )。

A. 机会成本　　　　B. 管理成本　　　　C. 短缺成本　　　　D. 转换成本

3. 下列项目中,属于持有现金的机会成本的是(   )。

A. 现金管理人员的工资　　　　　　B. 现金安全措施费用

C. 现金被盗损失　　　　　　　　　D. 现金的再投资收益

4. 在确定最佳现金持有量时,成本分析模式和存货管理模式均需考虑的因素是(   )。

A. 持有现金的机会成本　　　　　　B. 固定性转换成本

C. 现金短缺成本　　　　　　　　　D. 现金保管成本

5. 在最佳现金持有量的存货管理模式中,应考虑的相关成本主要有(   )。

A. 机会成本和转换成本　　　　　　B. 转换成本和短缺成本

C. 机会成本和短缺成本　　　　　　D. 持有成本和短缺成本

6. 下列有关现金的成本中,属于固定成本性质的是(   )。

A. 现金管理成本　　　　　　　　　B. 占有现金的机会成本

C. 交易成本中的委托买卖佣金　　　D. 现金短缺成本

7. 企业现金收支状况比较稳定,全年的现金需要量为 200 000 元,每次转换有价证券的固定成本为 400 元,有价证券的年利率为 10%,则达到最佳现金持有量的全年转换成本是(   )元。

A. 10 000　　　　B. 20 000　　　　C. 30 000　　　　D. 40 000

8. 企业将资金占用在应收账款上而放弃其他方面投资可获得的收益是应收账款的(   )。

A. 管理成本　　　B. 机会成本　　　C. 坏账成本　　　D. 资金成本

9. 在存在商业折扣的情况下,与经济订货批量无关的成本有(   )。

A. 储存成本　　　B. 购置成本　　　C. 进货成本　　　D. 资金成本

10. 下列与存货决策无关的成本是（　　）。

A. 存货资金占用费　　　　　　　　　　B. 订货成本

C. 仓库折旧　　　　　　　　　　　　　D. 缺货成本

11. 不适当地延长信用期限,会给企业带来的不良后果是（　　）。

A. 降低应收账款的机会成本　　　　　　B. 引起坏账损失和应收账款费用的增加

C. 使平均收账期延长　　　　　　　　　D. 造成销售萎缩

12. 下列各项中,属于应收账款机会成本的是（　　）。

A. 客户资信调查费用　　　　　　　　　B. 应收账款占有资金的应计利息

C. 坏账损失　　　　　　　　　　　　　D. 收款费用

13. 对应收账款信用期限的叙述,正确的是（　　）。

A. 信用期限越长,企业坏账风险越小

B. 信用期限越长,表明客户享受的信用条件越优越

C. 延长信用期限,不利于销售收入的扩大

D. 信用期限越长,应收账款的机会成本越低

14. 下列各项中,不属于应收账款成本构成要素的是（　　）。

A. 机会成本　　　B. 管理成本　　　C. 坏账成本　　　D. 短缺成本

15. 经济订货量基本模型的假设条件中不包括（　　）。

A. 一定时期的进货总量可以准确预测　　B. 存货进价稳定

C. 存货耗用均衡　　　　　　　　　　　D. 允许缺货

二、多项选择题

1. 企业持有现金的动机有（　　）。

A. 交易动机　　　B. 预防动机　　　C. 投资动机　　　D. 投机动机

2. 企业持有现金的成本通常包括（　　）。

A. 机会成本　　　B. 管理成本　　　C. 转换成本　　　D. 短缺成本

3. 确定最佳现金持有量的存货模式考虑的成本主要有（　　）。

A. 机会成本　　　B. 管理成本　　　C. 短缺成本　　　D. 转换成本

4. 为了加强企业现金的支出管理,企业可运用的策略有（　　）。

A. 力争现金流量同步　　　　　　　　　B. 加速收款

C. 合理使用现金"浮游量"　　　　　　　D. 推迟应付款的支付

5. 构成企业信用政策的主要内容有（　　）。

A. 信用标准　　　B. 信用条件　　　C. 信用期限　　　D. 收账政策

6. 在存货的 ABC 控制中,对存货进行划分的标准有（　　）。

A. 存货的金额　　B. 存货的类别　　C. 存货的大小　　D. 存货的品种数量

7. 利用成本分析模式确定最佳现金持有量时,不予考虑的因素有（　　）。

A. 持有现金的机会成本　　　　　　　　B. 现金短缺成本

C. 现金与有价证券的转换成本　　　　　D. 管理成本

8. 下列各项中,属于应收账款管理成本的有（　　）。

A. 坏账损失　　　　　　　　　　　　　B. 收账费用

C. 客户信誉调查费　　　　　　　　　　D. 应收账款占用资金的应计利息

9. 存货成本包括( )。

A. 购置成本　　　　　B. 订货成本　　　　　C. 储存成本　　　　　D. 缺货成本

10. 与经济订货量决策相关的成本是( )。

A. 变动订货成本　　　　　　　　B. 变动储存成本

C. 缺货成本　　　　　　　　　　D. 购置成本

三、判断题

1. 为了保证企业生产经营所需现金,企业持有的现金越多越好。　　　　　　　( )

2. 只要花费必要的收账费用,积极做好收账工作,坏账损失是完全可以避免的。 ( )

3. 加速收款是企业提高现金使用效率的重要策略之一,因此,企业要努力把应收账款降低到最低水平。　　　　　　　　　　　　　　　　　　　　　　　　　　　　　( )

4. 订货点的高低对经济订货量不产生影响,对订货次数也没有影响。　　　　　( )

5. 实行数量折扣的经济订货量决策时,存货购置成本是决策相关成本。　　　　( )

6. 能够使企业的订货成本、储存成本和缺货成本之和最低的进货批量,便是经济订货批量。　　　　　　　　　　　　　　　　　　　　　　　　　　　　　　　　　　( )

7. 赊销是扩大销售的有力手段之一,企业应尽可能放宽信用条件,增加赊销量。 ( )

8. 应收账款管理的总体评价指标主要运用应收账款周转率和周转天数。　　　　( )

9. 制定合理的信用政策,是加强应收账款管理、提高应收账款效益的前提条件。 ( )

10. 一般来讲,当某种存货的品种数量比重达到 70% 左右时,可将其划为 A 类存货,进行重点管理和控制。　　　　　　　　　　　　　　　　　　　　　　　　　　　　　( )

能力提升

1. 某企业现金收支状况比较稳定,预计全年(按 360 天计算)需要现金 150 000 元,现金与有价证券转换成本为每次 300 元,有价证券的年利率为 10%。

[要求]

(1)计算企业最佳现金持有量。

(2)计算最佳现金持有量下的机会成本、转换成本、有价证券的交易次数及交易间隔期。

2. 某公司预测的年度(按 360 天计算)赊销额为 3 000 000 元,应收账款平均收账天数为 60 天,变动成本率为 60%,资金成本为 10%。

[要求]

计算该企业应收账款的机会成本。

3. A 公司是一家商业企业,由于目前的收账政策过于严厉,不利于扩大销售,且收账费用较高,该公司正在研究修改现行的收账政策。现有甲和乙两个放宽收账政策的备选方案,有关数据如表 5—12 所示。

表 5—12 收账政策方案

项 目	现行收账政策	甲方案	乙方案
年销售额(万元/年)	2 400	2 600	2 700
收账费用(万元/年)	40	20	10
所有账户的平均收账期	2 个月	3 个月	4 个月
所有账户的坏账损失率	2%	2.5%	3%

已知 A 公司的变动成本率为 80%,资金成本率为 10%。坏账损失率是指预计年度坏账损失和销售额的百分比。假设不考虑所得税的影响。

[要求]

通过计算分析回答应否改变现行的收账政策? 如果要改变,应选择甲方案还是乙方案?

4. 某企业甲材料的年需要量为 16 000 千克,每千克标准价为 20 元。销售企业规定:客户每批购买量不足 1 000 千克的,按照标准价格计算;每批购买量在 1 000 千克以上、2 000 千克以下的,价格优惠 2%;每批购买量在 2 000 千克以上的,价格优惠 3%。已知每批进货费用为 600 元,单位材料的年储存成本为 30 元。

[要求]

按经济进货批量基本模型确定经济进货批量。

创新应用

案例一:如何确定合理的信用期限

实达电脑公司是 1994 年成立的,它主要生产小型及微型处理电脑,其市场目标主要定位于小规模公司。该公司生产的产品质量优良、价格合理,在市场上颇受欢迎,销路很好,因此该公司迅速发展壮大起来,由起初只有几十万元资金的公司发展为拥有上亿元资金的公司。但是,到 20 世纪末期,一些问题开始呈现出来:该公司过去为了扩大销售、占领市场,一直采用比较宽松的信用政策,客户拖欠的款项数额越来越大、时间越来越长,严重影响了资金周转循环,公司再投资不得不依靠长期负债及短期负债筹集资金。2013 年末,主要贷款人开始不同意进一步扩大债务,由于缺乏流动资金,公司陷入了进退两难的境地,所以公司经理非常忧虑。情急之下,公司聘请了高级内参,经过分析并采取以下行动:

公司过去的销售条件是“2/10,N/90”,平均约半数的顾客享受折扣,但许多未享受折扣的顾客延期付款,平均收账期约为 60 天。2013 年的坏账损失为 500 万元,收账费用为 50 万元。经分析,该信用政策需要提高标准。于是,公司在 2016 年改变信用条件为“2/10,N/30”,则可能会引起下列变化:

(1)销售额由原来的 1 亿元降为 9 000 万元;

(2)坏账损失减少为 90 万元;

(3)信贷部门成本减少至 40 万元;

(4)享受折扣的顾客由 50% 增加到 70%(假定未享受折扣的顾客也能在信用期内付款);

(5)公司的变动成本率为60%；

(6)公司的资金成本率为10%。

[要求]

如果让你作为财务顾问,请分析以下问题,为2016年公司应采用的新信用政策提出意见:

(1)该公司过去采用比较宽松的信用政策,其目的是什么? 最终给企业带来了什么?

(2)该公司采用新的信用政策带来的收益和成本分别是多少? 请你作出备选方案较好的决策。

案例二:如何确定现金折扣

东方公司经常性地向五洲公司购买原材料,五洲公司开出的付款条件为"2/10,N/30"。某天,东方公司的财务经理王洋查阅公司关于此项业务的会计账目,惊讶地发现,会计人员对此项交易的处理方式是,一般在收到货物后15天支付款项。当张扬询问记账的会计人员为什么不取得现金折扣时,负责该项交易的会计人员不假思索地回答道:"这一交易的资金成本仅为2%,而银行贷款成本却为12%,因此根本没有必要接受现金折扣。"

[要求]

针对这一案例,对以下问题进行分析和回答:

(1)会计人员在财务概念上混淆了什么?

(2)丧失现金折扣的实际成本有多大?

(3)如果东方公司无法获得银行贷款,而被迫使用商业信用资金(即利用推迟付款商业信用筹资方式),为了降低年利息成本,你应向财务经理张扬提出什么建议?

 信息搜索

1. 企业持有现金的动机和目的是什么?

2. 企业在确定最佳现金持有量时,应考虑哪些因素?

3. 简述企业持有应收账款的利弊。

4. 企业为了加强应收账款管理,应做好哪些基础工作?

5. 存货资金需要量的预测方法有哪些?

6. 如何确定经济订货量?

7. ABC控制法的原理是什么?

财务预算

学习目标

◎ 了解财务预算在财务管理中的作用。

◎ 理解一般企业的财务预算工作程序和组织安排。

◎ 熟练掌握企业财务预算的编制过程和进行企业财务预算。

案例引导

　　海信集团近些年来一直在积极推进财务系统改革,并建立有会计核算中心,实行分公司一级核算管理。2006年,在确立"以企业战略为基础,全面实施预算管理"的新理念的基础上,完善了以成本管理、资金管理、价税管理、资产管理为主要内容的财务管理框架,突出了预算管理在企业中的核心地位,财务工作迈出了由核算型向管理型转变的步伐。公司明确持续推进全面预算管理"一条主线",完善投资成本管理和生产成本管理"两项体系",落实一本内控手册,强化生产经营过程管理,运用ERP系统将企业人、财、物、供、产、销等资源充分调配和平衡。这一系列措施和制度确保了公司预算指标的客观公正,易于全员、全方位、全过程推进全面预算管理,解决了过去主要以价值量预算为主线,主要由经营管理人员参与,预算编制与生产运行联系不够紧密,制定出的预算目标的价值量与工作量、实物消耗量不匹配,造成经营预算和生产实际不相符,约束力不强,无法在生产过程中全面体现以效益为中心的原则等问题,从而实现了产量和效益的统一。

　　公司从2006年9月推行全面预算管理以来,充分领略了全面预算管理的魅力,体会了全面预算管理对于追求产量最大、控制成本、降低费用、提高效益带来的巨大作用。2007年,与上年相比,公司利润猛增了160%。2008年上半年,各项财务指标再创新高!领导深有感触地说,实行全面预算管理给公司带来的最大变化是,过去在生产过程中是先干后算,常常被资金紧张所困扰,但是,如果让自己具体地说哪里缺钱、为什么缺钱,又说不出来。现在是通过先算后干,干中要算,干后也算,业务预算与财务预算相结合,生产的哪个环节缺钱,哪个环节有盈余,自上到下,自下到上,干部职工心里都有一本清楚的账本,真正做到了"干明白活,算效益账"。

　　想一想,什么是预算? 实施企业预算管理对企业有什么意义?

　　通过本章的学习,读者能够运用全面预算的编制原理及方法,为企业编制全面预算。

情境一 财务预算的组织与安排

一个企业的经营管理活动,不仅需要对各项经济活动进行预测,通过一定的决策程序确定最优方案,从而为企业各有关方面的活动确定具体的目标,还需要采用一定的程序和方法实现企业确定的目标。其主要形式就是预算。预算是以货币为主要计量手段,将决策的目标具体、系统地反映出来的过程。企业为了实现其经营目标,一般都要进行财务预算。

财务预算是对公司战略和财务管理目标的具体化及量化过程。公司战略和财务管理目标是比较抽象的概念。要实现公司的战略目标,就必须将公司战略目标分解到各个工作步骤或每一个责任单位。这种分解过程也是一个量化过程,因为只有量化的资料才有利于分解和落实。所以,将公司战略和财务管理目标进行分解并量化的过程就是财务预算过程。

一、财务预算的内容

财务预算可以分为广义的财务预算和狭义的财务预算。广义的财务预算也称全面预算,主要包括各部门的业务预算和财务报表预算。业务预算是指各部门根据其涉及的业务领域进行的具体的业务计划,如销售预算、生产预算等。财务报表预算主要是对各业务预算进行综合,编制出预计的现金流量表、预计的利润表和预计的资产负债表。狭义的财务预算主要是指财务报表预算。本书主要就广义的财务预算来讲述。

我们在"财务报表分析"课程中学会了如何分析过去的财务报表,通过分析了解过去企业的财务状况、经营成果及现金流量情况,但这只是企业过去存在的问题,它无法回答企业未来的情况。

财务预算是在今年编出明年的财务报表。通过财务预算,可以了解企业未来的发展情况,规范和约束企业的经营行为。所以,财务预算是企业财务管理的重要内容。

财务预算管理主要分为两个部分:一是预算的编制,二是预算的执行。预算的编制是预算管理中的第一要素,也是预算管理的基础。企业在编制预算时,先要将企业的业务内容进行量化,然后使用电子表格作为预算工具进行预算的编制。预算的执行是预算管理中较难的部分。预算的执行涉及企业内部每个人对预算制度的反应,通过预算来实施控制、评价业绩、促进沟通和协调,是企业预算能否达到效果的重要行为。

二、预算编制的组织

在编制预算时,一个规模较大的企业通常要设置一个预算委员会,组织、领导并考核整个预算的编制,其执行机构可以设在财务管理科。

预算委员会一般由总经理,分管销售、生产、财务等方面的副总经理,总会计师等高级管理人员及各职能部门的主要负责人组成。其主要任务是:协调和审查各个部门所编制的预算,解决各个方面在预算编制中可能出现的矛盾,批准最后预算,经常检查预算的执行情况,促使各有关方面协调一致地完成预算所规定的目标和任务。

在预算委员会下,通常设置一个预算咨询小组,对各个部门、各个单位的预算编制工作进行业务技术上的指导和帮助。在小型企业中,也可由财会部门代理行使预算委员会的职责。

在编制预算时,为了使预算能充分发挥其应有的作用,预算的编制应尽量吸收预算的执行者亲自参加,从基层开始,自下而上逐级综合。这样,预算能较好地得到广大预算执行者的支持,提高他们完成预算所确立的目标和任务的主动性和积极性。

三、预算编制的安排

财务预算是以业务预算为基础的,编制好业务预算是做好财务预算的关键。企业在编制各项预算时应明确责任、分工和程序。一般情况下,企业各项预算的责任分工如表 6—1 所示。

表 6—1　　　　　　　　　　　各项预算的责任分工

分类	预算名称	责任部门	备　注
业务预算	销售预算	销售科	预算的起点
	货款回笼预算	销售科	可以与销售预算合并
	生产预算	生产计划科	根据销售预算编制
	材料耗用预算	生产计划科	可以与生产预算合并
	采购预算	物资供应科	根据材料耗用预算编制
	货款支付预算	物资供应科	可以与采购预算合并
	人工预算	人力资源科	根据生产预算编制
	制造费用预算	各生产车间	根据生产预算编制
	期末产成品存货预算	会计科	根据材料耗用预算、人工预算和制造费用预算编制
	期间费用预算	各有关部门	
	税金预算	会计科	根据销售预算和采购预算等编制
	其他预算	各有关部门	如投资预算、营业外收支预算等
财务报表预算	现金流量预算 预计利润表 预计资产负债表	财务管理科	依据业务预算编制

四、预算编制的程序

企业在编制预算时,一般应遵循以下基本程序:

(一)确定预算目标

预算目标给预算编制明确了一个总的方向,预算在编制的整个过程中都要围绕这个目标进行。如目标利润、每股收益等,都可以作为预算目标。

(二)分解预算目标

预算的编制涉及企业的各个部门以及各个员工,因此在编制预算时,要将预算目标进行层层分解和下达,从而让各部门明确各个分目标在总目标中的位置和作用。如销售科的销售收入、生产部门的库存成本等。

(三)拟订和下达预算编制方针

预算目标只是为预算编制指明了方向,具体编制预算时还应根据具体情况和要求制定出编制基准和大纲,即预算编制的方针政策。它可以指明编制各种预算时应遵循的原则、可以采取的编制方法、如何协调和处理各种关系,以及在编制过程中应注意的问题等。

(四)充分收集和整理有关资料

各预算编制部门应收集和整理历史资料及基础资料,为预算的编制找到真实依据。

(五)各部门编制预算草案,并进行测试论证

各部门编制出预算草案后,要围绕各自的预算目标,反复测试论证,分析预算草案的可行程度,最后形成初步预算方案,提交预算委员会进行审查。

(六)预算委员会对初步预算方案进行协调、反馈和平衡

初步预算方案是由各部门从本部门的角度出发分别编制的,难免会产生各种利益冲突和矛盾。而预算是一个有机的整体,任何关系处理不好,都会影响其执行的结果。因此,对各部门提交的预算方案,预算委员会应从整体出发,逐个审查,协调存在的各种冲突和矛盾,并提出修改意见,反馈给各部门进行修正。这是一个连续、反复的过程,直到各部门达到基本平衡。

(七)集合汇总,审议评价通过

企业整个预算最后要经过预算委员会或董事会进行确定,经确定后的预算才是可执行的预算。

企业编制预算,一般应在每年第四季度进行。如果企业有条件,最好在 11 月底前完成次年的预算编制工作,然后在 12 月进行试运行,用实践来检验预算的可行性。

 帮你学

1. 财务预算的过程是事前对企业下一年度或以后几个年度的详细规划过程。
2. 财务预算是建立在企业业务预算的基础之上的,所以,财务预算需要全员参与。
3. 财务预算是对公司的战略意图、公司章程和公司制度进行量化的过程。
4. 没有财务预算,就等于没有财务管理。

情境二 财务预算编制的具体方法

企业在实际生产经营过程中,生产经营活动及其所处的环境较为复杂,因此,企业编制全面预算时,应考虑预算期内生产经营活动可能发生变动的情况,根据其特点,采取不同的形式。本书介绍以下几种形式:

一、固定预算与弹性预算

固定预算是全面预算编制方法中最基本、最传统的一种方法。它是根据未来既定业务量水平,不考虑计划期内生产经营活动可能发生的变动而编制的预算。其主要特点是:计划期所涉及的各项预定指标均为固定数据,预算编制后,具有相对固定性,在计划期内一般不予修改或更正。这种预算方法也称静态预算。固定预算作为一种传统方法,包含了预算编制的基本原理,是学习和掌握其他编制方法的基础。这种方法的最大弊端是:当计划期实际发生的业务量与编制预算所依据的业务量发生差异时,各项指标的实际数与预算数缺乏可比性。因此,固定预算用来考核非营利组织和业务水平较为稳定的企业是比较合适的,如果用来衡量业务水平经常变动的企业的经营成果,往往不恰当,而且有时会引起人们的误解。

☞ 任务 6-1

某公司在预算期内预计销售 30 000 件产品,单位售价 50 元;单位产品成本结构如下:

直接材料	15 元
直接人工	7 元
变动性制造费用	4 元
变动性销售和管理费用	2 元

年固定性制造费用为 300 000 元,固定性销售及管理费用为 150 000 元,但实际生产且销售产品为 20 000 件。若采用固定预算,则该公司该年的经营业绩详见表 6-2。

表 6-2   经营业绩   单位:元

项　目	固定预算	实　际	差　异
销售量(件)	30 000	20 000	10 000(不利)
销售收入	1 500 000	1 000 000	500 000(不利)
减:变动成本			
直接材料	450 000	305 000	145 000(有利)
直接人工	210 000	116 000	94 000(有利)
制造费用	120 000	73 000	47 000(有利)
销售及管理费用	60 000	20 000	40 000(有利)
变动成本合计	840 000	514 000	326 000(有利)
边际贡献	660 000	486 000	174 000(不利)
减:固定成本			
制造费用	300 000	308 000	8 000(不利)
销售及管理费用	150 000	150 000	
固定成本合计	450 000	458 000	8 000(不利)
经营利润	210 000	28 000	182 000(不利)

由表 6-2 可见,预算和实际销售量基础不同,实际产量减少了,费用没有按产量调整,因此,两者对比所形成的差异不能够说明什么意义。如表 6-2 所示,变动成本实际比预算节约了 326 000 元,究竟是由于销售量减少而减少,还是由于成本本身节约?根本无法判断。又如,经营利润实际比预算少了 182 000 元,是否与销售量的减少相适应?更难以判断。这说明固定预算在实际执行中难以与业务水平相衔接,预算灵敏反应程度也大为降低,预算的考核评价作用有时会减弱或丧失。

为了弥补这一弊端,增强预算的适应能力,产生了一种相对较先进的多水平表现的预算编制方法——弹性预算。

弹性预算是在事先估计未来业务量可能发生变动的基础上,编制出一套能适应各种业务量水平的预算,以便分别反映在各该业务量情况下的各项预定指标值。其主要特点是:计划期所涉及的各项预定指标随着业务量的变化而变化,具有一定的伸缩性。这种预算方法也称动态预算。

采用弹性预算编制的预算内容,一般应与业务量存在内在依存关系,如制造费用预算、预计利润表、直接材料预算、直接人工预算等。弹性预算的具体编制步骤如下:

1. 确定计划期间业务量的变动范围

在编制弹性预算前,首先要估计到计划期间业务量可能发生的变动,通常把业务量的变动范围确定在正常业务量的70%～110%,并将业务量按每间隔5%或10%或某一固定数值的差距分成若干个区间段。

2. 分析并明确各个预算内容与业务量的依存关系

预算内容与业务量之间的依存关系大体可以分为两类:一类是对业务量变动反应迟钝甚至毫无反应,它们在不同业务量水平下基本保持固定不变;另一类则与业务量变动关系密切,预算指标随着业务量的变化基本上成正比例变化关系。

3. 确定各种业务量水平下的预定指标值

由于对业务量变动反应迟钝的预算指标部分不会随着业务量的增减而变动,所以,在编制弹性预算时,只需将与业务量关系密切的预算指标按业务量的变动加以调整即可。

☞ **任务6-2**

某公司计划年度只产销甲产品,其销售单价预计为280元,单位变动成本为100元,固定成本总额为128 000元,销售量范围为1 000～1 400件。以每100件销售量作为间隔的弹性利润预算如表6-3所示。

表6-3　　　　　　　　　　　　　弹性利润预算　　　　　　　　　　　　　单位:元

项　目	业　务　量　范　围				
	1 000 件	1 100 件	1 200 件	1 300 件	1 400 件
销售收入	280 000	308 000	336 000	364 000	392 000
减:变动成本	100 000	110 000	120 000	130 000	140 000
贡献边际总额	180 000	198 000	216 000	234 000	252 000
减:固定成本	128 000	128 000	128 000	128 000	128 000
息税前利润	52 000	70 000	88 000	106 000	124 000

二、增量预算与零基预算

上述固定预算和弹性预算,一般都是在过去实际数值的基础上,结合计划期间的有关影响因素,来确定计划期的各种预算值。即通过在基期实际数的基础上增加或减少一定的数额来确定预算值,称为增量预算。增量预算的最大缺陷是:受基期实际值的约束,预算人员的思维很难超脱过去的框框,从而影响预算编制的创造性和开拓性,往往造成极大的浪费。为了克服这些缺陷,20世纪60年代,美国德州仪器公司的彼得·派尔(Peter Pyhrr)在该公司首次创造并运用零基预算,随后在美国相继推广,并在世界各国广为流传。

零基预算的全称是"以零为基础编制的计划和预算",其基本思路是:在编制预算时,对过去的内容全然不予考虑,视同为一切从零开始。即根本不考虑基期各项指标的实际数,而是一切以零为起点对预算项目根据计划期的实际需要进行逐个分析和计量,进而确定预算值。零基预算是一种编制费用预算时常用的先进方法,其具体做法如下:

（1）由企业提出总体目标，然后各职能部门根据企业的总目标和本部门的责任目标，对每一项业务进行具体分析，说明费用开支的性质、目的、作用及所需的数额，据此编写各项费用的开支方案。

（2）对计划期各项费用的支出方案进行成本—效益分析，并作出综合评价，然后根据各项费用开支方案的轻重缓急，分层次排出开支的先后顺序。

（3）根据费用开支的层次和顺序，结合企业计划期可动用的资金数额，分配资金，落实预算。

☞ 任务6—3

某企业采用零基预算编制下年度的销售及管理费用预算，企业销售及管理部门根据下年度的目标利润及本部门的具体工作任务，经职工充分讨论，认为将发生以下各项费用：

（1）保险费 20 000 元；

（2）房屋租金 50 000 元；

（3）办公费 8 000 元；

（4）差旅费 2 000 元；

（5）广告费 10 000 元；

（6）职工培训费 20 000 元。

此外，该公司下年度可用于销售及管理费用的资金预计为 100 000 元。

上述费用中，(1)、(2)、(3)、(4)项费用属于约束性固定成本，是下年度必不可少的开支，必须全额予以保证。(5)和(6)属于酌量性固定成本，可以根据下年度企业资金供应情况酌情增减。如果广告费和职工培训费的成本收益率分别为 20% 和 30%，则广告费可分配的资金为：

$$\frac{[100\ 000-(20\ 000+50\ 000+8\ 000+2\ 000)]}{20\%+30\%}\times20\%=8\ 000（元）$$

职工培训费可分配的资金为：

$$\frac{[100\ 000-(20\ 000+50\ 000+8\ 000+2\ 000)]}{20\%+30\%}\times30\%=12\ 000（元）$$

根据上述资料，分配资金、落实预算如表6—4所示。

表6—4 　　　　　　　　　　　　销售及管理费用预算 　　　　　　　　　　　单位：元

项　目	预算额	项　目	预算额
保险费	20 000	广告费	8 000
房屋租金	50 000	职工培训费	12 000
办公费	8 000	合　计	100 000
差旅费	2 000		

与传统预算相比，零基预算不受基期实际数值的约束，有助于发挥全体职工的积极性和创造性；有助于各职能部门精打细算，合理使用资金，减少资金浪费。针对我国目前许多企业经济效益不佳、费用开支浪费大的现状，可以借鉴该方法来编制预算。但是，零基预算的编制工作量大，确定费用开支方案的轻重缓急以及资金分配带有一定的主观性，在实际使用过程中，应合理安排工作量，尽量避免引发部门间的矛盾。

三、定期预算与滚动预算

为便于会计年度的实际数与预算数进行对比,以上介绍的预算编制方法往往以年度作为固定的预算期间,这种以固定的预算期作为编制期间的预算编制方法,称之为定期预算。这种方法的突出特点是预算工作一次性完成,但不足之处在于:(1)预算通常在计划年度开始前两三个月进行编制,由于对计划年度特别是后半年的经济业务不够明确,降低了预算的准确性;(2)预算执行过程中遇到实际情况发生变化时,使原预算数无法适应新的变动情况;(3)当预算执行到后期时,预算执行者往往只考虑剩余期间的预算控制,缺乏长远打算。为弥补这些缺陷,西方一些国家开始推出新的预算编制方法——滚动预算。

滚动预算也称永续预算或连续预算,是一种使预算期始终保持在某一特定期限(通常为12个月)的连续性预算。即预算期随着时间的推移向后延伸,预算每执行一个月,就立即在期末增列一个月的预算,逐期向后滚动,使任何时期的预算都保持12个月的时间跨度。滚动预算的主要特点是预算期具有连续性。其编制一般采用长计划、短安排的办法,即在具体编制时,先按年度分季度,并将第一季度按月划分,编制各月的明细预算,其他三个季度的预算则可以笼统一些,只需列示各季度总数。当第一季度即将结束时,将实际执行数与预算数进行对比分析,并修正预算;再将第二季度的预算按月细分,编制各月的明细预算,同时补上下一年度第一季度的预算总数。如此逐期滚动,如表6—5所示。

表 6—5   **编制滚动预算示意表**

第一期预算

2015 年度					
第一季度			第二季度总数	第三季度总数	第四季度总数
1 月份明细数	2 月份明细数	3 月份明细数			

第二期预算

2015 年度					2014 年度
第二季度			第三季度总数	第四季度总数	第一季度总数
4 月份明细数	5 月份明细数	6 月份明细数			

滚动预算与定期预算相比,其优越之处主要表现在:(1)滚动预算不断地对预算进行调整,避免了由于预算期过长而导致的预算脱离实际,使预算贴近实际;(2)预算期逐期滚动,便于对预算资料进行经常性分析,根据差异分析及时修订预算;(3)预算期始终固定在一定的期限,使管理人员始终保持整体观念,确立长远打算,有助于生产经营活动稳定、持续发展。

四、概率预算

上述各种预算编制方法都是在未来预算期内影响预算内容的各种因素已确定全面预算或基本确定的假设下编制的,测出的预算值均以定数反映,都属于定值预算。但是,预算期内许多因素都是难以确定的变量,充满了不确定性,对这些变量可借助于概率论的知识来进行预算的编制。所谓概率预算,就是将预算期内各项预算内容中的各种数值出现的可能性进行概率估计,估计它们可能变动的范围及发生的概率,计算期望值并编制预算。其操作步骤如下:首先,预测各种预算内容可能出现的具体数值;其次,测算每一具体数值出现的概率;第三,计算联合概率,确定相应的预算值。

任务6-4

某企业 2015 年预计可能实现的销售数量为 800 件、900 件和 1 000 件,这三种情况下的概率分别为 0.3、0.4 和 0.3;各种销售量情况下的销售单价及相应概率分别为:在 800 件情况下,100 元的概率为 0.3,110 元的概率为 0.5,120 元的概率为 0.2;在 900 件情况下,100 元的概率为 0.4,110 元的概率为 0.4,120 元的概率为 0.2;在 1 000 件情况下,100 元的概率为 0.5,110 元的概率为 0.4,120 元的概率为 0.1。据此编制 2015 年度的销售预算,如表 6-6 所示。

表 6-6　　　　　　　　　　　　　　　　　　2015 年度销售预算

销售量	概　率	销售单价	概　率	联合概率	预算值
(1)	(2)	(3)	(4)	(5)=(2)×(4)	(6)=(1)×(3)×(5)
800 件	0.3	100 元	0.3	0.09	7 200 元
		110 元	0.5	0.15	13 200 元
		120 元	0.2	0.06	5 760 元
900 件	0.4	100 元	0.4	0.16	14 400 元
		110 元	0.4	0.16	15 840 元
		120 元	0.2	0.08	8 640 元
1 000 件	0.3	100 元	0.5	0.15	15 000 元
		110 元	0.4	0.12	13 200 元
		120 元	0.1	0.03	3 600 元
销售预算总值					96 840 元

概率预算的可取之处在于:可预计各种预算值出现的可能性,使预算更接近实际情况,有助于企业管理当局对未来各种经营情况及其结果出现的可能性做到心中有数,是一种科学的预算编制方法。但这种方法对预算编制人员的数学水平要求较高,编制工作量大,在电算化未普及的情况下全面应用还存在一定的困难。

 帮你学

1. 固定预算适用于非营利组织和业务水平较为稳定的企业。
2. 零基预算适用于产出较难辨认的服务性部门费用预算的编制。
3. 滚动预算贴近实际。
4. 概率预算有助于企业管理当局对未来各种经营情况及其结果出现的可能性做到心中有数,是一种科学的预算编制方法。

情境三 全面预算的编制实例

固定预算蕴涵了预算编制的基本原理,是其他编制方法的基础。下面以固定预算为例,详细介绍全面预算的具体编制。

一、销售预算的编制

销售预算是指在销售预测的基础上,根据计划期目标利润的要求,对预算期内各种产品的销售数量、单价和销售收入进行规划和测算而编制的预算。销售预算是编制全面预算的起点,也是编制其他各种预算的基础,销售预算的准确程度直接影响到其他预算的科学合理性,所以,销售预算是全面预算的关键。在实际工作中,为便于现金预算的编制,往往还包括对销售收入回收情况的预测。

销售预算通常根据计划期的销售预测、各种产品的预计销售单价和产品销售的收款条件,分别按产品的类别(或品种)、数量、单价、金额等项目来编制。一般包括正表和附表两个部分,附表在正表下方,包括前期应收销货款的收回数额和本期销货款的收回数额,称为预计现金收入计算表,也可单独编制成应收账款预算。

销售预算主要由销售部门负责编制,通常按年分季或分月编制。

☞ 任务 6-5

强利公司基年末的应收账款余额为 121 000 元,计划年度产销甲、乙两种产品,预计销售情况如表 6-7 所示。

表 6-7   强利公司预计销售情况

项 目	甲产成品(件)	乙产成品(件)
预计一季度销售量	1 500	800
预计二季度销售量	1 200	1 000
预计三季度销售量	1 000	1 200
预计四季度销售量	1 300	1 000

甲产品每件预计售价 230 元,乙产品每件预计售价 260 元,每季的商品销售在当季度收到货款的占 60%,其余部分在下季度收讫。强利公司计划年度销售预算如表 6-8 所示。

表 6-8   强利公司计划年度销售预算   单位:元

摘 要	第一季度		第二季度		第三季度		第四季度		合 计	
	甲	乙	甲	乙	甲	乙	甲	乙	甲	乙
预计销售(件)	1 500	800	1 200	1 000	1 000	1 200	1 300	1 000	5 000	4 000
销售单价	230	260	230	260	230	260	230	260	230	260
预计销售金额	345 000	208 000	276 000	260 000	230 000	312 000	299 000	260 000	1 150 000	1 040 000

摘要		第一季度 甲	乙	第二季度 甲	乙	第三季度 甲	乙	第四季度 甲	乙	合计 甲	乙
预计现金收入计算表	期初应收账款余额	121 000								121 000	
	一季度销售收入	331 800		221 200						553 000	
	二季度销售收入			321 600		214 400				536 000	
	三季度销售收入					325 200		216 00		542 000	
	四季度销售收入							335 400		335 400	
	合计	452 800		542 800		539 600		552 200		2 087 400	
	期初应收账款余额	223 600									

二、生产预算的编制

生产预算以销售预算为基础，是对企业预算期内各种产品的生产数量进行规划与测算而编制的预算。其编制的主要依据是销售预算中每季或每月的预计销售量，以及每季或每月的期初、期末存货量。编制办法一般先按产品类别分别计算每季或每月的预计生产量，然后填入生产预算表内。

预计生产量＝预计销售量＋计划期末预计存货量－计划期初存货量

生产预算主要由生产部门负责编制。与销售预算相对应，生产预算的编制期间一般也是一年，年内按产品类别(或品种)进行分季或分月安排。

☞ 任务 6—6

承任务6—5，根据存货管理要求，强利公司计划年度甲、乙两种产品的库存情况如表6—9所示。

表6—9　　　　　　　　强利公司计划年度甲、乙两种产品的库存情况　　　　　　　单位：件

项 目	甲产品	乙产品
计划期初存量	180	100
预计一季度销售量	800	180
预计二季度销售量	1 000	200
预计三季度销售量	1 000	150
预计四季度销售量	1 000	100

强利公司的生产预算如表6—10和表6—11所示。

表6—10　　　　　　　　　　　　强利公司计划年度甲产品生产预算　　　　　　　　　　　　单位:件

项　目	一季度	二季度	三季度	四季度	小　计
预计销售量	1 500	1 200	1 000	1 300	5 000
加:期末存货	800	1 000	1 000	1 100	1 100
合　计	2 300	2 200	2 000	2 400	6 100
减:期初存货	180	800	1 000	1 000	180
预计生产量	2 120	1 400	1 000	1 400	5 920

表6—11　　　　　　　　　　　　强利公司计划年度乙产品生产预算　　　　　　　　　　　　单位:件

项　目	一季度	二季度	三季度	四季度	小　计
预计销售量	800	1 000	1 200	1 000	4 000
加:期末存货	180	200	150	100	100
合　计	980	1 200	1 350	1 100	4 100
减:期初存货	100	180	200	150	100
预计生产量	880	1 020	1 150	950	4 000

三、直接材料预算的编制

直接材料预算是在生产预算的基础上,对预算期内的材料耗用量以及所需的材料采购量和采购成本进行规划与测算而编制的预算。在实际工作中,为便于现金预算的编制,往往还包括对前期应付购料款和本期购料款支付情况的测算,作为直接材料预算的附表。编制直接材料预算的主要依据有:生产预算中各期的预计生产量,单位产品的材料消耗定额,预算期内各期的期初、期末存料量,材料的计划采购单价,采购材料的付款条件等。直接材料预算主要由物资供应部门负责,编制时一般先按材料品种或类别分别计算预计购料量,再乘以计划采购单价,确定预计购料金额。

　　　　　　预计生产需用量=预计生产量×单位产品的材料消耗定额
　　　　　　预计购料量=预计生产需用量+计划期末预计存料量-计划期初预计存料量
　　　　　　预计购料金额=预计购料量×计划采购单价

此外,反映预算期内采购款项支付情况的附表,称为预计现金支出计算表,其主要包括前期应付购料款的偿还和本期购料款的支付等内容,附表也可单独编制成应付账款预算。

☞ 任务6—7

承任务6—6,强利公司计划年度甲、乙产品的材料消耗定额如表6—12所示。

表6—12　　　　　　　　　　　　　　　　材料消耗定额　　　　　　　　　　　　　　　　单位:千克

项　目	甲产品单耗	乙产品单耗
甲材料	20	18
乙材料	12	10

根据存货管理要求,计划年度各种材料的结余情况预计如表6—13所示。

表 6－13   单位：千克

项　目	甲材料	乙材料
计划期初存量	1 200	8 000
一季度末存量	11 000	1 500
二季度末存量	9 000	2 500
三季度末存量	8 000	2 200
四季度末存量	10 000	2 000

甲材料每千克采购价 2.5 元，乙材料每千克采购价 5.2 元，每季的购料款当季度支付 50%，其余在下季度支付。

根据上述资料，编制强利公司计划年度的直接材料预算，如表 6－14、表 6－15 和表 6－16 所示。

表 6－14   强利公司计划年度甲材料采购预算

项　目	一季度	二季度	三季度	四季度	小　计
甲产品生产量（件）	2 120	1 400	1 000	1 400	5 920
甲产品单耗（千克/件）	20	20	20	20	20
甲产品材料耗用量（千克）	42 400	28 000	20 000	28 000	118 400
乙产品生产量（件）	880	1 020	1 150	950	4 000
乙产品单耗（千克/件）	18	18	18	18	18
乙产品材料耗用量（千克）	15 840	18 360	20 700	17 100	72 000
预计生产需要量（千克）	58 240	46 360	40 700	45 100	190 400
加：期末存量（千克）	11 000	9 000	8 000	10 000	10 000
减：期初存量（千克）	12 000	11 000	9 000	8 000	12 000
预计购料量（千克）	57 240	44 360	39 700	47 100	188 400
计划单价（元/千克）	2.5	2.5	2.5	2.5	2.5
预计采购金额（元）	143 100	110 900	99 250	117 750	471 000

表 6－15   强利公司计划年度乙材料采购预算

项　目	一季度	二季度	三季度	四季度	小　计
甲产品生产量（件）	2 120	1 400	1 000	1 400	5 920
甲产品单耗（千克/件）	12	12	12	12	12
甲产品材料耗用量（千克）	25 440	16 800	12 000	16 800	71 040
乙产品生产量（件）	880	1 020	1 150	950	4 000
乙产品单耗（千克/件）	10	10	10	10	10
乙产品材料耗用量（千克）	8 800	10 200	11 500	9 500	40 000
预计生产需要量（千克）	34 240	27 000	23 500	26 300	111 040
加：期末存量（千克）	1 500	2 500	2 200	2 000	2 000
减：期初存量（千克）	8 000	1 500	2 500	2 200	8 000
预计购料量（千克）	27 740	28 000	23 200	26 100	105 040
计划单价（元/千克）	5.2	5.2	5.2	5.2	5.2
预计采购金额（元）	144 248	145 600	120 640	135 720	546 208

表 6-16　　　　　　　　　　**强利公司计划年度应付账款预算**

（预计现金支出计算表）　　　　　　　　　　　　　　　　单位:元

项 目	金额及发生额	每季度实付数			
		一	二	三	四
应付账款期初余额	98 000	98 000			
第一季度采购额	287 348	143 674	143 674		
第二季度采购额	256 500		128 250	128 250	
第三季度采购额	219 890			109 945	109 945
第四季度采购额	253 470				126 735
应付账款期末余额	126 735	241 674	271 924	238 195	236 680

四、直接人工预算的编制

直接人工预算是在生产预算的基础上,对预算期内完成预计生产任务所需的直接人工工时、单位工时工资率及直接人工成本进行规划和测算而编制的预算。

编制直接人工预算的主要依据是:生产预算中各期的预计生产量,单位产品的工时定额,单位工时的工资率等。

直接人工预算主要由生产部门或劳动人事部门负责,编制时,可按不同工种分别计算直接人工成本,然后予以汇总。

对于单一工种的产品:

预计直接人工成本总额＝预计生产量×单位产品工时定额×单位工时工资率

对于混合工种的产品:

预计直接人工成本总额＝预计生产量×∑(单位工时工资率×单位产品工时定额)

☞ **任务 6-8**

承任务 6-7,强利公司生产的甲、乙产品计划期内所需直接人工都只有一个工种,预计单位工时定额分别为 10 小时/件和 15 小时/件,每小时工资率为 5 元。强利公司计划年度直接人工预算如表 6-17、表 6-18 和表 6-19 所示。

表 6-17　　　　　　　　　　**强利公司计划年度甲产品直接人工预算**

摘 要	一季度	二季度	三季度	四季度	全 年
预计生产量(件)	2 120	1 400	1 000	1 400	5 920
标准工时(小时/件)	10	10	10	10	10
预计工时(小时)	21 200	14 000	10 000	14 000	59 200
标准工资率(元/小时)	5	5	5	5	5
直接人工成本总额(元)	106 000	70 000	50 000	70 000	296 000

表6—18 　　　　　　　　　　强利公司计划年度乙产品直接人工预算

摘　要	一季度	二季度	三季度	四季度	全　年
预计生产量(件) 标准工时(小时/件)	880 15	1 020 15	1 150 15	950 15	4 000 15
预计工时(小时) 标准工资率(元/小时)	13 200 5	15 300 5	17 250 5	14 250 5	60 000 5
直接人工成本总额(元)	66 000	76 500	86 250	71 250	300 000

表6—19 　　　　　　　　　　强利公司计划年度直接人工总预算

摘　要	甲产品	乙产品	合　计
预计生产量(件)	5 920	4 000	
标准工时(小时/件)	10	15	
预计工时(小时) 标准工资率(元/小时)	59 200 5	60 000 5	119 200 5
直接人工成本总额(元)	296 000	300 000	596 000

五、制造费用预算的编制

制造费用预算是在生产预算或直接人工预算的基础上,对预算期内完成预计生产任务发生的除直接材料和直接人工以外的其他一切生产费用(即制造费用)进行规划和测算而编制的预算。

制造费用是企业产品制造过程中发生的各项间接费用,内容较为复杂。为了配合成本计算和控制,在编制制造费用预算时,通常按成本习性将制造费用分为变动费用和固定费用两大类,并分别列示。各项变动制造费用预算额为预计业务量与变动费用分配率的乘积;固定费用预算则按基期资料,结合预算期的变化情况做适当调整后确定,或根据零基预算确定。

编制制造费用预算的主要依据是:计划期的一定业务量(如直接人工小时总数等),计划期成本费用降低率指标,计划期各项费用明细项目的具体构成,等等。

制造费用预算的编制主要由生产部门负责。同时,固定资产折旧作为一项固定制造费用,不涉及现金的支出。为便于现金预算的编制,往往需要在制造费用预算下方设置附表——预计现金支出计算表,编制附表时将折旧予以扣除。

☞ 任务6—9

承任务6—8,强利公司计划年度预计制造费用总额160 000元,具体构成如下:甲、乙产品分别承担折旧费15 000元和10 000元,管理、保险、维护等其他固定制造费用分别为甲产品14 200元、乙产品16 560元,变动制造费用分配率分别为甲产品0.95元/小时、乙产品0.8元/小时。强利公司计划年度制造费用预算如表6—20所示。

表6－20　　　　　　　　　**强利公司计划年度制造费用预算**　　　　　　　　单位:元

	项　目	甲产品	乙产品	合　计
变动费用	预计工时(小时)	59 200	60 000	合　计
	标准分配率(元/小时)	0.95	0.8	
	小　计	56 240	48 000	104 240
	固定费用	29 200	26 560	557 600
	合计	85 440	74 560	160 000
	减:非付现成本(折旧)	15 000	10 000	25 000
	付现费用	70 440	64 560	135 000

制造费用预计每季度现金支出总额＝135 000÷4＝33 750

六、产品成本预算的编制

产品成本预算是在生产预算、直接材料预算、直接人工预算和制造费用预算的基础上,对预算期内的单位产品成本和生产总成本进行规划与测算而编制的预算。在实际工作中,为便于编制预计利润表和预计资产负债表,在正表下面附有期末存货预算,以反映期末存货数量和存货金额。

编制产品成本预算的主要依据是:直接材料的价格标准与用量标准,直接人工的价格标准与用量标准,制造费用的价格标准与用量标准,计划期的期末存货量,等等。产品成本预算一般由生产部门负责,也可汇总到财会部门编制。编制时,将料、工、费三大项目的价格标准与用量标准分别相乘,然后加以汇总即可。

任务6－10

承任务6－9,若强利公司采用变动成本计算法,即单位产品成本只包括直接材料、直接人工和变动制造费用,固定制造费用则全部直接列入利润表内,作为贡献边际总额的减项。根据上述有关预算资料编制的产品成本预算如表6－21所示。

表6－21　　　　　　　**强利公司计划年度产品成本及期末存货预算**

成本项目		甲产品				乙产品			
		单耗	单价(元)	单位成本(元)	生产成本(5 920件)	单耗	单价(元)	单位成本(元)	生产成本(4 000件)
直接材料	甲材料	20千克	2.5	50	296 000	18千克	2.5	45	180 000
	乙材料	12千克	5.2	62.4	369 408	10千克	5.2	52	208 000
直接人工		10小时	5	50	296 000	15小时	5	75	300 000
变动制造费用		10小时	0.95	9.5	56 240	15小时	0.8	12	48 000
合　计		—	—	171.9	1 017 648	—	—	184	736 000
期末存货预算		摘　要		甲产品		乙产品		合　计	
		期末存货数量(件)		1 100		100		—	
		标准成本(元/件)		171.9		184		—	
		期末存货金额(元)		189 090		18 00		207 490	

七、销售及管理费用预算的编制

销售及管理费用预算是对预算期内企业在产品销售过程中发生的各种费用,以及为组织和管理整个企业的生产经营活动而发生的管理费用进行规划与测算而编制的预算。销售及管理费用预算一般由企业行政管理部门和销售部门负责编制,其编制依据和编制方法与制造费用预算相似。同时,为便于编制现金预算,正表下面附设预计现金支出计算表。

☞ 任务 6-11

承任务 6-10,强利公司计划年度的销售及管理费用总额预计为 120 000 元,具体构成为:甲、乙产品的固定费用分别为 10 000 元和 80 000 元,单位变动费用分别为 1 元和 6.25 元。强利公司计划年度销售及管理费用预算如表 6-22 所示。

表 6-22 　　　　　　　　　　　 强利公司计划年度销售及管理费用预算

摘　要	甲产品	乙产品	合　计
预计销售量(件)	5 000	4 000	合　计
单位变动费用(元)	1	6.25	
预计变动费用(元)	5 000	25 000	30 000
预计固定费用(元)	10 000	80 000	90 000
合计(元)	15 000	105 000	120 000

预计每季度现金支出总额＝120 000÷4＝30 000(元)

八、专门决策预算的编制

专门决策预算以企业计划期间不经常发生的长期投资决策项目或一次性专门业务活动作为预算编制对象,通常包括资本支出预算和一次性专门业务预算,企业可根据实际情况和管理需要自行设计表式进行编制。编制依据主要有已经过审批的各个长期投资决策项目、资金的筹措和投放、股利的发放以及税费的缴纳情况等。

专门决策预算一般由财会部门会同生产技术部门、企业决策部门共同协商编制。

☞ 任务 6-12

承任务 6-11,强利公司的其他现金收支情况如下:

(1)一季度末支付上年度应付所得税 51 942 元,计划年度各季度末均预付当季所得税20 000 元。

(2)第三季度购置固定设备一台,价值 50 000 元,预计可使用 5 年。

(3)基年末资产负债表中的银行借款 20 000 元,期限为 6 个月,于计划年度的第一季度末到期,利率 5 %,本息一次性偿付。

(4)强利公司要求的现金最低存量为 20 000 元,不足可向银行借款,借款利率按 5 %计算,在还款时付息(假定所有借款都发生在每季初,而所有还款均发生在每季末)。

(5)根据计划期间的现金收支情况(参见表 6-24),预计一季度需向银行借款 110 000 元,二、三、四季度分别可归还借款 40 000 元、30 000 元和 40 000 元,四季度尚有剩余资金 50 000元用于对外进行短期投放。

根据上述资料,编制强利公司计划年度专门决策预算,如表 6-23 所示。

表 6－23		强利公司计划年度专门决策预算			单位:元	
项　目	一季度	二季度	三季度	四季度	合　计	
购入固定资产	－	－	50 000	－	50 000	
偿还借款	20 000	40 000	30 000	40 000	130 000	
支付利息	500	1 000	1 125	2 000	4 625	
短期投放	－			50 000	50 000	
支付所得税	71 942	20 000	20 000	20 000	131 942	
银行借款	110 000	－	－	－	110 000	

九、现金预算的编制

现金预算是在经营预算和专门决策预算的基础上,对企业预算期内的现金收支、余绌及资金融通等情况进行规划与测算而编制的预算。现金预算通常包括现金收入、现金支出、现金余绌和资金融通等内容。

现金预算一般由财会部门负责编制,编制的主要依据是:经营预算中的销售预算、直接材料预算、直接人工预算、制造费用预算、销售及管理费用预算和专门决策预算中的资本支出预算与一次性专门业务预算所涉及的现金收支情况、最低库存现金余额、筹资方式等。

现金预算通常按年分季或按季分月进行编制,编制过程中涉及资金借入的时间通常算作季初或月初,归还借款本息的时间算作季末或月末。此外,为了满足企业生产经营活动对资金的临时性需要,企业往往还需要保持一定数量的库存现金余额。

☞ 任务6－13

承任务6－12,根据前述资料,强利公司按年分季编制的现金预算如表6－24所示。

表 6－24		强利公司计划年度现金预算			单位:元	
项　目	一季度	二季度	三季度	四季度	全　年	
期初现金余额	30 000	22 934	22 560	22 840	30 000	
加:现金收入						
应收账款收回及销货收入	452 800	542 800	539 600	552 200	2 087 400	
可动用现金合计	482 800	565 734	562 160	575 040	2 117 400	
减:现金支出						
采购材料	241 674	271 924	238 195	236 680	988 473	
支付工资	172 000	146 500	136 250	141 250	596 000	
制造费用	33 750	33 750	33 750	33 750	135 000	
销售及管理费用	30 000	30 000	30 000	30 000	120 000	
购置固定设备	－	－	50 000	－	50 000	
支付所得税	71 942	20 000	20 000	20 000	131 942	
现金支出合计	549 366	502 174	508 195	461 680	2 021 415	
收支轧抵后现金余额	(66 566)	63 560	53 965	113 360	95 985	
融通资金:						
向银行借款(期初)	110 000	－	－	－	110 000	
归还借款(期末)	(20 000)	(40 000)	(30 000)	(40 000)	(130 000)	
支付利息	(500)	(1 000)	(1 125)	(2 000)	(4 625)	
短期投放				(50 000)	(50 000)	
融通资金合计	89 500	(41 000)	(31 125)	(92 000)	(74 625)	
期末现金余额	22 934	22 560	22 840	21 360	21 360	

上述现金预算表中各项目数字来源说明:

1. 应收账款收回及销货收入,见表 6—8;

2. 采购材料,表 6—14、表 6—15 和表 6—16;

3. 支付工资,表 6—17、表 6—18 和表 6—19;

4. 制造费用,见表 6—20;

5. 销售及管理费用,见表 6—22;

6. 购置固定设备,见表 6—23;

7. 支付所得税,见表 6—23;

8. 融通资金,见表 6—23。

十、预计利润表的编制

预计利润表是在经营预算、专门决策预算和现金预算的基础上,对企业预算期内的生产经营活动及其成果按照贡献式利润表的格式和计算方法进行汇总测算而编制的预算。其编制依据主要是业务预算中的销售预算、制造费用预算、产品成本预算、销售及管理费用预算和专门决策预算中的一次性专门业务预算,以及现金预算所涉及的企业生产经营活动及其成果的资料。

预计利润表一般由财会部门负责编制,除企业管理需要外,通常按年不分季度编制。

☞ 任务 6—14

承任务 6—13,根据强利公司的上述资料编制预计利润表,如表 6—25 所示。

表 6—25   强利公司计划年度预计利润表   单位:元

项　目	金　额
销售收入	2 190 000
减:变动成本	
变动生产成本	1 595 500
变动销售及管理成本	30 000
贡献边际总额	564 500
减:固定成本	
固定制造费用	55 760
固定销售及管理费用	90 000
息税前利润	418 740
减:利息费用	4 625
税前利润	414 115
减:所得税	131 942
税后净利	282 173

上述预计利润表中各项目数字来源说明:

1. 销售收入,表 6—8;

2. 变动生产成本,见表 6—22 和表 6—8;

3. 变动销售及管理成本,见表 6—22;

4. 固定制造费用,见表 6—20;

5. 固定销售及管理费用,见表 6—22;

6. 利息费用,见表 6—23 和表 6—24;

7. 所得税,见表 6—23 和表 6—24。

十一、预计资产负债表的编制

预计资产负债表是在基期末资产负债表的基础上,根据预算期内其他各项预算资料,对预算期末的财务状况进行规划和测算而编制的预算。其编制依据主要是:基期末的资产负债表,经营预算中的销售预算、直接材料预算、制造费用预算和产品成本预算,专门决策预算中的资本支出预算和一次性专门业务预算,财务预算中的现金预算和预计利润表。

预计资产负债表一般由财会部门负责编制,通常按照正常资产负债表的格式和各项内容的填列方法按年编制。

任务 6-15

承任务 6-14,强利公司本年末的简明资产负债表如表 6-26 所示。

表 6-26   **强利公司本年末的简明资产负债表**   单位:元

项　目	金　额	项　目	金　额
库存现金	30 000	短期借款	20 000
应收账款	121 000	应付账款	98 000
原材料	71 600	应交税费	51 942
产成品	49 342	实收资本	370 000
固定资产	509 000	未分配利润	66 000
累计折旧	(175 000)		
资产合计	605 942	权益合计	605 942

根据本年末的资产负债表和预算期各项预算的有关资料,编制强利公司计划期末的预计资产负债表,如表 6-27 所示。

表 6-27   **强利公司计划期末预计资产负债表**   单位:元

资　产		权　益	
项　目	金　额	项　目	金　额
1. 库存现金	21 360	8. 短期借款	0
2. 应收账款	223 600	9. 应付账款	126 735
3. 原材料	35 400	10. 应交税费	0
4. 产成品	207 490	11. 实收资本	370 000
5. 短期投资	50 000	12. 未分配利润	400 115
6. 固定资产	559 000		
7. 累计折旧	(200 000)		
合　计	896 850	合　计	896 850

上述预计资产负债表中各项目数字来源说明:

1. 见表 6-24;
2. 见表 6-8;
3. 见表 6-14、表 6-15;
4. 见表 6-21;
5. 见表 6-23;
6. 见表 6-23,结合本年末的简明资产负债表;

7. 见表 6-20,结合本年末的简明资产负债表;
8. 见表 6-23 和表 6-24,结合本年末的简明资产负债表;
9. 见表 6-16;
10. 见表 6-23 和表 6-24;
11. 见本年末的简明资产负债表;
12. 见表 6-25,结合本年末的简明资产负债表。

十二、财务预算的执行

在制定预算后,接下来就是按照预算来开展经济活动,这就是预算的执行过程。再好的预算,如果没有得到很好的执行,也起不到应有的效果。为了保证制定的预算在实际工作中能得到很好的执行,应该在执行过程中做好日常监控和调整。

(一)日常监控

预算过程监控是指在预算执行中对预算执行情况进行日常监督和控制。

企业编制预算的目的在于有序、有计划地实现企业的未来目标。预算会涉及企业的各个细节,所以要从多角度进行监控,即控制必须渗透到企业的各个业务过程、各个经营环节,覆盖企业所有的部门和岗位,实现事前、事中和事后全方位的监控。为了加强财务预算的日常监控,一般要做好以下工作:

1. 合理分解各项预算指标

通过预算指标的分解,全面落实到各责任中心,落实到岗位、个人。设立内部仲裁组织,通过仲裁组织对各责任中心、各岗、各人之间发生的责、权、利纠纷进行裁决。

2. 建立信息反馈制度

在各责任中心、各岗和各人出现与预算不一致的情况下,应及时通知并帮助预算执行者进行改正。

3. 建立预算考评体系

预算考评体系按分级考评的原则建立;要求预算考评与预算目标的确立及其分解相适应,针对每一层次的责任主体所拥有的权力和承担的责任进行业绩考核评价;建立科学的奖惩制度。

(二)预算的调整

1. 预算调整的情形

预算是一种事先的规划,是建立在对未来各种内外环境的预期基础上的。然而实际上,由于企业内外经济环境的易变性,当环境发生较大变化时,预算就失去了原有的基础。在该种情况下,如果仍按照原有的预算进行经济活动,那么很可能给企业带来负面影响,使预算失去原有意义。所以为了发挥预算的积极作用,应根据环境变化适时调整预算。

预算的调整不是任意随时的,只有当外部环境发生重大变化,或公司战略决策发生重大调整时,才能调整。

(1)市场需求发生重大变化。以"以销定产"为指导,销售预算是财务预算的起点,是其他预算编制的基础。当市场需求发生重大变化时,应及时根据市场需求的变化调整预算。

(2)企业内部资源发生变化。企业内部资源状况也是影响预算的一个重要因素,若企业内部资源、生产经营条件发生较大变化,如设备出现意外故障、原料或燃料供应困难,就势必会影响原来的预算,要进行调整。

(3)增补临时预算。当事先计划不周全或发生临时变化时,常会增补临时预算。

在确定以上变化重大与否时,要结合企业自身的性质和规模来确定。

2. 预算调整的程序

对预算的调整,一般情况下,要经过申请、审议、批准三个主要程序。

(1)预算调整的申请。要调整预算,首先应由预算执行人或编制人提出申请。调整申请应说明调整的理由、调整的初步方案、调整前后的预算指标对比以及调整后预算的负责人、执行人等情况。

（2）预算调整的审议。提出调整申请后,还必须通过一定的审议。审议一般由预算工作小组完成。预算工作小组应提出调整预算的意见,并说明理由。

（3）预算调整的批准。经审议后可以拟订增减预算的预算调整申请报告,再报送给预算委员会,经预算委员会批准后,然后下发给申请人遵照执行。

 帮你学

1. 固定预算是基础,省时、省力。
2. 弹性预算就是要编制多套预算方案。
3. 零基预算是对公司的流程再造过程。
4. 滚动预算一般每个季度滚动一次。
5. 销售预算是编制全面预算的起点,也是编制其他各种预算的基础。
6. 成立仲裁机构是预算执行的保证。
7. 预算调整是保证预算科学性的重要手段,但不能随意调整。
8. 在预算执行过程中,财务管理人员主要是进行实际与预算的差异分析,找出有利差异和不利差异。

基本达标

一、单项选择题

1. 在预算编制方法中,与固定预算相对应的编制方法是（　　）。
A. 弹性预算　　　　B. 增量预算　　　　C. 滚动预算　　　　D. 概率预算

2. 编制全面预算的起点是（　　）。
A. 生产预算　　　　B. 销售预算　　　　C. 财务预算　　　　D. 资本支出预算

3. 滚动预算的特点是预算期连续不断,始终都是（　　）。
A.1个月　　　　B. 一个季度　　　　C.6个月　　　　D.12个月

4. 制造费用预算的编制主要由（　　）负责。
A. 销售部门　　　　B. 生产部门　　　　C. 人事部门　　　　D. 财务部门

5. 概率预算就是将预算期内各项预算内容中的各种数值出现的可能性进行概率估计,估计它们可能变动的范围及发生的概率,计算（　　）并编制预算。
A. 联合概率　　　　B. 固定成本　　　　C. 期望值　　　　D. 变动成本

二、多项选择题

1. 编制直接人工预算的主要依据有（　　）。
A. 单位工时定额　　B.预计生产量　　　C.标准工资率　　　D.材料消耗定额

2. 在全面预算中,各类预算的编制期可以是（　　）。
A.短期　　　　　　　　　　B.长期
C.根据管理需要随时调整　　D.必须固定

3. 编制生产预算的主要依据是（　　）。

A.预计生产量　　　　B.预计销售量　　　　C.期初存货量　　　　D.期末存货量

三、判断题

1. 全面预算反映企业的总体规划主要通过货币量度的形式。（　　）

2. 尽管预算有不同种类，但无论哪一类预算，它们的编制期都是一样的。（　　）

3. 弹性预算的最大特点是预先估计到计划期业务量可能发生的变动范围，具有一定的伸缩性。（　　）

4. 零基预算的特点是在充分考虑以往年度所发生各项指标的实际数的基础上，结合计划年度的有关影响因素来确定计划期的各种预算数。（　　）

5. 全面预算包括经营预算、专门决策预算和财务预算，其中，财务预算的综合性最强，又称之为总预算。（　　）

6. 直接材料预算与计划期的生产量和单位产品的材料消耗定额紧密相关，但与材料的库存量无关。（　　）

7. 经营预算、专门决策预算和财务预算一般都是由企业的财会部门负责编制的。（　　）

8. 在编制业务预算时，常常附有预计现金收入（或支出）计算表，目的是为方便现金预算而编制的。（　　）

能力提升

1. 某公司计划年度产销 B 产品，其变动成本率为 60%。根据历史资料，销售额基本上维持在 80 000～100 000 元之间，此时固定成本总额为 20 000 元。

[要求]
按销售额间隔为 5 000 元为该公司编制弹性利润预算。

2. 某公司计划年度采用零基预算法编制销售及管理费用预算，公司销售及管理部门根据计划年度的目标利润及本部门的具体工作任务，经职工充分讨论，认为将发生各项费用合计 119 000元。具体分布如下：

(1) 保险费 10 000 元；

(2) 房屋租金 60 000 元；

(3) 办公费 5 000 元；

(4) 差旅费 2 000 元；

(5) 广告费 30 000 元；

(6) 职工培训费 12 000 元。

此外，该公司计划年度可用于销售及管理费用的资金预计 90 000 元。

根据分析，上述(1)、(2)、(3)、(4)项费用是下年度必不可少的开支，广告费和职工培训费可以根据计划年度的企业资金供应情况酌情增减，预计广告费和职工培训费的成本收益率分别为 20% 和 30%。

[要求]
为该公司编制计划年度销售及管理费用的零基预算。

3.某企业计划年度甲产品预计可能实现的销售数量为8 000件和9 000件,这两种情况下的概率分别为0.4和0.6。各种销售量情况下的销售单价及相应概率分别为:在8 000件情况下,90元的概率为0.4,100元的概率为0.5,110元的概率为0.1;在9 000件情况下,90元的概率为0.5,100元的概率为0.4,110元的概率为0.1。各种销售量情况下的单位变动成本为55元的概率是0.2,单位变动成本为58元的概率是0.5,单位变动成本为60元的概率是0.3。

[要求]

根据上述资料,编制甲产品的贡献边际预算。

 创新应用

某公司计划年度产销A产品,有关材料如下:

(1)本年末的简明资产负债表如表6—28所示。

表6—28　　　　　　　　　　　　某公司简明资产负债表　　　　　　　　　　　单位:元

资　产	金　额	权　益	金　额
库存现金	10 274	短期借款	50 000
应收账款	150 000	应付账款	80 000
原材料	95 600	应交税费	26 900
产成品	82 026	实收资本	528 000
固定资产	639 000	未分配利润	67 000
累计折旧	(225 000)		
资产合计	751 900	权益合计	751 900

(2)计划年度销售及存货结余情况如表6—29所示。

表6—29　　　　　　　　　　　　计划年度销售及存货结余情况

项　目	甲产成品(件)	甲材料(千克)	乙材料(千克)
计划期初存量	930	9 000	4 520
预计一季度销售量	3 000	—	—
预计二季度销售量	3 500	—	—
预计三季度销售量	3 600	—	—
预计四季度销售量	3 200	—	—
预计一季度末存量	950	9 800	4 000
预计二季度末存量	960	10 000	4 500
预计三季度末存量	1 000	9 000	4 200
预计四季度末存量	900	8 500	3 800

甲产品每件售价130元,每季度商品销售在当季收到货款的占70%,其余部分在下季度收讫;甲材料每千克采购价5.6元,乙材料每千克采购价10元,每季度的购料款当季度支付60%,其余在下季度支付。

(3)费用情况如表6—30所示。

表6—30   **费用情况**

项 目	甲产品单耗
甲材料	6千克
乙材料	4.2千克
人工小时	2小时

另外：①直接人工每小时工资率5元；②全年预计折旧费120 000元，管理、保险、维护等其他固定制造费用11 670元，变动制造费用分配率为1.3元/小时；③全年预计发生固定期间费用84 700元，单位变动期间费用为1元/件。

（4）公司其他现金收支情况如下：

①一季度末支付上年度应付所得税26 900元，计划年度各季度末均预付当季所得税25 000元；

②年末资产负债表中的银行借款50 000元，期限为6个月，于计划年度的第一季度末到期，利率5%，本息一次性偿付。

（5）公司要求的现金最低存量为10 000元，不足可向银行借款，借款利率按5%计算，在还款时付息（假定所有借款都发生在每季初，而所有还款均发生在每季末）。

［要求］

根据上述资料，编制该公司计划年度的全面预算：

（1）编制销售预算；

（2）编制生产预算；

（3）编制直接材料预算；

（4）编制直接人工预算；

（5）编制制造费用预算；

（6）编制产品成本预算；

（7）编制销售及管理费用预算；

（8）编制专门决策预算；

（9）按季编制现金预算；

（10）按年编制预计利润表；

（11）按年编制预计资产负债表。

 信息搜索

1.全面预算的作用有哪些？

2.什么是全面预算？其体系包括哪些内容？

3.在全面预算体系中，为什么要首先编制销售预算？生产预算与销售预算之间的关系怎样？

4.什么是弹性预算？为什么要编制弹性预算？

5.什么是滚动预算？编制滚动预算有什么好处？

6.选择一家有代表性的企业进行实地调查，根据其实际经营活动开展情况和预算控制情况，谈谈如何选择合理而科学的预算编制方法以发挥预算的作用，进一步改善企业经营管理、提高经济效益。

模块七

利润分配管理

学习目标

◎ 了解影响利润分配的原则和影响利润分配政策的因素。

◎ 了解股利理论的类型以及股票股利、股票分割和股票回购的内容。

◎ 理解不同的利润分配政策的特点。

◎ 掌握我国股份公司利润分配的一般顺序和股利支付过程。

案例引导

九州公司 2015 年度提取公积金后的净利润为 800 万元,2016 年度投资计划所需资金为 700 万元,公司的目标资金结构为自有资金占 60%、借入资金占 40%。九州公司采取何种分配政策好呢?

通过本章的学习,按照目标资金结构的要求,回答下列问题:

(1)公司若实行剩余股利政策,2015 年度可向投资者发放多少股利?

(2)若公司实行固定股利政策,2014 年支付固定股利 320 万元。2015 年利润净增 5%,2015 年该公司向投资者支付股利为多少?

(3)若公司采用固定股利比例政策,公司每年按 40% 的比例分配股利,如 2015 年利润净增 5%,则该公司应向投资者分配的股利为多少?

(4)若公司实行正常股利加额外股利政策,规定当实现净利润增加 5% 时,净利润的 1% 作为额外股利,2015 年该公司净利润增加 5%,应支付的股利为多少?

情境一 利润分配概述

利润分配是财务管理的重要内容,有广义的利润分配和狭义的利润分配两种。广义的利润分配是指对企业收入和利润进行分配的过程,狭义的利润分配则是指对企业净利润的分配。利润分配的结果,形成了国家的所得税收入、投资者的投资报酬和企业的留用利润等不同项目。由于税法具有强制性和严肃性,缴纳税款是企业必须履行的义务,从这个意义上看,财务管理中的利润分配主要是指企业的净利润分配,利润分配的实质就是确定给投资者分红与企业留用利润的比例。本书所讨论的利润分配是指对净利润的分配,即狭义的利润分配概念。

一、利润分配的原则

一个企业的利润分配不仅会影响企业的筹资和投资决策,而且还涉及国家、企业、投资者、职工等多方面的利益关系,涉及企业长远利益与近期利益、整体利益与局部利益等关系的处理与协调。为了合理组织企业财务活动和正确处理财务关系,企业在进行利润分配时应遵循以下原则:

(一)依法分配原则

企业的利润分配必须依法进行,这是正确处理各方面利益关系的关键。国家为了规范企业的利润分配行为,制定和颁布了若干法规,主要包括企业制度方面的法规、财务制度方面的法规等。这些法规规定了企业利润分配的基本要求、一般程序和重大比例等,企业应认真执行,不得违反。例如,我国现行财务制度规定,企业利润总额在缴纳所得税后,必须按下列顺序分配:

(1)弥补以前年度亏损。

(2)提取法定公积金。

(3)提取任意公积金。任意公积金的提取比例由投资者决议。

(4)向投资者分配利润。

同时,对提取公积金的方法和比例等也做了明确的规定,这些规定企业均不得违背。

(二)合理积累、适当分配原则

企业在进行利润分配的过程中,应兼顾长远利益和近期利益,处理好积累和分配的比例关系。一方面,要考虑为满足扩大再生产的需要积累必要的资金;另一方面,还应满足投资者的要求,向投资者分配利润,以维持企业良好的形象和信誉。

(三)各方利益兼顾原则

利润分配是利用价值形式对社会产品的分配,直接关系到有关各方的切身利益。因此,要坚持全局观念,兼顾各方利益。国家作为社会事务管理者,为了行使其自身职能,必须有充足的资金保证,这就要求企业以缴纳税款的方式,无偿上缴一部分利润。这是每个企业应尽的义务,同时也是企业发展的保障。投资者作为资本投入者和企业所有者,依法享有利润分配权。企业净利润归投资者所有,是企业的基本制度,也是企业所有者投资于企业的根本动力所在。但是,企业的利润离不开全体职工的辛勤工作,职工作为企业利润的直接创造者,有权获得工资及奖金等劳动报酬。因此,企业进行利润分配时,应统筹兼顾,合理安排。既要满足国家集中财力的需要,又要考虑企业自身发展的要求;既要维护投资者的合法权益,又要保障职工的切身利益。

(四)投资与收益对等原则

企业分配利润应当体现投资与收益对等的原则,即要做到"谁投资谁受益"、受益大小与投资比例相适应,这是正确处理投资者利益关系的关键。投资者因其投资行为而享有收益分配权,并同其投资比例相适应。这就要求企业在向投资者分配利润时,应遵循公开、公平、公正的原则,按照各方投入资本的多少进行分配。不搞幕后交易,不得以其在企业中的其他特殊地位牟取私利。只有这样,才能从根本上保护投资者的利益,调动投资者投资的积极性。

(五)无利不分原则

原则上认为,只有当企业有税后盈余时,方可分配利润。因此,当企业出现亏损时,企业不得分配股利或进行投资分红。但在特殊条件下,也可用以前年度积累进行分配,但必须要有一定的比例限制。

二、确定利润分配政策时应考虑的因素

利润分配政策也叫股利政策,是指公司对股利支付与否、支付多少股利和何时发放股利等有关事项的确定。该政策涉及很多方面,如股利支付程序中各日期的确定、股利支付比率的确定、股利支付形式的确定、支付现金股利所需现金的筹集方式等。其中,最重要的是确定股利的支付比率,即多少盈余用于发放股利,多少盈余为公司留存所用,因为这可能会影响公司股票价格。

影响利润分配政策的因素很多,可分为内部因素和外部因素。

(一)影响利润分配政策的内部因素

我们可将内部因素分为盈利状况、变现能力和筹资能力三个方面。

1. 盈利状况

这是任何公司应首先考虑的因素。只有当盈利状况良好时,公司才有可能采用高股利或稳定增长的利润分配政策;若公司盈利很少甚至亏损,公司就只能采用低股利或不发股利的分配政策。可见,公司在制定利润分配政策时,必须以盈利状况和未来发展趋势作为出发点。

2. 变现能力

这是指公司将资产变为现金的可能性的大小。一个公司的可迅速变现资产越多、现金越充足,它的股利支付能力就较强、采用高股利分配政策就越可行;若公司因扩充生产或偿还债务已将其可变现的资产和现金几乎耗用完毕,那么,该公司就不应采用高额股利分配政策,因为此时若支付高额股利,就会使公司失去应付意外情况的能力。

3. 筹资能力

这是指公司随时筹集到所需资金的能力。规模大、效益好的公司往往容易筹集到资金,它们可向银行借款或是发行股票、债券。这类公司在利润分配政策上就有较大选择余地,既可采用高股利政策,也可采用低股利政策。而规模小、风险大的公司,一方面很难从外部筹集到资金,另一方面在这个阶段往往又需要大量资金。因此,这类公司往往会采取低股利或不发股利的政策,以尽可能多地保留盈余。

(二)影响利润分配政策的外部因素

影响公司利润分配政策的外部因素很多,主要有法律上的限制、合同上的限制、投资机会的出现以及股东的意见等,都会对公司的利润分配政策产生很大的影响。

1. 法律上的限制

《公司法》对公司利润分配政策作出了限制。保护资本完整,即不能因支付股利而减少资本总额,目的在于使公司有足够的资本来保护债权人的权益。同时,股利必须出自盈利,即按弥补以前年度亏损后的净利润的一定比例提取法定盈余公积金后发放股利。如果公司已经无力偿还债务,则不准发放股利。

2. 合同上的限制

在公司债务与贷款合同上,往往有限制公司支付股利的条款,这种限制通常规定股利的支付不能超过可供分配利润的一定百分比,其目的是为了让公司有到期偿还债务的能力。

3. 投资机会的出现

公司的利润分配政策在较大程度上要受到投资机会的制约,如公司选择了许多有利的投

资机会,需要大量的资金,则宜采用较紧的利润分配政策;反之,利润分配政策就可偏松。

4. 股东的意见

在制定利润分配政策时,董事会必须对股东的意见加以重视。因为股东是从自身需求出发,对利润分配政策会产生不同影响。通常,对股利有很强依赖性的股东要求获得稳定的股利;而除股利外有其他高收入的股东出于避税的考虑,往往又反对公司发放较多的股利。公司支付高股利后,将来发行新股的可能性加大,而发行新股必然稀释公司的控制权。当原来持有控制权的老股东拿不出更多的资金购买新股时,他们宁可不分配股利而反对筹集新股。

三、股利理论

西方股利政策理论存在两大流派:股利无关论和股利相关论。前者认为,股利政策对企业股票的价格不会产生任何影响;后者认为,股利政策对企业股票价格有较强的影响。财务学家们从税收因素和信息不对称因素展开研究,各自形成有一定影响力的理论,为企业股利支付模式的选取提供理论指导。

(一)MM 理论

MM 理论是莫迪格利安尼(Modigliani)和米勒(Miller)所建立的资金结构模型的简称。美国经济学家莫迪格利安尼和米勒在 1958 年发表的《资金成本、公司财务和投资管理》一书中,提出了最初的 MM 理论,这时的 MM 理论不考虑所得税的影响,得出的结论为,企业的总价值不受资金结构的影响。此后又对该理论做出了修正,加入了所得税的因素,由此得出的结论为,企业的资金结构影响企业的总价值,负债经营将为公司带来税收节约效应。MM 理论为研究资金结构问题提供了一个有用的起点和分析框架。

MM 理论认为,在完全资本市场条件下,股利完全取决于投资项目需用盈余后的剩余,投资者对于盈利的留存或发放股利毫无偏好。

(二)"在手之鸟"理论

"在手之鸟"理论源于谚语"双鸟在林不如一鸟在手",该理论可以说是流行最广泛和最持久的股利理论。

"在手之鸟"理论的核心是认为在投资者眼里,股利收入要比由留存收益带来的资本收益更为可靠,故需要公司定期向股东支付较高的股利。

"在手之鸟"理论认为,用留存收益再投资带给投资者的收益具有很大的不确定性,并且投资风险将随着时间的推移而进一步增大,因此,投资者更喜欢现金股利,而不喜欢将利润留给公司。公司分配的股利越多,公司的市场价值也就越大。

"在手之鸟"理论是股利理论的一种定性描述,该理论认为投资者宁愿目前收到较少的股利,也不愿等到将来再收回不确定的较大的股利或获得较高的股票出售价格,强调了股利发放的重要性,是实务界普遍持有的观点。但是,这一理论无法确切地描述股利是如何影响股价的。

(三)信号传递理论

信号传递理论认为,不对称信息导致逆向选择问题,使得交易双方难以达到帕累托最优。在这种情况下,代理人如能选用某种信号将其私人信息揭示给委托人,委托人在观测到信号后才与代理人签约,就可以根据产品的质量进行相应的定价,从而改进帕累托效率,这就是信号传递。

信号传递理论认为,在信息不对称的情况下,公司可以通过股利政策向市场传递有关公司未来盈利能力的信息。企业管理者对企业当前收益了解的信息要比投资者多,并通过股利分配向投资者传递有关当前收益的信号,后者根据收到的信号判断企业的当前收益,由此预测未来收益,进而确定企业的市场价值。一般来说,如果公司连续保持较为稳定的股利支付率,那么,投资者就可能对公司未来的盈利能力与现金流量抱有较为乐观的预期。不过,公司以支付现金股利的方式向市场传递信息,通常也要付出较为高昂的代价,包括:

(1)较高的所得税负担。

(2)一旦公司因分派现金股利造成现金流量短缺,就有可能被迫重返资本市场发行新股,摊薄每股收益,对公司的市场价值产生不利影响。

(3)如果公司因分派现金股利造成投资不足,并丧失有利的投资机会,还会产生一定的机会成本。

(四)代理理论

代理理论始于詹森与麦克林有关企业代理成本的经典论述,他们将由代理冲突所产生的代理成本归纳为三种:委托人承担的监督支出,代理人承担的担保性支出以及剩余损失。如何设计有效的激励机制,以最大限度地降低代理成本,从而确保委托人利益得以实现,是代理理论要解决的主要问题。詹森与麦克林率先利用代理理论分析了企业股东、管理者与债券持有者之间的代理冲突及其解决措施,从代理关系角度对困扰财务学家的融资问题做了新的阐释,认为股利政策有助于减缓管理者与股东以及股东与债权人之间的代理冲突,也就是说,股利政策相当于是协调股东与管理者之间代理关系的一种约束机制。股利政策对管理者的约束作用体现在两个方面:一方面,从投资角度看,当企业存在大量自由现金时,管理者通过股利发放不仅减少了因过度投资而浪费资源的倾向,而且有助于减少管理者潜在的代理成本,从而增加企业价值,它解释了股利增加与股价变动正相关的现象;另一方面,从融资角度看,企业发放股利减少了内部融资,导致进入资本市场寻求外部融资,从而可以经常接受资本市场的有效监督,这样通过加强资本市场的监督而减少代理成本,这一分析有助于解释公司保持稳定股利政策的现象。代理理论认为,股利政策相当于是协调股东与管理者之间代理关系的一种约束机制。因此,高水平股利支付政策将有助于降低企业的代理成本,但同时也增加了企业的外部融资成本。最优的股利政策应使两种成本之和最小化。

(五)税收效应理论

一般而言,税收对股利政策的影响是反向的。由于股利的税率比资本利得的税率高,而且资本利得税可以递延到股东实际出售股票为止,因此,投资者可能喜欢公司少支付股利,而将几年的盈余留下来用于投资,而为了获得较高的预期资本利得,投资人愿意接受较低的普通股必要的报酬率。因此,在股利税率比资本利得税率高的情况下,只有采取低股利支付率政策,公司才有可能使其价值最大化。

该理论认为,在考虑税负因素,并且是在对股利和资本收益征收不同税率的假设下,公司选择不同的股利支付方式,不仅会对公司的市场价值产生不同的影响,而且也会使公司(及个人)的税收负担出现差异。考虑到纳税的影响,企业应采用低股利政策。

帮你学

1. 财务管理中的利润分配是指企业的净利润分配。
2. 股利政策相当于是协调股东与管理者之间代理关系的一种约束机制。
3. 高水平股利支付政策将有助于降低企业的代理成本,但同时也增加了企业的外部融资成本。因此,最优的股利政策应使两种成本之和最小化。

情境二 股利政策

股利政策是指企业管理当局对股利分配有关事项作出的方针与决策。股利分配在公司制企业经营理财决策中,始终占有重要地位。这是因为股利的发放既关系到公司股东的经济利益,又关系到公司的未来发展。通常较高的股利,一方面可使股东获取可观的投资收益;另一方面还会引起公司股票市价上涨,从而使股东除股利收入外还获得了资本利得。但是,过高的股利必将使公司留存收益大量减少,或者影响公司未来发展,或者大量举债,增加公司资金成本负担,最终影响公司未来收益,进而降低股东权益。而较低的股利虽然使公司有较多的发展资金,但与公司股东的愿望相背离,股票市价可能下降,公司形象将受到损害。因此,对公司管理当局而言,如何均衡股利发放与企业的未来发展,并使公司股票价格稳中有升,便成为企业经营管理层孜孜以求的目标。在财务管理实践中,股利分配政策主要有以下四种类型:

一、剩余股利政策

(一)剩余股利政策的内容

剩余股利政策是将股利的分配与公司的资金结构有机联系起来,即根据公司的最佳资金结构测算出公司投资所需要的权益资本数额,先从盈余中留用,然后将剩余的盈余作为股利分配给所有者。

在确定投资项目对权益资本的需求时,必须保证公司最佳资金结构,所以,这种股利政策也是一种有利于保持公司最优资金结构的股利政策。剩余股利政策比较适合于新成立的或处于高速成长的企业。

(二)剩余股利政策的理论依据

剩余股利政策以股利无关论为依据。该理论认为股利是否发放以及发放多少对公司价值以及股价不会产生影响,而且投资人也不关心公司股利的分配。因此,企业可以始终把保持最优资金结构放在决策的首位。在这种结构下,企业的加权平均资金成本最低,同时企业价值最大。

(三)剩余股利政策的实施步骤

(1)确定最优资金结构,即确定企业权益资本和债务资本的比例关系。企业可以采用比较资金成本法、每股收益无差别点分析法来确定企业最优资金结构。在这种结构下,企业的加权平均资金成本最低,同时企业价值最大。

(2)确定最优资金结构下投资项目所需要的权益资本数额,即根据投资总额和权益资本与债务资本的最优比例关系,来确定投资项目所需要的权益资本的数额。

(3)最大限度地使用公司留存收益来满足投资项目对权益资本的需要数额。

（4）投资项目所需要的权益性资本得到满足后,如果公司的未分配利润还有剩余,就将其作为股利发放给股东。

👉 **任务7-1**

万利公司2015年已提取公积金之后的税后净利为1 500万元。目前,公司的最优资金结构为:权益资本占70%,债务资本占30%。2016年,公司有一个投资项目,该项目需要的投资总额为1 000万元。该公司决定采用剩余股利政策向股东分配股利,已知公司流通在外的普通股为1 000万股。那么,每股普通股至多能分配多少股利? 投资项目需要的1 000万元资金应如何筹集?

1 000万元投资总额对公司权益资本的需求为:

1 000×70%＝700(万元)

所以,投资总额1 000万元的筹集方式是:700万元用税后净利来满足,剩余的300万元通过举债的方式来筹集。

1 500万元在满足投资项目对权益资本的需要之后,剩余的部分为:

1 500－700＝800(万元)

每股普通股可以分配的股利为:

800÷1 000＝0.8(元)

二、固定股利或持续增长股利政策

(一)固定股利或持续增长股利政策的内容

固定股利或持续增长股利政策是指公司将每年发放的股利固定在一个固定的水平上,并在较长的时期内保持不变,只有当公司认为未来盈余会显著地、不可逆转地增长时,才会提高年度的股利发放额。另外,当发生通货膨胀时,大部分企业的盈余会由于通货膨胀而表现为增长,而对股东来说,每年固定不变的股利额则由于购买力下降相对降低。因此,股东也要求公司增加股利的发放额,以弥补通货膨胀带来的影响。

(二)固定股利或持续增长股利政策的理论依据

固定股利或持续增长股利政策以股利相关论为基础。该理论认为,股利政策会影响公司的价值和股票的价格,投资人关心的是企业股利是否发放及其发放的水平。提出这种政策的专家认为,存在以下理由,致使企业需要采取该政策:

（1）采取该政策发放的股利比较稳定,稳定的股利向市场传递着公司正常发展的信息,从而有利于树立企业的良好形象,并增强投资者对公司的信心,进而稳定股票的价格。

（2）采取该政策发放的股利比较稳定,稳定的股利额有利于投资者安排股利收入和支出,特别是对股利有很强依赖性的股东更是如此。而股利忽高忽低的股票不会受这些股东的欢迎,股票价格会因此下降。

（3）采取该政策发放的股利比较稳定,稳定的股利可能会不符合剩余股利政策的理论,可能会导致公司不能保持最优资金结构,但考虑到股市受多种因素的影响,其中包括股东的心理状态和其他要求,因此,为将股利维持在稳定水平上,即使推迟某些投资方案或公司暂时偏离最佳资金结构,也可能要比降低股利或降低股利增长率更为有利。

(三)固定股利或持续增长股利政策的优点和缺点

采用这种股利政策的企业,一般其盈利水平比较稳定或正处于成长期。许多公司愿意采用这种股利政策。

采用这种股利政策的优点是:(1)企业固定分配股利可使公司树立良好的市场形象,有利于公司股票价格的稳定,增加投资者的投资信心。(2)稳定的股利可以使投资者预先根据企业的股利水平安排支出,从而降低投资风险,且当企业股利较丰厚时,其股票价格也会大幅提高。

采用这种股利政策的缺点主要在于股利的支付与公司盈余相脱节。当公司盈余较低时,仍需支付固定的股利额,这会导致公司资金紧张,财务状况恶化,可谓是"雪上加霜",同时不能像剩余股利那样保持较低的资金成本。

三、固定股利支付率政策

(一)固定股利支付率政策的内容

固定股利支付率政策是指企业先确定一个股利占净利润(公司盈余)的比例,然后每年都按此比率从净利润中向股东发放股利,每年发放的股利额都等于净利润乘以固定的股利支付率。这样,净利润多的年份,股东领取的股利就多;净利润少的年份,股东领取的股利就少。也就是说,采用此政策发放股利时,股东每年领取的股利额是变动的,其多少主要取决于企业每年实现净利润的多少及股利支付率的高低。我国部分上市公司采用固定股利支付率政策,将员工个人的利益与公司的利益捆在一起,以充分调动广大员工的积极性。

(二)固定股利支付率政策的理论依据

主张采用此政策的人认为,通过固定的股利支付率向股东发放股利,能使股东获取的股利与企业实现的盈余紧密配合,真正体现"多盈多分,少盈少分,无盈不分"的原则,只有这样,才算真正公平地对待了每一个股东。另外,采取此政策向股东发放股利时,实现净利多的年份向股东发放的股利多,实现净利少的年份向股东发放的股利少,所以不会给公司带来固定的财务负担。其缺点主要是由于股利波动容易使外界产生经营不稳定的印象,不利于股票价格的稳定与上涨。

四、低正常股利加额外股利政策

(一)低正常股利加额外股利政策的内容

低正常股利加额外股利政策介于稳定股利政策与变动股利政策之间,属于折衷的股利政策。该政策是指企业在一般情况下,每年只向股东支付某一固定的、金额较低的股利,只有在盈余较多的年份,企业才根据实际情况决定向股东额外发放较多的股利。但额外支付的股利并不固定,并不意味着企业永久地提高了原来规定好的较低的股利。如果额外支付股利后,企业盈余发生不好的变动,企业可以仍然只支付原来确定的较低的股利。低正常股利加额外股利政策尤其适合于盈利经常波动的企业。

(二)低正常股利加额外股利政策的特点

采取此政策向股东发放股利时,当企业盈利较少或投资需要的资金较多时,可以维持原定的较低但正常的股利,股东就不会有股利跌落感;当企业盈余有较大幅度增加时,又可在原定的较低但正常的股利基础上,向股东增发额外的股利,以增强股东对企业未来发展的信心,进而稳定股价。

这种股利政策可使依靠股利度日的股东,每年至少可以得到虽然较低但比较稳定的股利收入。正因为这种股利政策既具有稳定的特点,每年支付的股利虽然较低但固定不变,又具有变动的特点,盈利较多时,额外支付变动的股利,所以这种政策的灵活性较大,因而被许多企业采用。

以上几种股利政策中,固定股利政策和低正常股利加额外股利政策是被企业普遍采用,并为广大投资者认可的两种基本政策。企业进行股利分配时,应结合自身的实际情况选择适当的股利政策,从而促进企业的发展。

 帮你学

1. 剩余股利政策比较适合新成立的或处于高速成长的企业。

2. 固定股利政策比较适合盈利水平比较稳定或正处于成长期的企业

3. 我国部分上市公司采用固定股利支付率政策,将员工个人利益与公司利益捆在一起,从而充分调动广大员工的积极性。

4. 低固定股利加额外股利政策尤其适合盈利经常波动的企业。

情境三 利润分配程序与方案

一、利润分配程序

利润分配程序是指企业根据适用法律、法规或有关规定,对企业一定期间实现的净利润进行分派必须经过的步骤。

(一)非股份制企业的利润分配程序

根据我国《公司法》等法律、法规或有关规定,非股份制企业当年实现的利润总额应按国家有关税法的规定做相应的调整,然后依法缴纳所得税。缴纳所得税后的净利润除法律、行政法规另有规定外,按下列顺序进行分配:

1. 弥补以前年度的亏损

企业发生的年度亏损,可以用下一年度的利润弥补;下一年度利润不足弥补的,可以在5年内用所得税前利润延续弥补;延续5年未弥补的亏损,用缴纳所得税后的利润弥补。

2. 提取法定盈余公积金

法定盈余公积金是按照有关法规制度的要求强制性提取的,其主要目的是为了保全资本、防止企业滥分税后利润。法定盈余公积金按照税后利润扣除弥补亏损后余额的10%提取,当企业的法定盈余公积金累计达到注册资本的50%时,可不再提取。法定盈余公积金是企业的一项内部积累,这部分资金提取出来后将继续留在企业内部,可用于弥补亏损或转增资本金,以满足扩大再生产的需要。但企业用盈余公积金转增资本后,法定盈余公积金的余额不得低于企业注册资本的25%。

3. 向投资者分配利润

企业以前年度未分配的利润,并入本年度利润,在充分考虑现金流量状况后,向投资者分配。属于各级人民政府及其部门、机构出资的企业,应当将应付国有利润上缴财政。

国有企业可以将任意公积金与法定公积金合并提取。股份有限公司依法回购后暂未转让或者注销的股份,不得参与利润分配;以回购股份对经营者及其他职工实施股权激励的,在拟订利润分配方案时,应当预留回购股份所需利润。

(二)股份制企业的利润分配程序

对股份有限公司而言,在弥补以前年度亏损、提取法定盈余公积金之后,向投资者分配利润还需要按以下步骤进行:

1. 支付优先股股息

企业应按事先确定的股息率向优先股股东支付股息。如果公司的优先股股东是可参与优先股,那么,在向股东支付固定股息后,还应该按约定的条款允许优先股股东与普通股股东一起参与剩余利润的分配。

2. 提取任意盈余公积金

任意盈余公积金由企业根据章程的有关规定或董事会决议所确定的比例自愿提取。提取任意盈余公积金可以起到控制向普通股股东分配股利及调节各年股利分配波动的作用。任意盈余公积金的用途与法定盈余公积金一样,可用于弥补亏损或转增企业资本金。

3. 支付普通股股利

企业应按已经确定的利润分配方案向普通股股东支付股利。

☞ **任务 7-2**

某股份有限公司 2015 年的有关资料如下:(1)2014 年度实现利润总额 3 800 万元,所得税税率按 33% 计缴;(2)公司前两年累计亏损 800 万元;(3)经董事会决定,任意盈余公积金的提取比例为 20%;(4)支付 1 000 万股普通股股利,每股 0.5 元。

根据上述资料,该公司利润分配的程序如下:

(1)弥补亏损、计缴所得税后的净利润为:

$(3\ 800 - 800) \times (1 - 33\%) = 2\ 010$(万元)

(2)提取法定盈余公积金为:

$2\ 010 \times 10\% = 201$(万元)

(3)提取任意盈余公积金为:

$2\ 010 \times 20\% = 402$(万元)

(4)可用于支付股利的利润为:

$2\ 010 - 201 - 402 = 1\ 407$(万元)

(5)实际支付普通股股利为:

$1\ 000 \times 0.5 = 500$(万元)

(6)年末未分配利润为:

$1\ 407 - 500 = 907$(万元)

我国修订后的《企业财务通则》规定,企业弥补以前年度亏损和提取盈余公积后,当年没有可供分配的利润时,不得向投资者分配利润,但法律、行政法规另有规定的除外。

二、股利分配方案的确定

(一)选择股利政策

企业选择股利政策通常需要考虑以下几个因素:

(1)企业所处的成长与发展阶段;

(2)企业支付能力的稳定情况;

(3)企业获利能力的稳定情况;

(4)目前的投资机会；

(5)投资者的态度；

(6)企业的信誉状况。

(二)确定股利支付水平

股利支付水平通常用股利支付率来衡量。股利支付率是当年发放股利与当年净利润之比，或每股股利除以每股收益。

是否对股东派发股利以及比率高低，主要取决于企业对下列因素的权衡：

(1)企业所处的成长周期及目前的投资机会；

(2)企业的再筹资能力及筹资成本；

(3)企业的控制权结构；

(4)顾客效应；

(5)股利信号传递功能；

(6)贷款协议以及法律限制；

(7)通货膨胀因素等。

(三)确定股利支付形式

选择发放股利的形式，是股利政策的一项重要内容。股利支付形式有以下几种：

(1)现金股利。即直接以现金向股东支付股利，它是最基本也是最常见的股利形式。公司采用现金股利形式时，必须具备两个基本条件：第一，公司要有足够的未指明用途的留存收益（未分配利润）；第二，公司要有足够的现金。

(2)股票股利。是指公司以发放的股票作为股利支付给股东，又可称为送红股，它是仅次于现金股利的常用的股利派发形式。

(3)财产股利。是指用公司有价值的财产物资作为股利向股东支付的形式，例如，用公司拥有的其他公司的股票、债券等有价证券作为现金的替代品向股东支付股利。

(4)负债股利。即公司通过建立一项负债的方式向股东发放股利，例如，以公司的应付票据或债券作为股利交付给股东，在未来一定时期再偿付该项负债。

我国《公司法》规定，公司可以前两种形式发放股利。公司发放现金股利后，其资产总额和股东权益总额会同时减少。一般来说，当公司的现金资产比较充足且在资本市场上有较强的筹资能力时，往往会发放现金股利。而公司发放股票股利时，相当于把公司的盈利转化为股本，所以，既不影响公司的资产和负债，也不影响股东权益总额，只是股东权益的内部结构发生变化。

(四)确定股利发放日期

股份公司分配股利必须遵循法定的程序，先由董事会提出分配预案，然后提交股东大会决议，股东大会决议通过分配预案之后，向股东宣布发放股利的方案，并确定股权登记日、除息（或除权）日和股利支付日等。

1. 股利宣告日

股利宣告日即公司董事会宣布发放股利的日期。股份公司分配股利，一般先由公司董事会提出分配预案，再提交股东大会决议通过，然后由董事会对外宣布每股支付的股利、股权登记日、除息日和股利支付日。在股利宣告日，公司应将决定支付的股利总额作为负债加以确认。

2. 股权登记日

股权登记日即有权领取股利的股东资格登记的最后日期。一般公司宣布股利后，可规定一段时期供股东过户登记。只有在股权登记日及之前列入股东名册上的股东,才有权获得本次分派的股利。

3. 除息除权日

除息除权日即除去交易中的股票领取本次分配股利的日期。除息、除权分别适用于分配现金股利和股票股利的情况。凡在除息除权日之前购买股票的股东,有权领取本次股利;而在除息除权日及之后购买股票的股东无权获得本次股利。这是因为,股票买卖的成交、办理交割和过户手续并不是同时完成的,往往需要一定的时间,如果股票的交易离股权登记日太近,就有可能无法保证在股权登记日完成交割和过户手续,新股东不能成为法定意义的股东,从而失去本次发放的股利。

在股权登记日确定之后,除息除权日一般取决于证券业的交易习惯。例如,若证券业的交易惯例为实行"T+3"交易制度,即成交日之后的第3天才能完成交割和过户手续,那么,为了保证在股权登记日成为法定意义的股东,新股东最晚应在股权登记日之前的第3天购入股票;而从股权登记日之前的第2天开始购买股票的股东,不能在股权登记日完成交割和过户手续,就无权领取本次股利,在这种情况下,股权登记日之前的第2日即为除息除权日。当证券交易通过先进的计算机交易系统进行时,证券的交易、交割和过户往往在一天之内就能完成,那么,在股权登记日当天购买股票的股东,仍然拥有领取本次发放股利的权利,即在证券业实行"T+0"交易制度的情况下,除息除权日应为股权登记日之后的第一个工作日。除息除权日对股票的价格有明显的影响,自除息除权日开始,股票价格因不再含有本次股利而会有所下降。

例如,某公司股票在除息日的前一日收盘价为12元/股,若本次分派的现金股利为2元/股,那么,除息后的价格应为10元/股。若除息日当天的股票开盘价为11元/股,虽然低于除息日前一日的收盘价,但与除息后的价格相比,股票的价格实际上涨了1元/股。

4. 股利支付日

股利支付日即公司将股利正式发放给股东的日期。公司应将现金股利以邮寄的方式或将款项打入股东账户的方式向股东发放。

 任务7-3

A公司于2015年7月10日举行的股东大会决议通过利润分配方案,并于当日由董事会宣布2015年的中期分配方案为每10股派发现金股利6元,公司将于2015年7月31日将股利支付给已在2015年7月20日登记在册的本公司股东。根据上述条件,A公司的股利宣告日应为2015年7月10日,股权登记日为2015年7月20日,股利支付日为2015年7月31日。如果证券交易所实行"T+3"交易制度,那么,除息日应为2015年7月18日;如果证券交易所实行"T+0"交易制度,那么,除息日应为2015年7月21日。

> **帮你学**
>
> 1. 当公司的现金比较充足且有较强的筹资能力时,往往会发放现金股利。
>
> 2. 发放股票股利可使企业留存大量现金,便于进行再投资,有利于企业长期发展。
>
> 3. 公司发放股票股利时,相当于把公司的盈利转化为股本,所以,既不影响公司的资产和负债,也不影响股东权益总额,只是股东权益的内部结构发生了变化。
>
> 4. 证券交易也可实行"T+1"。

情境四　股票股利、股票分割和股票回购

一、股票股利

股票股利是企业以发放的股票作为股利的支付方式。股票股利并不直接增加股东的财富,不导致企业资产的流出或负债的增加,因而不使用企业资金,同时也并不因此而增加企业的财产,但会引起所有者权益各项目的结构发生变化。发放股票股利后,如果盈利总额不变,会由于普通股股数增加而引起每股收益和每股市价的下降。但又由于股东所持股份的比例不变,每位股东所持股票的市场价值总额仍保持不变。

尽管股票股利不直接增加股东的财富,也不增加企业的价值,但对股东和企业都有特殊意义。

1. 股票股利对股东的意义

(1)如果企业在发放股票股利后同时发放现金股利,股东会因所持股数的增加而得到更多的现金。

(2)事实上,有时企业发放股票股利后其股价并不按比例下降;一般在发放少量股票股利(如 2%~3%)后,大体不会引起股价的迅速变化。这可使股东得到股票价值相对上升的好处。

(3)发放股票股利通常系成长中的企业所为,因此,投资者往往认为发放股票股利预示着企业将会有较大发展,利润额大幅度增长,足以抵消增发股票带来的消极影响。这种心理会稳定住股价甚至略有上升。

(4)股票变现能力强,在股东需要现金时,还可以将分得的股票股利出售。有些国家税法规定,出售股票所缴纳的资本利得(价值增值部分)税率比收到现金股利所需缴纳的所得税率低,这使得股东可以从中获得纳税上的好处。

2. 股票股利对企业的意义

(1)发放股票股利可使股东分享企业的盈余而无需分配现金。这使企业留存了大量现金,便于进行再投资,有利于企业长期发展。

(2)在盈余和现金股利不变的情况下,发放股票股利可以降低每股价值,从而吸引更多的投资者。

(3)发放股票股利往往会向社会传递企业将会继续发展的信息,从而提高投资者对企业的信心,在一定程度上稳定股票价格。但在某些情况下,发放股票股利也会被认为是企业资金周转不灵的征兆,从而降低投资者对企业的信心,加剧股价下跌。

(4)发放股票股利的费用比发放现金股利的费用大,会增加企业的负担。

二、股票分割

股票分割是将面额较高的股票分割成面额较低股票的一种行为。分割后,面额按一定比例减少,同时股票数量按同一比例增多。

股票分割是在股票市价急剧上升,而企业又试图大幅度降低价格时使用的一种手段,其产生的效果与发放股票股利近似。按照国际惯例,发放 25% 以下股票股利界定为股票股利,而发放 25% 以上股票股利则界定为股票分割。

实行股票分割既不能增加企业的价值,也不能增加股东财富,但采用股票分割具有重要的作用。

(1)有利于促进股票流通和交易。

(2)有助于公司并购政策的实施,增加对被并购方的吸引力。

(3)可能增加股东的现金股利,使股东感到满意。

(4)有利于增强投资者对公司的信心。

股票分割可向股票市场和广大投资者传递公司业绩好、利润高、增长潜力大的信息,从而提高投资者对公司的信心。

三、股票回购

股票回购是指股份公司出资将其发行流通在外的股票以一定价格购回予以注销或库存的一种资本运作方式。

如果企业由净收益所产生的现金净流量很多,但缺少有利可图的投资机会,企业可采用股票回购或增加现金股利的方式分配给股东。企业回购的股票作为库藏股份,市场上流通的股票将因此而减少,每股收益将增加,从而导致股价上涨。来自股票回购的资本收益,理论上应该等于企业多支付给股东的股利。

(一)股票回购的动机

公司回购自己的股票,可能出于以下几个方面的原因:

1. 替代现金股利

股票回购与支付现金股利相类似,都是公司支付现金来使股东获利,因此,股票回购可以认为是现金股利的一种特殊支付方式。但是,股票回购并不能像支付现金股利那样经常发生,一般是当公司有较多的现金,但又没有好的投资项目时,超额的现金要向股东进行分配,如果通过增加现金股利的方式进行分配,有可能影响公司股利分配政策的稳定性,因为公司过多的现金可能只是暂时的,未来并不能保证长期地获得较高的收益而有同样多的现金。在这种情况下,通过回购股票向股东分配超额现金就可避免对股利政策造成的不利影响。

2. 改善公司的资金结构

公司进行股票回购后,其权益资本在资金结构中的比例降低,债务资本的比例相应地提高,特别是当公司通过借债筹资后再进行股票回购,一方面债务增加,另一方面权益资本减少,会使资金结构得到较大幅度的调整。因此,如果管理人员认为公司的资金结构失衡而需要调整时,可通过回购股票的方式,实现资金结构的优化。

3. 满足选择权的需要

如果公司已经发行了可转换债券或认股证,那么,当债权人或认股证的持有者想要行使其选择权时,公司应有足够的普通股票满足其需要。公司通过股票回购并将购回的股票以库存的方式储存起来,就可以较好地满足选择权持有者的需要,而不必另外发行新股票。

4. 用于并购或抵制被兼并

公司实施并购政策时,既可以现金支付的方式,也可以股票交换的方式,获得目标公司的产权。回购股票或拥有库存股可为公司开展并购活动提供便利条件。相反,当一家公司成为其他公司的并购目标时,通过股票回购来减少流通股的数量,可以起到有效防止潜在并购者进攻的作用。

(二)股票回购的方式

1. 公开市场购买

公开市场购买是指上市公司通过经纪人在公开市场上购回自身的股票。这种购买方式往往受到证券监管部门的种种限制,如限制公司回购股票时不能发行新股、限制公司回购股票的数量不能超过公司已发行股票数量的一定比例等。因为回购股票一般会伴随着股价上涨,此时发行新股会有损投资者的利益;而过多回购股票可能因支付现金过多而有损债权人的利益。由于受到种种规定的限制,公司以这种方式回购股票往往需要花费较长的时间才能积累起一笔相对数量较多的股票,因此,当公司准备回购数量较多的股票时,不宜采用这种回购方式。

2. 投标出价购买

投标出价购买是指公司向股东发出正式的报价以购买部分股票,通常是以一个固定的价格来回购股票。回购价格通常要高于当时股票的市价,以吸引股东出售其持有的股票。投标出价的时间一般为 2～3 个星期,股东完全有权选择是以固定价格出售股票还是继续持有股票。如果各股东愿意出售的总股数多于公司事先设定的回购数量,公司就可以自行决定购买部分或全部超购股数;相反,如果股东提供的股票数量太少,达不到公司原定想要购买的股数,则公司可以通过公开市场购回余下不足的股数。公司通过投标出价方式回购股票往往会委托金融中介机构来进行,并向其支付必要的费用。这种回购方式比较适用于公司想要购回大量股票的情况。

3. 议价购买方式

议价购买方式是指公司以议价为基础,直接与一个或几个大股东共同协商确定回购价格并购回股票。采用这种方式回购股票时,公司应注意保持与大股东所确定回购价格的公平合理性,因为过高的回购价格必然会损害其余股东的利益。一般来说,各国对股份公司进行股票回购都有一定的法律限制。

目前我国的《公司法》也对股票回购行为做了十分严格的限制,明确规定,公司除了为减少注册资本而注销股份或与持有本公司股票的其他公司合并以外,不得收购本公司的股票。公司在前述两种情况下收购本公司的股票后,必须在 10 日之内注销该部分股份,依照法律和行政法规变更登记,并对外公告。由此可见,我国法律目前不允许公司拥有库藏股票。

(三)股票回购的意义

1. 股票回购对股东的意义

(1)多获取资本利得。股票回购的决策往往是在企业管理当局认为企业股票价格过低的情况下做出的,回购企业部分股票会导致股价上涨,从而使股东多获取资本利得收益。

(2)推迟纳税或避税。股票回购后股东得到的是资本利得,需要缴纳资本利得所得税,而发放现金股利后,股东则需缴纳一般所得税。在前者税率低于后者的情况下,股票回购将使股东获得纳税上的好处。

(3)股东利益不稳定。企业股票回购后,股票的价格、市盈率等因素可能会发生变化,对股东利益造成的影响难以预料。

2. 股票回购对企业的意义

(1)改善企业资金结构,提高负债比例,发挥财务杠杆的作用。

(2)将过剩的现金流量以股票回购的方式分配给股东。

(3)可以避免企业被收购。

(4)可以将库藏股票用来满足可转换债券持有人转换企业普通股的需要,也可以用来兼并其他企业。

(5)企业如果需要额外的现金,可以将库藏股票出售。

(6)如果企业意欲处置其拍卖资产所得的现金,回购股票是其良好选择。

(7)股票回购会使企业有帮助股东逃避应纳所得税和操纵股价之嫌,在法律上有可能给企业带来一定程度的风险,容易引发证券管理机构的调查,或可能涉嫌避税而受到税收征管部门的查处。因此,企业实施股票回购应认真研究相关的法律条款,谨慎从事。

帮你学

1.在利润分配决策中,投资者一般要考虑以下几个因素:是否要补缴所得税,债权人是否有限制性要求,企业的投资报酬率是否大于市场投资报酬率,企业未来经营风险是否在加大等。

2.利润分配过程是企业长期利益和短期利益的决策过程,是国家、投资者、债权人、企业等各种财务关系的处理过程,也是向外界传递投资者对企业未来经营理念的过程。

 基本达标

一、单项选择题

1. 当盈余公积达到注册资本的(　　)时,公司可不再提取盈余公积。

A.25%　　　　　　B.50%　　　　　　C.80%　　　　　　D.100%

2. 某公司原发行普通股 100 000 股,拟发放 15 000 股股票股利,已知发放股票股利前的收益总额为 345 000 元,则发放股票股利后的每股收益为(　　)元。

A.3　　　　　　　B.3.2　　　　　　C.4　　　　　　　D.4.2

3. 有权领取股利的股东资格登记截止日期称为(　　)。

A.股利宣告日　　　B.股利支付日　　　C.除息日　　　　　D.股权登记日

4. 目前在我国公司实务中,很少采用的股利支付方式是(　　)。

A.现金股利　　　　B.股票分割　　　　C.负债股利　　　　D.股票股利

5. 比较而言,能使公司在股利发放上具有较大灵活性的股利政策是(　　)。

A.剩余股利政策　　　　　　　　　　B.固定股利支付率政策

C.低正常股利加额外股利政策　　　　D.固定或持续增长的股利政策

6. 下列说法中,正确的是(　　)。

A.股票股利不会降低每股市价

B.股票股利会导致公司资产流失

C.股票股利会增加公司财产

D.股票股利会引起所有者权益各项目的结构比例发生变化

7. 为了保持理想的资金结构,使加权平均资金成本最低,企业应选择的股利分配政策是(　　)。

A.固定或持续增长的股利政策　　　　B.固定股利支付率政策

C.剩余股利政策　　　　　　　　　　D.低正常股利加额外股利政策

8. 某企业当年净利润为 300 万元,年初累计亏损为 500 万元,法定盈余公积金提取比例为 10%,则当年可提取的法定盈余公积为(　　)万元。

A.20　　　　　　B.0　　　　　　C.30　　　　　　D.80

9. 股份制企业的法定盈余公积金不得低于注册资本的(　　)。

A.50%　　　　　B.30%　　　　　C.25%　　　　　D.10%

10. 股利支付与公司盈利能力相脱节的股利分配政策是(　　)。

A.剩余股利政策　　　　　　　　B.固定股利政策

C.固定股利比例政策　　　　　　D.低正常股利加额外股利政策

二、多项选择题

1. 股份公司提取任意公积金的目的是为了(　　)。

A.支付股利　　　　　　　　　　B.控制自投资者分配利润的水平

C.弥补亏损　　　　　　　　　　D.调整各年利润分配的波动

2. 公司发放股票股利(　　)。

A.实际上是企业盈利的资本化

B.可使股东分享公司的盈余而公司无需支付现金

C.每股盈余不变

D.能使企业财产的价值增加

3. 股票分割的目的在于(　　)。

A.减少股利支付　　　　　　　　B.吸收更多的投资者

C. 降低每股盈余　　　　　　　　D.树立企业发展的形象

4. 下列说法中,正确的有(　　)。

A.股票股利不直接增加股东财富

B.股票分割会降低每股盈余

C.股票股利会增加公司的财产

D.股票股利与股票分割都会增加发行在外的普通股股数

5. 股利支付方式有多种,常见的有(　　)。

A.现金股利　　　　B.股票股利　　　　C.财产股利　　　　D.负债股利

6. 下列关于固定或持续增长的股利政策的说法中,正确的有(　　)。

A.这一政策有利于稳定股票的价格

B. 这一政策有利于增强投资者对公司的信心

C.这一政策有利于树立公司良好形象

D.这一政策具有较大的灵活性

7. 股份有限公司向股东分配股利时,涉及的重大日期是(　　)。

A.股利宣告日　　　B.股权登记日　　　C.除息日　　　D.股利支付日

8. 上市公司发放现金股利的原因主要有(　　)。

A.投资者偏好　　　B.减少代理成本　　C.传递公司未来的信息　　D.公司现金充裕

三、判断题

1. 若公司股东会或董事会违反有关利润分配顺序的规定,在抵补亏损和提取法定公积金前向股东分配利润,应按违反规定分配额的一定比例处以罚款。　　　　　(　　)

2. 股票股利和股票分割不会改变公司的价值,也不会改变所有者权益各项目之间的金额和相互比例。   （   ）

3. 企业发放股票股利会引起每股利润的下降,从而导致每股市价有可能下跌,因此,每位股东所持股票的市场价值总额也将随之下降。   （   ）

4. 股票分割后,各股东持有股数增加,持有股数的比例和股票总价值不变。   （   ）

5. 尽管股票股利与股票分割有相似之处,但它们之间仍然存在差别,差别之一表现在股票股利不改变股票面值,而股票分割会改变股票面值。   （   ）

6. 债权人将款项借给公司,除了有权要求按期收回本息外,还可以影响公司的股利分配政策。   （   ）

7. 成长中的企业,一般采取低股利政策;处于经营收缩期的企业,一般采用高股利政策。   （   ）

8. 采用剩余股利分配政策的优点是有利于保持理想的资金结构,降低企业的加权平均资金成本。   （   ）

9. 在除息日之前,股利权从属于股票;从除息日开始,新购入股票的人不能分享本次已宣告发放的股利。   （   ）

10. 与发放现金股利相比,股票股利可以提高每股收益,使股价上升或将股价维持在一个合理的水平上。   （   ）

 ## 能力提升

1. 某公司 2014 年实现净利润为 1 000 万元,其余条件如下:(1)以前年度未分配利润为 —200 万元(超过 5 年税前弥补亏损期);(2)按 10% 和 5% 分别提取法定盈余公积和任意盈余公积;(3)2015 年,公司预计新增投资为 800 万元;(4)公司的目标资金结构为债务资金与自有资金各占 50%;(5)公司现有普通股为 100 万股,拟采取剩余股利政策。

[要求]
(1)计算普通股每股股利;
(2)如果以前年度未分配利润为 200 万元,其余条件同上,计算每股股利。

2. 某公司 2015 年的资产总额为 2 000 万元,权益乘数为 2,其权益资本均为普通股,每股净资产为 10 元,负债的年平均利率为 10%。该公司 2015 年年初的未分配利润为 —258 万元(超过税法规定的税前弥补期限),当年实现营业收入 8 000 万元,固定成本为 700 万元,变动成本率为 60%,所得税税率为 25%。该公司按 10% 和 5% 提取法定盈余公积和任意盈余公积。

[要求]
(1)计算该公司 2015 年末的普通股股数和年末权益资本;
(2)计算该公司 2015 年的税后利润;
(3)如果该公司 2015 年采取固定股利政策(每股股利 1 元),计算该公司本年度提取的盈余公积和发放的股利额。

3. 某公司的权益账户如下：

普通股（每股面值 5 元）	500 000 元
资本公积	300 000 元
未分配利润	2 200 000 元
股东权益总额	3 000 000 元

该公司股票的现行市价为 50 元。

[要求]

(1) 发放 10% 的股票股利后，该公司的权益账户有何变化？

(2) 股票按 1 股换成 2 股的比例分割后，该公司的权益账户有何变化？

 ## 创新应用

天山企业 2013 年至 2015 年的税后利润总额分别为 2 000 万元、3 720 万元、3 000 万元。该企业适用的所得税税率为 15%，法定盈余公积的提取比例为 10%，任意盈余公积由企业决定，剩余部分全部对外分配。已知该企业在 2005 年时还有 5 600 万元亏损没有弥补。投资者为了维护自身利益，2014 年、2015 年要求企业向投资者分配不少于 7% 的利润，否则将要求企业更换领导。2012 年末，企业的任意盈余公积为 1 100 万元，企业总股本 8 000 万股，面值为 1元。

[要求]

如果你是企业领导，应该如何满足投资者的要求并增加企业发展动力？

 ## 信息搜索

1. 增加利润的途径有哪些？

2. 企业缴纳所得税后，税后利润的分配顺序是怎样的？

3. 常见的股利政策有哪几种类型？评述一下每种股利政策的特点及适用性。

4. 股利支付方式有哪几种？

财务分析

 学习目标

◎ 理解企业的基本财务报表。

◎ 利用企业财务报表提供的信息计算常用的财务比率,并对企业的财务状况和经营成果进行分析评价。

◎ 利用杜邦分析法评价企业业绩。

◎ 了解综合财务分析方法。

案例引导

据报道,苏宁电器(002024)2006 年年报显示,公司净利润同比翻了一番。公司 2006 年全年彩电、通信、数码、IT 产品的主营业务收入占比超过 50.00%,基本完成了向 3C 综合家电零售商的转型。在报告期内,公司实现主营业务收入 249.28 亿元,同比增长 56.42%,与店面数量增长比率基本持平;实现净利润 7.20 亿元,同比增长 105.43%;每股收益 1 元。公司拟每 10 股转增 10 股。

2006 年,公司新进入 3 个省份、29 个地级以上城市,新开连锁店 136 家,置换连锁店 9 家。截至 2006 年底,公司已在全国 90 个地级以上城市开设 351 家连锁店,店面数量较上年同期增长 56.70%;连锁店面积达到 142.22 万平方米,较上年同期增长 48.66%;单位面积主营业务收入同比增长 5.22%。

你能根据以上案例所给的资料,对苏宁电器的财务状况进行分析吗?

情境一 财务分析概述

一、财务分析的意义

企业财务分析是以企业财务报表反映的财务指标为主要依据,采用一系列专门的财务分析技术与方法,揭示各项财务指标之间的内在联系,从而了解企业的财务状况、发现企业生产经营活动中存在的问题、预测企业未来发展趋势,为未来决策提供依据的一项管理活动。

财务分析是已完成财务活动的总结,又是财务预测的前提,在财务管理的循环中起着承上启下的作用,具有十分重要的意义。

(一)财务分析是财务预测、决策与计划的基础和重要依据

通过财务分析可以了解过去、把握现在、预测未来,可以了解企业获利能力的高低、偿债能力的大小及营运能力的强弱,可以了解投资后的风险和收益情况,从而为做出正确的投资决策提供可靠依据,减少不必要的损失。

(二)财务分析是评价财务状况、衡量经营业绩的重要依据

通过财务分析,不仅能把握财务活动的结果是好是坏、财务计划完成情况、经营目标是否实现、总结经验与教训,以及如何发扬成绩、改进不足等,而且能分清各部门、各单位的工作成果及其对财务计划执行情况与经济效益的影响程度。通过分析,还可以将影响财务状况和经营成果的主观因素与客观因素区分开来,进一步明确责任,合理评价经营者的工作业绩,并据此奖优罚劣,以促进经营者不断改进工作。

(三)财务分析是挖掘潜力、改进工作、实现财务目标的重要手段

企业财务管理的根本目标是追求企业价值最大化。通过财务分析,可以促进企业不断挖掘内部潜力,充分认识未被利用的各种资源,寻找利用资源不当的部分以及原因,发现进一步提高利用效率的可能性,使有利因素进一步巩固和发展,从而促进企业生产经营活动实现良性循环。

二、财务分析的目的

一般来说,财务报告的使用者主要有公司的股东、债权人、经营者、职工以及政府机构和公司潜在的投资者等。不同的使用者与公司有着不同的利害关系,对公司财务信息关心的侧重点不一样,因此,财务分析的目的也有所不同。

(一)公司的股东

股东既是公司的所有者,又是公司的投资者。他们不直接参与公司的经营管理,主要通过公司提供的财务报告获得有关信息,据以分析公司的经营成果、资本结构、资本保值增值、利润分配和现金流量,测算其投资报酬率能达到多少,以及达到这个报酬率的可能性、所遇到的风险程度有多大等。公司通过分析来评估投资收益与风险程度,以便做出增加投资还是保持原有投资额、是放弃投资机会还是转让股权等投资决策。

(二)公司的债权人

公司的债权人包括向公司提供信贷资金的银行、公司债券持有者等。债权人关心的是公司到期能否偿还债务,因而需要通过财务分析了解公司举债经营、资产抵押、偿债基金准备、资本结构、资产的流动性、现金流量等情况,债权人要判断公司偿债能力,对公司进行信用评级,方可做出继续放款或收回贷款的信贷决策。

(三)公司的经营者

公司的经营者通过财务分析,可以发现经营、理财上的问题,调整经营方针与投资策略,不断提高管理水平。财务分析也是考核公司本期财务计划的完成情况、对经营者完成受托责任做出一个合理评价的依据,同时,也可作为正确制订下期财务计划的依据,有利于经营者做出正确的经营决策。

(四)政府及有关管理部门

政府通常以社会管理者的身份对公司进行财务分析,了解其对宏观经济管理、制定宏观经济政策等有用的信息。比如,了解资源配置的状况与效益,评估公司的财务状况与经营成果对所在行业产生的影响;了解公司纳税申报的执行情况,据以监督公司依法纳税,确保国家税收的及时性;了解公司遵守政府法规和市场秩序的情况,以便加强宏观经济政策的制定和管理。

(五)中介机构

注册会计师通过财务分析可以确定审计的重点,有利于客观、公正地提供审计报告。其他咨询机构可以根据提供服务的需要进行财务分析,提供信息使用者所需要的财务信息。

三、财务分析的内容

财务分析的内容是由分析对象的内容和分析的目的决定的。分析的目的不同,分析的内容和侧重点也就不同。从满足各方的需要出发,财务分析的内容包括以下几个部分:

1. 偿债能力分析

偿债能力分析主要是分析评价企业1年以内及1年以上的长、短期债务的偿还能力及财务风险。

2. 营运能力分析

营运能力分析主要是指对企业运用经济资源从事业务经营的能力和经济资源的利用效率进行分析评价。

3. 盈利能力分析

盈利能力分析主要分析评价企业获取利润的能力及利润分配情况。

4. 其他财务情况分析

其他财务情况分析是除了上述内容以外,其他的有关财务情况和经营收支方面的分析,如对投资者投入资本保值增值情况的分析、资本积累情况的分析等。

四、财务分析的常用方法

(一)比较分析法

比较分析法是通过对有关的财务报表数据或财务比率指标进行对比,揭示企业存在的差异和矛盾,了解企业的财务状况及其变化趋势的一种分析方法。

对经济指标的对比,主要有以下几种形式:

1. 实际与计划比

通过比较,可以揭示实际与计划的差异,了解计划完成情况。

2. 本期实际与上期实际或本企业历史最高水平比

这是一种纵向比较。通过比较,可以确定前后不同时期有关指标的变动情况,了解企业生产经营管理的发展趋势和管理工作的改进情况。

3. 与同类企业比

与同行业平均水平或先进企业横向比较,可以确定企业在同行业中的位置,发现差距与问题,推动本企业改善经营管理、提高竞争能力、赶超先进水平。

(二)比率分析法

比率分析法是利用财务报表中两项相关数据的比率来揭示企业财务状况和经营成果的一种分析方法。

比率分析常用的财务比率有:

1. 结构比率

结构比率分析是通过计算某项经济指标的各个组成部分占总体的比率,反映部分与总体的关系,如负债比率、所有者权益比率等。

2. 相关比率

相关比率是同一时期财务报表及有关财会资料中两项相关数值的比率,如营业利润率、资产负债率等。

采用比率分析法应注意以下几个问题:对比指标要有相关性,对比指标的计算口径要一致,衡量标准的科学性。比率分析法的优点是计算简便,计算结果容易判断,而且可以使某些指标在不同规模的企业之间进行比较。

(三)因素分析法

因素分析法也称连环替代法,它是用来确定几个相互联系的因素对分析对象——综合财务指标或经济指标的变动额(率)的影响程度的一种分析方法。

☞ 任务 8-1

某企业 2015 年的销售量、销售收入、单价的计划数及实际数如表 8-1 所示,要求运用因素分析法分析销售量和单价对销售收入的影响程度。

表 8-1 销售收入变动的因素分析

项 目	单 位	计划数	实际数	差 异
销售量	件	100	140	+40
单价	元/件	8	6	-2
销售收入	元	800	840	+40

根据表中资料,销售收入实际数比计划数增加 40 元,这就是分析对象。显然,销售收入的变动受销售量与单价两个因素变动的影响。运用连环替代法,可以计算各因素变动对销售收入变动的影响程度。

计划指标:$100 \times 8 = 800$(元)   ①

第一次替代:$140 \times 8 = 1\ 120$(元)   ②

第二次替代:$140 \times 6 = 840$(元)   ③

② - ① = $1\ 120 - 800 = +320$(元)

这说明由于销售量实际超过计划 40 件(140-100),使销售收入增加了 320 元。

③ - ② = $840 - 1\ 120 = -280$(元)

这说明由于价格实际比计划下降了 2 元,使销售收入下降了 280 元。

两者的综合影响为:

$+320 + (-280) = +40$(元)

上例还可以通过以下简便方法进行分析:

①由于销售量实际超过计划 40 件,使销售收入增加了 $40 \times 8 = 320$(元)。

②由于价格实际比计划下降了 2 元,使销售收入变动了 $(-2) \times 140 = -280$(元)。

这种方法称为差额分析法,它是因素分析法的简便方法。

(四)趋势分析法

趋势分析法是根据企业连续数期的会计报表,比较各个有关项目的金额、增减变动方向和幅度,从而揭示当期财务状况和经营成果的增减变动及其发展趋势。

1. 定基分析法

定基分析法是以某一期的报表数据作为基数,其他各期与之对比,计算定基发展速度(或定基增长速度),以观察各期相对于固定基期的变化趋势。

定基发展速度＝报告期数值÷固定基期数值

定基增长速度＝定基发展速度－1

2. 环比分析法

环比分析法是以前一期数据为基期计算的趋势百分比,以观察每一期相对于前期的增减变化情况。

环比发展速度＝报告期数值÷报告期前一期数值

环比增长速度＝环比发展速度－1

运用趋势分析法对财务报表进行整体分析,即分别计算若干期报表各项目的定基发展速度或环比发展速度,可以得出趋势报表(或称为指数报表),反映报表各项目的变动趋势。

 帮你学

1. 因素分析法在财务分析中的应用颇为广泛。

2. 因素分析法在应用时需注意:因素分解的关联性、因素替代的顺序性、顺序替代的连环性、计算结果的假定性。

情境二　基本财务比率分析

总结和评价企业财务状况与经营成果的分析指标包括偿债能力指标、营运能力指标、盈利能力指标和发展能力指标。现将所需用的五洲公司有关简化报表列示如表8－2、表8－3所示。

表8－2　　　　　　　　　　　五洲公司资产负债表

2015 年 12 月 31 日

单位:万元

资　产	年初数	年末数	负债与所有者权益	年初数	年末数
流动资产			流动负债		
货币资金	210	390	短期借款	170	200
交易性金融资产	10	20	应付账款	2 000	1 900
应收账款	1 480	1 500	预收账款	300	400
预付款项	200	250	其他应付款	100	100
存货	1 900	2 000	流动负债合计	2 570	2 600
流动资产合计	3 800	4 160	非流动负债		
长期股权投资	4 00	400	长期借款	1 200	900
固定资产	2 100	1 800	负债合计	3 770	3 500
无形资产	500	550	所有者权益		
			实收资本	2 500	2 500
			盈余公积	230	230
			未分配利润	300	680
			所有者权益合计	3 030	3 410
资产合计	6 800	6 910	负债及所有者权益合计	6 800	6 910

表 8—3

五洲公司利润表

2015 年度

单位:万元

项 目	上年数	本年数
一、营业收入	6 950	7 960
减:营业成本	5 430	6 110
营业税金及附加	410	470
销售费用	150	200
管理费用	180	280
财务费用	120(利息费用 80)	160(利息费用 100)
加:投资收益	20	30
二、营业利润	680	770
加:营业外收入	30	10
减:营业外支出	40	30
三、利润总额	670	750
减:所得税(税率为 40%)	268	300
四、净利润	402	450

补充资料:2014 年初应收账款余额为 1 400 万元,存货余额为 1 800 万元,流动资产余额为 3 600 万元,资产余额为 6 000 万元,所有者权益为 3 000 万元。根据五洲公司现金流量表,其 2014 年度、2015 年度经营活动产生的现金净流量分别为 1 000 万元、1 500 万元。

一、偿债能力分析

(一)短期偿债能力

短期偿债能力是指企业流动资产对流动负债及时、足额偿还的保证程度,是衡量企业当前财务能力特别是流动资产变现能力的重要标志。

1. 流动比率

流动比率是流动资产与流动负债的比率,用于评价企业流动资产在短期债务到期前,可以变为现金用于偿还流动负债的能力。其计算公式为:

$$流动比率 = \frac{流动资产}{流动负债}$$

流动比率表明每一元流动负债中有多少流动资产做后盾。一般来说,企业流动比率越大,偿还流动负债的能力越强,债权人越有保障,但过大的流动比率对企业来说也并非好现象——企业滞留在流动资产上的资金过多(如应收账款、存货),未能有效地加以利用,可能会影响企业的获利能力。根据西方企业的长期经验,一般认为流动率为 2:1 较好。但这一比率究竟应保持多高水平,主要视企业自身的特点及其现金流量的可预测程度来确定。

☞ **任务 8—2**

根据表 8—2 的资料,计算该企业 2015 年年初的流动比率。

$$年初流动比率 = \frac{3\ 800}{2\ 570} = 1.48$$

2. 速动比率

速动比率是企业的速动资产与流动负债的比率。所谓速动资产,是流动资产扣除变现能力较差且不稳定的存货后的余额。所以,速动比率较流动比率能更加准确、可靠地评价企业的短期偿债能力。其计算公式为:

$$速动比率=\frac{速动资产}{流动负债}$$

通常情况下,速动比率为 1∶1 是比较安全的。若该比率过低,会使企业面临很大的偿债风险;若该比率过高,虽然短期债务的安全性很高,但同时会使企业闲置资金过多,增加了企业的机会成本,影响了企业的收益水平。

在实际分析时,应根据企业性质和其他因素来综合判断,不能一概而论。例如,大量采用现金销售的商店,几乎没有应收账款,大大低于 1 的速动比率也是正常的。

☞ 任务 8-3

根据表 8-2 的资料,计算该企业 2015 年年初的速动比率。

$$年初速动比率=\frac{3\,800-1\,900}{2\,570}=0.74$$

3. 现金流动负债比率

虽然流动比率、速动比率能够反映资产的流动性或偿债能力,但这种反映具有一定的局限性,这是因为真正能用于偿还短期债务的是现金,而有利润的年份不一定有足够的现金来偿还债务,所以,利用以收付实现制为基础的现金流量和债务之比可以更好地反映偿债能力的强弱。其计算公式为:

$$现金流动负债比率=\frac{年经营活动现金净流量}{年末流动负债}$$

式中,年经营活动现金净流量是指一定时期内由企业经营活动所产生的现金及其等价物的流入量与流出量的差额,可以从企业的现金流量表中直接得到。

这一比率可以衡量由经营活动产生的现金用于支付即将到期债务的能力。利用该指标评价企业偿债能力将更为谨慎。一般该比率越大,说明企业的现金流动性越好,短期偿债能力越强。而从企业资金的合理使用角度看,比率过高意味着企业拥有闲置资金过多、资金使用效率差。因此,企业应根据行业实际情况确定最佳比率。

☞ 任务 8-4

根据表 8-2 的资料以及补充资料,计算该企业 2015 年的现金流动负债比率。

$$现金流动负债比率=\frac{1\,000}{2\,570}=0.39$$

(二)长期偿债能力

长期偿债能力是指企业偿还长期负债的能力。

1. 资产负债率

资产负债率又称负债比率,是企业负债总额与资产总额的比率。它实际上是结构比率,表明企业资产中负债的比重,以及企业资产对债权人权益的保障程度。其计算公式为:

$$资产负债率=\frac{负债总额}{资产总额}\times100\%$$

资产负债率比较保守的经验判断一般为不高于50％,国际上一般认为60％比较好。

资产负债率越低,表明企业债务越少,自有资金越雄厚,财务状况越稳定,其偿债能力越强。但从企业经营者的角度看,适当举债可以获得财务杠杆收益,对于企业未来的发展、规模的扩大起着举足轻重的作用。在企业管理实践中,难以简单用资产负债率的高或低来判断企业负债的优劣,应结合企业的盈利能力进一步分析。

☞ **任务8-5**

根据表8-2的资料,计算该企业2015年年初的资产负债率。

$$年初资产负债率 = \frac{3\,770}{6\,800} \times 100\% = 55.44\%$$

2. 已获利息倍数

已获利息倍数是企业一定时期内息税前利润与利息支出的比值。该指标充分反映了企业收益对偿付债务利息的保障程度和企业的偿债能力。其计算公式为:

$$已获利息倍数 = \frac{息税前利润}{利息}$$

已获利息倍数反映当期企业收益是所需支付利息的多少倍,从偿债资金来源的角度考察企业偿还利息的能力。如果已获利息倍数适当,则表明企业偿付债务利息的风险较小。国外一般选择计算企业5年的已获利息倍数,以充分说明企业稳定偿付利息的能力。国际上公认的标准为3。美国商业银行系统显示:当已获利息倍数为1和1以下时,企业的违约风险将很大,在这种状况下,35％以上的企业到期偿还不了债务和利息。一般情况下,该指标如果大于1,则表明企业负债经营能赚取比资本成本高的利润,但这仅表示企业能维持经营;该指标如果小于1,则表明企业所得连利息都不足以支付,企业财务风险很大。

☞ **任务8-6**

根据表8-3的资料,计算该企业2015年已获利息倍数。

$$已获利息倍数 = \frac{670+80}{80} = 9.38(倍)$$

3. 产权比率

产权比率也是衡量公司长期偿债能力的指标之一,它是负债总额与所有者权益总额之比,这一比率可用于衡量主权资本对借入资本的保障程度。其计算公式为:

$$产权比率 = \frac{负债总额}{所有者权益总额} \times 100\%$$

☞ **任务8-7**

根据表8-2的资料,计算该企业2015年年初的产权比率。

$$产权比率 = \frac{3\,770}{3\,030} \times 100\% = 124.42\%$$

产权比率反映由债权人提供的资本与股东提供的资本的相对关系,反映公司基本财务结构是否合理。产权比率高,是高风险、高报酬的财务结构;产权比率低,是低风险、低报酬的财务结构。公司应对收益与风险进行权衡,力求保持合理、适度的财务结构,以便既能提高盈利能力,又能保障债权人的利益。从这个意义上说,产权比率一般应小于100％,即借入资本小于股东资本为好。

二、营运能力分析

营运能力即企业资金的利用效率,其关键在于资金的周转速度。一般来说,周转速度越快,则资产营运能力越强;反之,则营运能力越弱。衡量资金周转速度可以采用两种形式:周转次数与周转天数,两者可以换算。一定时期内周转次数越多,周转速度越快;周转一次所需的时间越短,周转速度越快。

$$周转次数 = \frac{周转额}{资产平均余额}$$

$$周转天数 = \frac{计算期天数}{周转次数} = \frac{资产平均余额}{周转额} \times 计算期天数$$

在实际工作中,一般通过先计算周转次数,再根据以上所示的关系推出周转天数。以下介绍各周转率指标(仅列示周转次数计算公式,周转天数据此推导,不再赘述)。

1. 应收账款周转率

应收账款周转率是指企业一定时期营业收入数额同应收账款平均余额的比值。其计算公式为:

$$应收账款周转次数 = \frac{营业收入}{应收账款平均余额}$$

其中:

$$应收账款平均余额 = (应收账款年初数 + 应收账款年末数) \div 2$$

该指标反映了企业应收账款的流动速度,即企业本年度内应收账款转为现金的平均次数。一般认为,应收账款周转率高,能减少企业在应收账款上的呆滞占用、活化企业营运资金、提高资金利用效率。但要注意,由于季节性经营、大量采用现金方式结算等都有可能使本指标失实,所以,应结合企业前后期间、行业平均水平进行综合分析。

☞ **任务 8－8**

根据表 8－2、表 8－3 的资料以及补充资料,计算该企业 2014 年应收账款周转率。

2014 年应收账款平均余额 ＝(1 400＋1 480)÷2＝1 440(万元)

$$应收账款周转次数 = \frac{6\ 950}{1\ 440} = 4.83(次)$$

$$应收账款周转天数 = \frac{360}{4.83} = 75(天)$$

一定时期内应收账款的周转次数越多,说明应收账款周转越快,应收账款的利用效果越好。应收账款周转天数又称应收账款占用天数,是反映应收账款周转情况的另一个重要指标。周转天数越少,说明应收账款周转越快,利用效果越好。

2. 存货周转率

存货周转率是指企业一定时期营业成本同存货平均余额的比值。其计算公式为:

$$存货周转次数 = \frac{营业成本}{存货平均余额}$$

其中:

$$存货平均余额 = (存货年初数 + 存货年末数) \div 2$$

该指标是评价企业从取得存货、投入生产到完工销售等各环节管理状况的综合性指标,用于反映存货的周转速度,即存货的流动性及存货资金占用量合理与否。一般来说,该指标越高,表示企业资产由于销售顺畅而具有较高的流动性,存货转化为现金或应收账款的速度快,存货占用水平低。运用本指标时,还要注意综合考虑进货批量、生产销售的季节性变动以及存货结构等。

☞ 任务8-9

根据表8-2、表8-3的资料以及补充资料,计算该企业2014年的存货周转率。

2014年存货平均余额 =(1 800+1 900)÷2=1 850(万元)

$$存货周转次数=\frac{5\ 430}{1\ 850}=2.94(次)$$

存货周转天数=360÷2.94=123(天)

一定时期内存货周转次数越多,说明存货周转速度越快,存货利用效果越好。同理,存货周转天数越少,说明存货周转速度越快,存货利用效果越好。

3. 流动资产周转率

流动资产周转率是指企业一定时期营业收入同流动资产平均余额的比值。其计算公式为:

$$流动资产周转次数=\frac{营业收入}{流动资产平均余额}$$

其中:

$$流动资产平均余额=(流动资产年初数+流动资产年末数)÷2$$

该指标体现了流动资产的周转速度,是从企业全部资产中流动性最强的流动资产角度对资金利用效果的进一步分析。要实现该指标的良性循环,应以营业收入的增长幅度高于流动资产的增长幅度做保证。一般情况下,该指标越高,表明企业流动资产的利用效果越好。

☞ 任务8-10

根据表8-2、表8-3的资料以及补充资料,计算该企业2014年的流动资产周转率。

2014年流动资产平均余额=(3 600+3 800)÷2=3 700(万元)

流动资产周转次数=6 950÷3 700=1.88(次)

流动资产周转天数=360÷1.88=192(天)

4. 总资产周转率

总资产周转率是企业一定时期营业收入同资产平均总额的比值。其计算公式为:

$$总资产周转次数=\frac{营业收入}{资产平均总额}$$

其中,资产平均总额是指资产总额的年初数与年末数的平均值,其计算公式为:

$$资产平均总额=(资产总额年初数+资产总额年末数)÷2$$

该指标体现了企业经营期间全部资产从投入到产出周而复始的流转速度,反映了企业全部资产的管理质量和利用效率。一般情况下,该指标数值越高,周转速度越快,资产利用率越高。

☞ 任务8-11

根据表8-2、表8-3的资料以及补充资料,计算该企业2014年的总资产周转率。

2014年资产平均总额＝(6 000＋6 800)÷2＝6 400(万元)

总资产周转次数＝6 950÷6 400＝1.09(次)

总资产周转天数＝360÷1.09＝331(天)

三、盈利能力分析

盈利能力就是企业赚取利润的能力,是企业资金增值的能力,通常表现为企业收益数额的大小与水平的高低。无论是投资者还是债权人,都认为企业的盈利能力十分重要,因为健全的财务状况必须有较高的盈利能力来支持。企业财务管理人员当然也十分重视盈利能力,因为要实现财务管理的目标,就必须不断提高利润、降低风险。

1. 营业利润率

营业利润率是营业利润与营业收入的比率。其计算公式为:

$$营业利润率＝\frac{营业利润}{营业收入}\times100\%$$

从利润表来看,企业的利润包括营业利润、利润总额和净利润三种形式。其中,利润总额和净利润包含着非营业利润因素,所以,更能直接反映经营获利能力的指标是营业利润率,该指标越高,表明企业主营业务的市场竞争力越强,发展潜力越大,获利能力越强。

☞ 任务 8—12

根据表 8—3 的资料,计算该公司 2014 年的营业利润率。

$$营业利润率＝\frac{680}{6\ 950}\times100\%＝9.78\%$$

2. 净资产收益率

净资产收益率是公司一定时期的净利润与平均净资产的比率。其计算公式为:

$$净资产收益率＝\frac{净利润}{平均净资产}\times100\%$$

其中:

$$平均净资产＝(期初净资产＋期末净资产)÷2$$

净资产即所有者权益。该指标是评价自有资本及其积累获取报酬水平的最具综合性与代表性的指标,充分反映了公司资本运营的综合效益。该指标通用性强、适应范围广、不受行业局限,是国际上公司综合评价中使用率非常高的一个指标,也是评价公司资本运营效益的核心指标。通过对该指标的综合对比分析,可以看出公司获利能力在同行业中所处的地位,以及与同类公司的差异水平。一般认为,公司的净资产收益率越高,公司自有资本获取收益的能力越强、运营效益越好,对公司投资人、债权人的利益保证程度越高。

☞ 任务 8—13

根据表 8—2、表 8—3 的资料以及补充资料,计算该公司 2014 年的净资产收益率。

2014 年平均净资产＝(3 000＋3 030)÷2＝3 015(万元)

$$净资产收益率＝\frac{402}{3\ 015}\times100\%＝13.33\%$$

3. 总资产报酬率

总资产报酬率是指公司一定时期内获得的息税前利润与资产平均总额的比率。它是反映

企业资产综合利用效果的指标,也是衡量企业利用负债和所有者权益总额所取得盈利的重要指标。其计算公式为:

$$总资产报酬率 = \frac{息税前利润}{资产平均总额} \times 100\%$$

其中:

$$资产平均总额 = (期初资产总额 + 期末资产总额) \div 2$$

该指标表示全部资产获取收益的水平,全面反映了公司的获利能力和投入产出状况。通过对该指标的深入分析,可以增强各方面对公司资产经营状况的关注,促进公司提高单位资产收益水平。公司可据此指标与市场资本利率进行比较,如果该指标大于市场利率,则表明公司可以充分利用财务杠杆进行负债经营,获取尽可能多的收益。一般来说,该指标越高,表明公司投入产出的水平越好,公司全部资产的总体运营效益越高,整个企业的获利能力越强。

☞ 任务8-14

根据表8-2、表8-3的资料以及补充资料,计算该公司2014年的总资产报酬率。

2014年资产平均总额 = (6 000 + 6 800) ÷ 2 = 6 400(万元)

$$总资产报酬率 = \frac{(670 + 80)}{6\ 400} \times 100\% = 11.72\%$$

4. 成本费用利润率

成本费用利润率是指公司一定时期的利润总额同公司成本费用总额的比率。其计算公式为:

$$成本费用利润率 = \frac{利润总额}{成本费用总额} \times 100\%$$

成本费用总额是公司营业成本、营业税金及附加、销售费用、管理费用、财务费用之和。

该指标从公司内部管理等方面对资本收益做进一步修正,从耗费角度补充评价公司收益状况,有利于促进公司加强内部管理、节约支出、提高经济效益。该指标越高,表明公司为取得收益所付出的代价越小。成本费用控制得越好,公司获利能力越强。

☞ 任务8-15

根据表8-3的资料,计算该公司2014年的成本费用利润率。

$$2014年成本费用利润率 = \frac{670}{5\ 430 + 410 + 150 + 180 + 120} \times 100\% = 10.65\%$$

5. 盈余现金保障倍数

盈余现金保障倍数是指公司一定时期的经营现金净流量同公司净利润的比率。其计算公式为:

$$盈余现金保障倍数 = \frac{经营现金净流量}{净利润}$$

该指标是从现金流入和流出的动态角度,对公司收益的质量进行评价,对公司的实际收益能力进行再次修正。由于经营现金净流量的计算建立在收付实现制的基础之上,因而充分反映出公司当期净收益中有多少是有现金保障的,挤掉了收益中的水分,体现出公司当期收益的质量状况,同时减少了权责发生制对收益的操纵。一般而言,若公司当期净利润大于0时,该指标应大于1。该指标越大,表明公司经营活动产生的净利润对现金的贡献越大。但是,由于经营现金净流量变动较大,致使该指标的数值变动也较大,因此,实际中应根据实际收益状况进行针对性的分析。

☞ 任务 8—16

根据表 8—3 的资料及补充资料,计算该公司 2014 年的盈余现金保障倍数。

$$2014 年盈余现金保障倍数 = \frac{1\ 000}{402} = 2.49$$

四、发展能力分析

发展能力是公司在生存的基础上扩大规模、壮大实力的潜在能力。

1. 营业收入增长率

营业收入增长率是指公司本年营业收入增长额同上年营业收入总额的比率。其计算公式为:

$$营业收入增长率 = \frac{本年营业收入增长额}{上年营业收入总额} \times 100\%$$

该指标是衡量公司经营状况和市场占有能力、预测公司经营业务拓展趋势的重要标志,也是公司扩张资本的重要前提。不断增加的营业收入,是公司生存的基础和发展的条件。若该指标大于 0,表示公司本年的营业收入有所增长,指标值越高,表明增长速度越快,公司市场前景越好;若该指标小于 0,则说明产品或服务销售不畅。该指标在实际操作中应结合公司历年的营业收入水平、公司市场占有情况、行业未来发展及其他影响公司发展的潜在因素进行前瞻性预测,或结合公司前三年的营业收入增长率做出趋势性分析判断。

☞ 任务 8—17

根据表 8—3 的资料,计算该公司 2015 年的营业收入增长率。

$$2015 年营业收入增长率 = \frac{7\ 960 - 6\ 950}{6\ 950} \times 100\% = 14.53\%$$

2. 资本积累率

资本积累率是指公司本年所有者权益增长额与年初所有者权益总额的比率。其计算公式为:

$$资本积累率 = \frac{本年所有者权益增长额}{年初所有者权益总额} \times 100\%$$

该指标反映了公司当年所有者权益总额的增长率,体现了公司资本的积累情况,是公司发展强盛的标志,也是公司扩大再生产的源泉,展示了公司的发展潜力。该指标越高,表明公司的资本积累越多,公司资本保全性越强,抵御风险、持续发展的能力越强;若该指标小于 0,则表明公司资本受到侵蚀,所有者利益受到损害,应予以充分重视,查找原因,解决问题。

☞ 任务 8—18

根据表 8—2 的资料,计算该公司 2015 年的资本积累率为:

$$2015 年资本积累率 = \frac{3\ 410 - 3\ 030}{3\ 030} \times 100\% = 12.54\%$$

3. 资本保值增值率

资本保值增值率是指公司本年末所有者权益扣除客观增减因素后同年初所有者权益总额的比率。反映了企业当年资本在企业自身努力下的实际增减变动情况,是评价企业财务效益状况的辅助指标。其计算公式为:

$$资本保值增值率=\frac{扣除客观增减因素后的年末所有者权益}{年初所有者权益总额}\times100\%$$

资本保值增值率是根据资本保全原则设计的指标,更加谨慎、稳健地反映了公司的资本保全和增值情况。同时,它也充分体现了经营者的主观努力程度和利润分配中的积累状况。一般该指标应大于100%。该指标越高,表明公司的资本保全状况越好,所有者权益增长越快;若该指标小于100%,则表明公司资本受到侵蚀,没有实现资本保全,损害了所有者权益,也妨碍了公司进一步发展壮大,应予以充分重视。

☞ **任务 8—19**

根据表 8—2 的资料,计算该公司 2015 年的资本保值增值率。

$$2015 年资本保值增值率=\frac{3\,030}{3\,000}\times100\%=101\%$$

五、上市公司市场价值的比率分析

1. 基本每股收益

基本每股收益只考虑当期实际发行在外的普通股股份,按照归属于普通股股东的当期净利润除以当期实际发行在外普通股的加权平均数计算确定。它反映了普通股的获利水平。其计算公式为:

$$基本每股收益=\frac{归属于普通股股东的当期净利润}{当期实际发行在外的普通股的加权平均数}$$

该指标是评价上市公司盈利能力的最基本、最核心的指标,也是确定股票价格的主要参考指标。该指标具有引导投资、增加市场评价功能、简化财务指标体系的作用。一般来说,该指标越高,表明公司的盈利能力越强,股东的投资效益就越好,每一股份所得的利润就越多。在其他条件不变的情况下,其市价上升的空间越大;反之,则越差。

☞ **任务 8—20**

五洲公司 2015 年年初发行在外的普通股为 3 000 万股。4 月 30 日,新发行普通股1 620万股;12 月 1 日,回购普通股 720 万股,以备将来奖励职工之用。该公司当年度实现净利润450 万元。2015 年度五洲公司基本每股收益计算如下:

$$发行在外普通股的加权平均数=3\,000\times\frac{12}{12}+1\,620\times\frac{8}{12}-720\times\frac{1}{12}$$
$$=4\,020(万股)$$

或者:

$$3\,000\times\frac{4}{12}+4\,620\times\frac{7}{12}+3\,900\times\frac{1}{12}=4\,020(万股)$$

$$基本每股收益=\frac{450}{4\,020}=0.11(元/股)$$

在这里,还有一个相关指标叫稀释每股收益。稀释每股收益是以基本每股收益为基础,假设企业所有发行在外的稀释性潜在普通股均已转换为普通股,从而分别调整归属于普通股股东的当期净利润以及发行在外的普通股的加权平均数计算而得的每股收益。

潜在普通股是指赋予其持有者在报告期或以后期间享有取得普通股权利的一种金融工具或其他合同。目前,我国企业发行的潜在普通股主要有可转换公司债券、认股权证、股份期权等。

稀释性潜在普通股是指假设当期转换为普通股会减少每股收益的潜在普通股。

2. 市盈率

市盈率是指普通股的每股市价与每股收益的比值。它反映了投资者对每元净利润所愿意支付的价格,可以用来估计股票的投资报酬和风险。其计算公式为:

$$市盈率=\frac{每股市价}{每股收益}$$

一般来说,该指标越低,表明该股票的投资风险越小,相对来说投资价值也越大。但在股票市场不健全的情况下,股价有可能与其每股收益严重脱节,在这种情况下,如果盲目依据市盈率判断公司前景美好而购进股票,将会面临很大的风险。

公司通常是在市盈率较低时,以收购股票的形式实现对其他公司的兼并,然后进行改造,待到市盈率升高时,再以出售股票的形式卖出公司,从中获利。

任务 8-21

若五洲公司 2014 年、2015 年的每股市价分别为 2 元和 1.56 元,依据表8-4的资料,计算该公司的市盈率。

表 8-4　　　　　　　　　　　五洲公司收益情况

项目	年度	
	2014 年	2015 年
净利润(万元)	402	450
年末普通股股数(万股)	3 000	4 020
每股收益(元)	0.13	0.11

$$2014 年市盈率=\frac{2}{0.13}=15.38$$

$$2015 年市盈率=\frac{1.56}{0.11}=14.18$$

由此可见,五洲公司 2015 年的市盈率较 2014 年有所降低,说明该公司股票的投资风险有所降低,而投资价值有所提高。

3. 每股净资产

每股净资产是年度末股东权益与年度末普通股股数的比值,也称为每股账面价值。其计算公式为:

$$每股净资产=\frac{年度末股东权益}{年度末普通股股数}$$

这里的"年度末股东权益"是指扣除优先股权益后的余额。

该指标反映发行在外的每股普通股所代表的净资产成本即账面价值。在进行投资分析时,只能有限地使用这个指标,因为它是用历史成本计量的,既不反映净资产的变现价值,也不反映净资产的产出能力。

☞ 任务8-22

五洲公司的相关资料及每股净资产的计算如表8-5所示。

表8-5 五洲公司收益情况

项　目	年　度	
	2014 年	2015 年
年度末股东权益(万元)	3 030	3 410
年度末普通股股数(万股)	3 000	4 020
每股净资产(元)	1.01	0.85

需要指出的是,以上所举实例仅以同一指标的本年数与上年数进行了对比,在实务中,还应结合公司的计划数、同行业平均水平或先进水平做进一步比较分析,从而说明公司的经营绩效。

👥 帮你学

1. 一般情况下,流动比率越高、现金流动负债比率越大,反映企业的短期偿债能力越强,债权人的权益越有保障。

2. 国际上通常认为,速动比率等于100%时较为适当。

3. 资产负债率比较保守的经验判断一般为不高于50%,国际上一般认为60%比较好。

4. 国际上公认的已获利息倍数的标准为3。

5. 产权比率一般应小于100%,即借入资本小于股东资本为好。

6. 一般来说,应收账款周转速度越快,则资产营运能力越强;反之,则营运能力越弱。

7. 一般认为,营业利润率越高、公司净资产收益率越高、总资产报酬率越高、成本费用利润率越高,表明企业主营业务的市场竞争力越强、发展潜力越大、获利能力越强。

8. 营业收入增长率若大于0,表示公司本年的营业收入有所增长,指标值越高,表明增长速度越快、公司市场前景越好。

9. 资本积累率越高,表明公司的资本积累越多,公司资本保全性越强,抵御风险、持续发展的能力越强。

10. 资本保值增值率越高,表明公司的资本保全状况越好,所有者权益增长越快。

情境三 综合财务分析

一、杜邦财务分析

财务分析的最终目的在于全方位地了解公司经营理财的状况,并据此对公司经济效益的好坏做出系统的、合理的评价。前面介绍的财务比率分析方法虽然可以了解公司各方面的理财状况,但是不能反映它们之间的相互关系。事实上,单独计算分析任何一项财务指标,都难以全面评价公司的财务状况和经营成果。要想对公司的财务状况和经营成果有一个综合判断,就必须对这些指标进行相互关联的分析,即将公司的营运能力分析、偿债能力分析、盈利能力分析和发展能力分析纳入一个有机整体,只有这样,才能对公司的经营绩效做出科学的评价。

　　杜邦财务分析就是根据某些财务比率之间的内在联系来综合分析公司理财状况的一种方法。其目的就是:找出影响公司理财效益的各方面的原因,从而总结经验教训,为编制下期财务计划打好基础。杜邦财务分析因其最初由美国杜邦公司创立并成功运用而得名。其分解公式如下:

$$净资产收益率＝总资产净利率×权益乘数$$
$$＝营业净利率×总资产周转率×权益乘数$$

　　净资产收益率是一个综合性最强的财务比率,是杜邦体系的核心,其他各项指标都是围绕这一核心,通过研究彼此间的依存关系来揭示公司的获利能力及其前因后果。净资产收益率的高低取决于总资产净利率与权益乘数。

　　总资产净利率也是一个重要的财务比率,综合性也较强。它是营业净利率与总资产周转率的乘积。因此,要进一步分析公司的销售成果以及资产运营情况。

　　权益乘数即权益总资产率,是指资产总额与股东权益的比率。它反映总资产与所有者权益之间的倍数关系。股东权益融资的资产比例越大,权益乘数越小。其计算公式如下:

$$权益乘数＝资产÷所有者权益＝1÷(1－资产负债率)$$

　　显然,在资产一定的情况下,适当举债,相对减少所有者权益所占的份额,可以提高权益乘数,这样可为公司带来较大的财务杠杆收益,但同时公司也要承受较大的财务风险。

　　杜邦财务分析体系的基本结构如图8—1所示(图中数据依据表8—2、表8—3及其补充资料计算所得)。

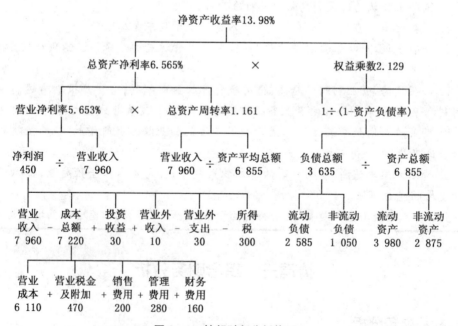

图8—1　杜邦财务分析体系

　　通过杜邦体系自上而下的分析,不仅可以揭示出公司各项财务指标间的结构关系,查明各项主要指标变动的影响因素,而且为决策者优化经营理财状况、提高公司经营效益提供了思路。提高主权资本收益率的根本在于扩大销售、节约成本、优化投资配置、加速资金周转、优化资本结构、确立风险意识等。

二、综合分析法

为了进行综合财务分析,可以编制财务比率汇总表,将反映偿债能力、营运能力、获利能力和发展能力的比率进行分类,得出各方面的情况。综合分析法经常采用的一种方法称为指数法。运用指数法编制综合分析表的步骤如下:

第一步,选定评价公司财务状况的比率。通常选择能够说明问题的比率,即从各类比率中选取具有代表性的比率。

第二步,根据各项比率的重要程度,确定重要性系数。各比率的系数之和应等于1。重要程度的判断,需要根据公司的经营财务状况、发展趋势以及公司所有者、债权人和管理人员的态度等具体情况确定。

第三步,确立各项比率的标准值。所谓标准值,就是理想值或最优值。

第四步,计算公司在一定时期各项代表指标的实际值。

第五步,计算各项代表指标实际值与标准值的比率,即关系比率。

第六步,计算各项代表指标的综合指数及其合计数。各项代表指标的综合指数按下式计算:

$$综合指数 = 关系比率 \times 重要性系数$$

其合计数是评价公司财务状况的一个依据。一般而言,综合指数合计数如果为1或接近于1,则表明公司的财务状况基本上达到标准要求;如果与1有较大差距,则财务状况偏离标准要求较远。在此基础上,应进一步分析具体原因。

任务 8—23

依据表 8—2、表 8—3 以及补充资料,简单列示五洲公司 2015 年度的财务比率综合分析表,如表 8—6 所示。

表 8—6　　　　　　　　　　　　　　　财务比率综合分析表

指标类型	具体指标	实际值	标准值	重要性系数①	关系比率②	指数③＝①×②
偿债能力	1. 流动比率	1.6	2	0.06	0.8	0.048
	2. 速动比率	0.8	1	0.05	0.8	0.04
	3. 资产负债率	50.65%	40%	0.06	1.27	0.076
	4. 已获利息倍数	8.5	8	0.05	1.06	0.053
盈利能力	1. 净资产收益率	13.98%	13%	0.20	1.08	0.216
	2. 总资产报酬率	12.40%	12%	0.05	1.03	0.051 5
	3. 资本保值增值率	112.54%	110%	0.08	1.02	0.081 6
	4. 盈余现金保障倍数	1.41	1.5	0.09	0.94	0.084 6
营运能力	1. 流动资产周转率	2 次	3 次	0.09	0.67	0.060 3
	2. 总资产周转率	1.16 次	1.5 次	0.09	0.77	0.069 3

续表

指标类型	具体指标	实际值	标准值	重要性系数①	关系比率②	指数③=①×②
发展能力	1. 销售(营业)增长率	14.53%	15%	0.09	0.97	0.087 3
	2. 资本积累率	12.54%	10%	0.09	1.25	0.112 5
合计		—	—	1	—	0.980 1

从表8—6中可以看出,五洲公司2015年度财务指标的综合指数为0.980 1,小于1,所以,该公司的财务状况不是很好,需要改进。

 帮你学

1. 单独分析任何一项财务指标,都难以全面评价企业的财务状况和经营成果。要想对企业的财务状况和经营成果有一个总的评价,就必须进行相互关联的分析,采用适当的标准进行综合性的评价。

2. 一个健全有效的综合财务指标体系必须具备三个基本要素:指标要素齐全适当、主辅指标功能匹配、满足多方信息需要。

基本达标

一、单项选择题

1. 产权比率为4/5,则权益乘数为(   )。

A.5/4   B.9/5   C.9/4   D.4/5

2. 某公司年末会计报表上的部分数据为:流动负债60万元,流动比率为2,速动比率为1.2,销售成本为100万元,年初存货为52万元。则本年度存货周转次数为(   )。

A.1.65次   B.2次   C.2.3次   D.1.45次

3. 净资产收益率在杜邦财务分析体系中是一个综合性最强、最具有代表性的指标。净资产收益率越高越好,下列关于提高净资产收益率的途径不包括(   )。

A. 加强销售管理,提高销售净利率

B. 加强资产管理,提高其利用率和周转率

C. 加强负债管理,降低资产负债率

D. 加强负债管理,提高产权比率

4. 财务分析的一般目的不包括(   )。

A. 财务风险分析   B. 评价过去的经营业绩

C. 衡量现在的财务状况   D. 预测未来的发展趋势

5. (   )不能反映企业偿付到期长期债务能力方面的财务比率。

A. 营业利润率   B. 资产负债率   C. 已获利息倍数   D. 产权比率

6. 属于综合财务分析法的是(   )。

A. 比率分析法   B. 比较分析法   C. 杜邦分析法   D. 趋势分析法

7. 对于流动比率来讲,下列结论正确的是(   )。

A. 流动比率越大越好

B. 营运资金越多,企业的偿债能力就越强

C. 速动比率比流动比率更能反映企业的偿债能力

D. 如果流动比率小于2,则说明企业的偿债能力较差

8. (   )会提高企业的已获利息倍数。

A. 贷款购买厂房   B. 宣布并支付现金股利

C. 所得税税率降低   D. 成本下降增加利润

9. 以下等式不成立的是(   )。

A. 资产净利率＝营业净利率×资产周转率

B. 净资产收益率＝营业净利率×权益乘数

C. 速动比率＝(流动资产－存货)÷流动负债

D. 营业周期＝存货周转天数＋应收账款周转天数

10. 甲公司年初速动比率为1.1,流动比率为2.0。当年年末公司的速动比率为0.8,流动比率为2.4,年末与年初的差异在于(   )。

A. 赊销数量增加   B. 应付账款增加   C. 存货增加   D. 应收账款减少

11. 某公司的平均资产总额为1 000万元,平均负债总额为530万元,其权益乘数为(   )。

A. 0.53   B. 2.13   C. 1.13   D. 0.47

12. 在公司财务报表中,营业收入为20万元,应收账款年末数为10万元,年初数为6万元,应收账款周转次数为(   )次。

A. 2.5   B. 2   C. 3.33   D. 以上均不对

13. 如果流动负债小于流动资产,则期末以现金偿付一笔短期借款所导致的结果是(   )。

A. 营运资金减少   B. 营运资金增加   C. 流动比率降低   D. 流动比率提高

14. 在下列财务分析主体中,必须对企业营运能力、偿债能力、盈利能力及发展能力的全部信息予以详尽了解和掌握的是(   )。

A. 短期投资者   B. 企业债权人   C. 企业经营者   D. 税务机关

15. 在下列各项指标中,能够从动态角度反映企业偿债能力的是(   )。

A. 现金流动负债比率   B. 资产负债率

C. 流动比率   D. 速动比率

二、多项选择题

1. 在计算速动比率时,要把存货从流动资产中剔除出去的主要原因有(   )。

A. 存货中可能部分是抵押品

B. 在流动资产中,存货的变现速度最慢

C. 存货的账面价值可能与真实市价存在差异

D. 存货是最具流动性的资产

2. 在分析企业盈利能力时,应排除的情况是(   )。

A. 会计准则和财务制度变更带来的累积影响

B. 证券买卖等非正常项目

　　C. 重大事故或法律更改等特别项目

　　D. 已经或将要停止的营业项目

3. 一般情况下,影响流动比率的主要因素有(　　)。

　　A. 应收账款的多少　　　　　　　　B. 存货的周转速度

　　C. 企业的偿债声誉　　　　　　　　D. 营业周期

4. 影响资产净利率的因素有(　　)。

　　A. 产品的售价　　　　　　　　　　B. 单位产品成本的高低

　　C. 产销产量　　　　　　　　　　　D. 税率

5. 当评价债权人的利益保护程度时,应使用(　　)指标。

　　A. 营业利润率　　　　　　　　　　B. 产权比率

　　C. 资产负债率　　　　　　　　　　D. 已获利息倍数

6. 分析企业短期偿债能力的指标有(　　)。

　　A. 流动比率　　　B. 负债比率　　　C. 速动比率　　　D. 权益乘数

7. 趋势分析法主要有(　　)。

　　A. 定基分析法　　　B. 杜邦分析法　　C. 比率分析法　　D. 环比分析法

8. 下列指标中,比率越高,说明企业获利能力越强的有(　　)。

　　A. 总资产利润率　　B. 资产负债率　　C. 产权比率　　　D. 营业利润率

9. 在存货周转率中,(　　)。

　　A. 存货周转次数多,表明存货周转慢　　B. 存货周转次数少,表明存货周转慢

　　C. 存货周转天数多,表明存货周转慢　　D. 存货周转天数少,表明存货周转慢

10. 应收账款周转率提高意味着(　　)。

　　A. 短期偿债能力增加　　　　　　　B. 收账费用减少

　　C. 收账迅速,账龄较短　　　　　　D. 销售成本降低

三、判断题

1. 如果一个企业的盈利能力比率较高,则该企业的偿债能力也一定较好。　　(　　)

2. 每股收益越高,说明股东可以从公司分得的股利越高。　　(　　)

3. 应收账款周转率过高或过低对企业都可能是不利的。　　(　　)

4. 应收账款周转率是用来估计应收账款流动速度和管理效率的财务比率,一般认为应收账款周转率越高越好。　　(　　)

5. 通常情况下,股票市盈率越高,表明投资者对公司的未来越看好。　　(　　)

6. 当运用已获利息倍数指标估计企业偿债能力的状况时,通常应选择该指标最高的年度。　　(　　)

7. 无论是企业短期债权人还是企业投资者、经营者,都希望流动比率越高越好。　　(　　)

8. 每股收益是衡量上市公司盈利能力最重要的财务指标。　　(　　)

9. 市盈率是评价上市公司盈利能力的指标,它反映投资者愿意对公司每股净利润支付的价格。　　(　　)

10. 在财务分析中,将通过对比两期或连续数期财务报告中的相同指标,说明企业财务状况或经营成果变动趋势的方法,称为趋势分析法。　　(　　)

能力提升

1. 远方公司是一家上市公司,2014 年的资产负债表(简表)如表 8—7 所示。

表 8—7 资产负债表(简表)

2014 年 12 月 31 日　　　　　　　　　　　　单位:万元

资　产	期末数	负债及股东权益	期末数
流动资产	655	流动负债	290
固定资产	1 570	长期借款	540
无形资产	13	应付债券	225
其他长期资产	5	长期负债合计	765
		股东权益	1 188
资产总计	2 243	负债及股东权益总计	2 243

[要求]

计算该公司的资产负债率、产权比率,并对该公司的长期偿债能力作出评价。

2. 某企业上年营业收入为 6 624 万元,全部资产平均余额为 2 760 万元,流动资产占全部资产的比重为 40%;本年营业收入为 7 350 万元,全部资产平均余额为 2 940 万元,流动资产占全部资产的比重为 45%。

[要求]

根据以上资料,对全部资产周转率变动的原因进行分析。

3. 斌康化工集团股份有限公司 2014 年年末的资产总额为 181 833 万元;流动资产为 96 054 万元,其中,存货为 30 793 万元;负债总额为 93 037 万元;流动负债为 88 976 万元。

[要求]

计算该公司的流动比率、速动比率、资产负债率,并做简要分析。

4. 通百公司的有关部门资料如表 8—8 所示。

表 8—8 通百公司的有关部门资料

项　目	期初数	期末数	本期数(平均数)
存货	3 600 万元		
流动负债	3 000 万元	4 800 万元	
速动比率	0.75	4 500 万元	
流动比率		1.6	
总资产周转次数			1.2
总资产			18 000 万元

注:假定该公司的流动资产等于速动资产加存货。

[要求]

(1)计算该公司流动资产的期初数和期末数。

(2)计算该公司的主营业务收入。

(3)计算该公司本期流动资产平均余额和流动资产周转次数。

5. 某企业 2015 年 12 月 31 日的资产负债表(简表)如表 8—9 所示。

表 8—9

资产负债表(简表)

2015 年 12 月 31 日

单位:万元

资　产	期末数	负债及所有者权益	期末数
货币资金	300	应付账款	300
应收账款	900	应付票据	600
存货	1 800	长期借款	2 700
固定资产	2 100	实收资本	1 200
无形资产	300	留存收益	600
资产合计	5 400	负债及所有者权益合计	5 400

该企业 2015 年的营业收入为 6 000 万元,营业净利率为 10%,净利润的 50%分配给投资者。预计 2016 年的营业收入比上年增长 25%,为此需要增加固定资产 200 万元,增加无形资产 100 万元。根据有关情况分析,企业流动资产项目和流动负债项目将随营业收入同比例增减。假定该企业 2016 年的营业净利率和利润分配政策与上年保持一致,该年度的长期借款不发生变化;2016 年年末固定资产和无形资产合计为 2 700 万元。2016 年企业需要增加对外筹集的资金由投资者增加投入解决。

[要求]

(1)计算 2016 年需要增加的营运资金额。

(2)预测 2016 年需要增加对外筹集的资金额(不考虑计提法定盈余公积的因素,以前年度的留存收益均已有指定用途)。

(3)预测 2016 年年末的流动资产额、流动负债额、资产总额、负债总额和所有者权益总额。

(4)预测 2016 年的速动比率和产权比率。

(5)预测 2016 年的流动资产周转次数和总资产周转次数。

(6)预测 2016 年的净资产收益率。

(7)预测 2016 年的资本积累率。

 创新应用

杜邦财务分析案例

(一)公司概况

光明玻璃股份有限公司是一家拥有 30 多年历史的大型玻璃生产企业。该公司颇有战略头脑,十分重视新产品和新工艺的开发,重视对老设备进行技术改造、引进国外先进技术,拥有国内一流的浮法玻璃生产线。该公司生产的浮法玻璃、汽车安全玻璃以及高档铅品质玻璃器皿在国内具有较高的市场占有率。该公司还十分重视战略重组，大力推行前向一体化和后向一体化，使公司形成了一条由原材料供应到产品制造再到产品销售"一条龙"的稳定的价值生产链。由于该公司战略经营意识超前，管理得法，使公司规模迅速扩展、销量和利润逐年递增，跃居国内"排头兵"位置。但由于近两年企业扩展太快，经营效率有所下降。

该公司为了把握未来，对公司未来几年面临的市场和风险进行了预测。预测结果表明，在未来的近几年里，伴随国民经济的快速发展、安居工程的启动以及汽车工业的迅猛崛起，市场对各种玻璃的需求剧增，这种市场发展势头对公司带来了千载难逢的发展机会。预测结果还表明，公司未来面临的风险也在逐步加大，国内介入浮法玻璃生产线的企业逐渐增多、国外玻璃生产公司意欲打入中国市场、石油和能源涨价等都对公司的未来市场、生产经营和经济效益提出了严峻的挑战。

(二)案例资料

公司为了确保在未来市场逐渐扩展的同时，使经济效益稳步上升，维持行业"排头兵"的位置，拟运用杜邦财务分析方法对公司最近三年的财务状况和经济效益情况进行全面分析，找出公司在这方面取得的成绩和存在的问题，并针对问题提出改进措施，扬长避短，实现公司的自我完善。

公司最近3年的资产负债表和损益表资料如表8—10、表8—11所示。

表8—10　　　　　　　　　　　　资产负债表　　　　　　　　　　　　单位:千元

资　产				负债及所有者权益			
项　目	金　额			项　目	金　额		
	前　年	上　年	本　年		前　年	上　年	本　年
流动资产合计	398 400	1 529 200	1 745 300	流动负债合计	395 000	493 900	560 000
长期投资	14 200	68 600	20 900	长期负债合计	31 400	86 200	128 300
固定资产净值	313 200	332 300	473 400	负债总计	426 400	580 100	688 300
在建工程	21 510	31 600	129 500				
递延资产			6 900				
无形资产及其他资产		147 500	155 500	所有者权益总计	320 910	1 629 100	1 843 200
资产总计	747 310	2 209 200	2 531 500	负债及所有者权益总计	747 310	2 209 200	2 531 500

表8—11　　　　　　　　　　　　损　益　表　　　　　　　　　　　　单位:千元

项　目	金　额		
	前　年	上　年	本　年
一、产品销售收入	881 000	948 800	989 700
减:产品销售成本	316 400	391 000	420 500
产品销售费用	9 900	52 700	43 500
产品销售税金	95 300	99 600	89 000
二、产品销售利润	459 400	405 500	436 700
加:其他业务利润			

项 目	金 额		
	前 年	上 年	本 年
减：管理费用	164 900	107 000	97 200
财务费用	13 400	3 600	18 500
三、营业利润	281 100	294 900	321 000
加：投资收益			
营业外收入			
减：营业外支出			
四、利润总额	281 100	294 900	321 000
减：所得税	84 330	88 470	96 300
五、净利润	196 770	206 430	224 700

[要求]

（1）计算该公司上年和本年的净资产收益率，并确定本年较上年的总差异。

（2）对净资产收益率的总差异进行总资产净利率和权益乘数的两因素分析，并确定各因素变动对总差异影响的份额。

（3）对总资产净利率的总差异进行销售净利率和总资产周转率的两因素分析，确定各因素变动对总资产净利率的总差异影响的份额。

（4）对两年销售净利率的变动总差异进行构成比率因素分析，确定各构成比率变动对总差异的影响份额。

（5）运用上述分析的结果，归纳影响该公司净资产收益率变动的有利因素和不利因素，找出产生不利因素的主要问题和原因，并针对问题提出相应的改进意见。

 信息搜索

1．简述财务分析的目的和内容。

2．简述流动比率、速动比率的概念和计算公式。如何运用这两个指标来评价企业的短期偿债能力？

3．短期偿债能力分析的指标有哪些？

4．应收账款营运能力可通过哪些指标进行分析？

5．存货运营能力可通过什么指标进行分析？

附录 1 元的终值、现值及 1 元的年金终值、现值

1 元的终值表

$$P_{\overline{n}|i} = P'(1+i)^n$$

年	1%	2%	3%	4%	5%	6%	7%	8%	9%	10%	12%
1	1.010	1.020	1.030	1.040	1.050	1.060	1.070	1.080	1.090	1.100	1.120
2	1.020	1.040	1.061	1.082	1.102	1.124	1.145	1.166	1.188	1.210	1.254
3	1.030	1.061	1.093	1.125	1.158	1.191	1.225	1.260	1.295	1.331	1.405
4	1.041	1.082	1.126	1.170	1.216	1.262	1.311	1.360	1.412	1.464	1.573
5	1.051	1.104	1.159	1.217	1.276	1.338	1.403	1.469	1.539	1.611	1.762
6	1.062	1.126	1.194	1.265	1.340	1.419	1.501	1.587	1.677	1.772	1.974
7	1.072	1.149	1.230	1.316	1.407	1.504	1.606	1.714	1.828	1.949	2.211
8	1.083	1.172	1.267	1.369	1.478	1.594	1.718	1.851	1.993	2.144	2.476
9	1.094	1.195	1.305	1.423	1.551	1.689	1.838	1.999	2.172	2.358	2.773
10	1.105	1.219	1.344	1.480	1.629	1.791	1.967	2.159	2.367	2.594	3.106
11	1.116	1.243	1.384	1.539	1.710	1.898	2.105	2.332	2.580	2.853	3.478
12	1.127	1.268	1.426	1.601	1.796	2.012	2.252	2.518	2.813	3.138	3.896
13	1.138	1.294	1.469	1.665	1.886	2.133	2.410	2.720	3.066	3.452	4.363
14	1.149	1.319	1.513	1.732	1.980	2.261	2.579	2.937	3.342	3.797	4.887
15	1.161	1.346	1.558	1.801	2.079	2.397	2.759	3.172	3.642	4.177	5.474
16	1.173	1.373	1.605	1.873	2.183	2.540	2.952	3.426	3.970	4.595	6.130
17	1.184	1.400	1.653	1.948	2.292	2.693	3.159	3.700	4.328	5.054	6.866
18	1.196	1.428	1.702	2.026	2.407	2.854	3.380	3.996	4.717	5.560	7.690
19	1.208	1.457	1.754	2.107	2.527	3.026	3.617	4.316	5.142	6.116	6.613
20	1.220	1.486	1.806	2.191	2.653	3.207	3.870	4.661	5.604	6.728	9.646
25	1.282	1.641	2.094	2.666	3.386	4.292	5.427	6.848	8.623	10.835	17.000
30	1.348	1.811	2.427	3.243	4.322	5.743	7.612	10.063	13.268	17.449	29.960

年	14%	15%	16%	18%	20%	25%	32%	40%	50%	60%	80%
1	1.140	1.150	1.160	1.180	1.200	1.250	1.320	1.400	1.500	1.600	1.800
2	1.300	1.323	1.346	1.392	1.440	1.563	1.742	1.960	2.250	2.560	3.240
3	1.482	1.521	1.561	1.643	1.728	1.953	2.300	2.711	3.375	4.096	5.832
4	1.689	1.749	1.811	1.939	2.074	2.441	3.036	3.842	5.063	6.554	10.498
5	1.925	2.011	2.100	2.288	2.488	3.052	4.007	5.378	7.594	10.486	18.896
6	2.195	2.313	2.436	2.700	2.986	3.815	5.290	7.530	11.391	16.777	34.012
7	2.502	2.660	2.826	3.185	3.583	4.768	6.983	10.541	17.086	26.844	61.222
8	2.853	3.059	3.278	3.759	4.300	5.960	9.217	14.758	25.629	42.950	110.200
9	3.252	3.518	3.803	4.435	5.160	7.451	12.166	20.661	38.443	68.720	198.359
10	3.707	4.046	4.411	5.234	6.192	9.313	16.060	28.925	57.665	109.950	357.047
11	4.226	4.652	5.117	6.176	7.430	11.642	21.199	40.496	86.493	175.922	642.684
12	4.818	5.350	5.936	7.288	8.891	14.552	27.983	56.694	129.746	281.475	1 156.831
13	5.492	6.153	6.886	8.499	10.699	18.190	36.937	79.372	194.619	450.360	2 082.296
14	6.261	7.076	7.988	10.147	12.839	22.737	48.757	111.120	291.929	720.576	3 748.133
15	7.138	8.137	9.266	11.974	15.407	28.422	64.359	155.568	437.894	1 152.921	6 746.641
16	8.137	9.358	10.748	14.129	18.486	35.527	84.954	217.795	656.84	1 844.7	12 144.0
17	9.276	10.761	12.468	16.672	22.186	44.409	112.139	304.913	985.26	2 851.5	21 359.1
18	10.575	12.375	14.463	19.673	26.623	55.511	148.024	426.879	1 477.9	4 722.4	39 346.4
19	12.056	14.232	16.777	23.214	31.948	69.386	195.391	597.630	2 216.8	7 555.8	70 823.5
20	13.743	16.367	19.461	27.393	38.338	86.736	257.916	836.683	3 325.3	12 089.3	127 482.4
25	26.462	32.919	40.874	62.669	95.396	264.693	1 033.590	4 497.880	25 251.0	126 765.1	2 408 865.9
30	50.950	66.212	85.850	143.371	237.376	807.794	4 142.075	24 201.432	19 175.1	1 329 228.0	45 517 159.6

1元的现值表

$$p_{\overline{n}|i} = S\left[\frac{1}{(1+i)^n}\right]$$

年	1%	2%	3%	4%	5%	6%	7%	8%	9%	10%	12%	14%
1	0.990	0.980	0.971	0.962	0.952	0.943	0.935	0.926	0.917	0.909	0.893	0.877
2	0.980	0.961	0.943	0.925	0.907	0.890	0.873	0.857	0.842	0.826	0.797	0.769
3	0.971	0.942	0.915	0.889	0.864	0.840	0.816	0.794	0.772	0.751	0.712	0.675
4	0.961	0.924	0.888	0.855	0.823	0.792	0.763	0.735	0.708	0.683	0.636	0.592
5	0.951	0.906	0.863	0.822	0.784	0.747	0.713	0.681	0.650	0.621	0.567	0.519
6	0.942	0.888	0.837	0.790	0.746	0.705	0.666	0.630	0.596	0.564	0.507	0.456
7	0.933	0.871	0.813	0.760	0.711	0.665	0.623	0.583	0.547	0.513	0.452	0.400
8	0.923	0.853	0.789	0.731	0.677	0.627	0.582	0.540	0.502	0.467	0.404	0.351
9	0.914	0.837	0.766	0.703	0.645	0.592	0.544	0.500	0.460	0.424	0.361	0.308
10	0.905	0.820	0.744	0.676	0.614	0.558	0.508	0.463	0.422	0.386	0.322	0.270
11	0.896	0.804	0.722	0.650	0.585	0.527	0.475	0.429	0.388	0.350	0.287	0.237
12	0.887	0.788	0.701	0.625	0.557	0.497	0.444	0.397	0.356	0.319	0.257	0.208
13	0.879	0.773	0.681	0.601	0.530	0.469	0.415	0.368	0.326	0.290	0.229	0.182
14	0.870	0.758	0.661	0.577	0.505	0.442	0.388	0.340	0.299	0.263	0.205	0.160
15	0.861	0.743	0.642	0.555	0.481	0.417	0.362	0.315	0.275	0.239	0.183	0.140
16	0.853	0.728	0.623	0.534	0.458	0.394	0.339	0.292	0.252	0.218	0.163	0.123
17	0.844	0.714	0.605	0.513	0.436	0.371	0.317	0.270	0.231	0.198	0.146	0.108
18	0.836	0.700	0.587	0.494	0.416	0.350	0.296	0.250	0.212	0.180	0.130	0.095
19	0.828	0.686	0.570	0.475	0.396	0.331	0.276	0.232	0.194	0.164	0.116	0.083
20	0.820	0.673	0.554	0.456	0.377	0.312	0.258	0.215	0.178	0.149	0.104	0.073
25	0.780	0.610	0.478	0.375	0.295	0.233	0.184	0.146	0.116	0.092	0.059	0.038
30	0.742	0.552	0.412	0.308	0.231	0.174	0.131	0.099	0.075	0.057	0.033	0.020

年	15%	16%	18%	20%	25%	30%	35%	40%	45%	50%	60%	80%
1	0.870	0.862	0.847	0.833	0.800	0.769	0.741	0.714	0.690	0.667	0.625	0.556
2	0.756	0.743	0.718	0.694	0.640	0.592	0.549	0.510	0.476	0.444	0.391	0.309
3	0.658	0.641	0.609	0.579	0.512	0.455	0.406	0.364	0.328	0.296	0.244	0.171
4	0.572	0.552	0.516	0.482	0.410	0.350	0.301	0.260	0.226	0.198	0.153	0.095
5	0.497	0.476	0.437	0.402	0.328	0.269	0.223	0.186	0.156	0.132	0.095	0.053
6	0.432	0.410	0.370	0.335	0.262	0.207	0.165	0.133	0.108	0.088	0.060	0.029
7	0.376	0.354	0.314	0.279	0.210	0.159	0.122	0.095	0.074	0.059	0.037	0.016
8	0.327	0.305	0.266	0.233	0.168	0.123	0.091	0.068	0.051	0.039	0.023	0.009
9	0.284	0.263	0.225	0.194	0.134	0.094	0.067	0.048	0.035	0.026	0.015	0.005
10	0.247	0.227	0.191	0.162	0.107	0.073	0.050	0.035	0.024	0.017	0.009	0.003
11	0.215	0.195	0.162	0.135	0.086	0.056	0.037	0.025	0.017	0.012	0.006	0.002
12	0.187	0.168	0.137	0.112	0.069	0.043	0.027	0.018	0.012	0.008	0.004	0.001
13	0.163	0.145	0.116	0.093	0.055	0.033	0.020	0.013	0.008	0.005	0.002	0.001
14	0.141	0.125	0.099	0.078	0.044	0.025	0.015	0.009	0.006	0.003	0.001	
15	0.123	0.108	0.084	0.065	0.035	0.020	0.011	0.006	0.004	0.002	0.001	
16	0.107	0.093	0.071	0.054	0.028	0.015	0.008	0.005	0.003	0.002		
17	0.093	0.080	0.060	0.045	0.023	0.012	0.006	0.003	0.002	0.001		
18	0.081	0.069	0.051	0.038	0.018	0.009	0.005	0.002	0.001			
19	0.070	0.060	0.043	0.031	0.014	0.007	0.003	0.002	0.001			
20	0.061	0.051	0.037	0.026	0.012	0.005	0.002	0.001	0.001			
25	0.030	0.024	0.016	0.010	0.004	0.001	0.001					
30	0.015	0.012	0.007	0.004	0.001							

1元的年金终值表

$$A_{\overline{n}|i} = R\left[\frac{(1+i)^n - 1}{i}\right]$$

年	1%	2%	3%	4%	5%	6%	7%	8%	9%	10%	12%
1	1.000	1.000	1.000	1.000	1.000	1.000	1.000	1.000	1.000	1.000	1.000
2	2.010	2.020	2.030	2.040	2.050	2.060	2.070	2.080	2.090	2.100	2.120
3	3.030	3.060	3.091	3.122	3.152	3.184	3.215	3.246	3.278	3.310	3.374
4	4.060	4.122	4.184	4.262	4.310	4.375	4.440	4.506	4.573	4.641	4.779
5	5.101	5.204	5.309	5.416	5.526	5.637	5.751	5.867	5.985	6.105	6.353
6	6.152	6.308	6.468	6.633	6.802	6.975	7.153	7.336	7.523	7.716	8.115
7	7.214	7.434	7.662	7.898	8.142	8.394	8.654	8.923	9.200	9.487	10.089
8	8.286	8.583	8.892	9.214	9.549	9.897	10.260	10.637	11.028	11.436	12.300
9	9.369	9.755	10.159	10.583	11.027	11.491	11.978	12.488	13.021	13.579	14.776
10	10.462	10.950	11.464	12.006	12.578	13.181	13.816	14.487	15.193	15.937	17.549
11	11.567	12.169	12.808	13.486	14.207	14.972	15.784	16.645	17.560	18.531	20.655
12	12.683	13.412	14.192	15.026	15.917	16.870	17.888	18.977	20.141	21.384	24.133
13	13.809	14.680	15.618	16.627	17.713	18.882	20.141	21.495	22.953	24.523	28.029
14	14.947	15.974	17.086	18.292	19.599	21.051	22.550	24.215	26.019	27.975	32.393
15	16.097	17.293	18.599	20.024	21.579	23.276	25.129	27.152	29.361	31.772	37.280
16	17.258	18.639	20.157	21.825	23.657	25.673	27.888	30.324	33.003	35.950	42.753
17	18.430	20.012	21.762	23.698	25.840	28.213	30.840	33.750	36.974	40.545	48.884
18	19.615	21.412	23.414	25.645	28.132	30.906	33.999	37.450	41.301	45.599	55.750
19	20.811	22.841	25.117	27.671	30.539	33.760	37.379	41.446	46.010	51.159	63.440
20	22.019	24.297	26.870	29.778	33.066	36.786	40.995	45.762	51.160	57.275	72.052
25	28.243	32.030	36.459	41.646	47.727	54.865	63.249	73.016	84.701	98.347	133.334
30	34.785	40.568	47.575	56.085	66.439	79.058	94.461	113.283	136.308	164.494	241.333

年	14%	15%	16%	18%	20%	25%	32%	40%	50%	60%	80%
1	1.000	1.000	1.000	1.000	1.000	1.000	1.000	1.000	1.000	1.000	1.000
2	2.140	2.150	2.160	2.180	2.200	2.250	2.320	2.400	2.500	2.600	2.800
3	3.440	3.472	3.506	3.572	3.640	3.812	4.062	4.360	4.750	5.160	6.040
4	4.921	4.993	5.066	5.215	5.368	5.765	6.362	7.104	8.125	9.256	11.872
5	6.610	6.742	6.877	7.154	7.442	8.207	9.398	10.946	13.188	15.810	22.370
6	8.536	8.754	8.977	9.442	9.930	11.258	13.406	16.324	20.781	26.295	41.265
7	10.730	11.067	11.414	12.142	12.916	15.073	18.696	23.853	32.172	43.073	75.278
8	13.233	13.727	14.240	15.327	16.499	19.841	25.678	34.395	49.258	69.916	136.500
9	16.085	16.786	17.518	19.082	20.799	25.802	34.895	49.153	74.887	112.866	246.699
10	19.337	20.304	21.321	23.521	25.959	33.252	47.062	69.814	113.330	181.585	445.058
11	23.045	24.349	25.733	28.755	32.150	42.566	63.122	98.739	170.995	291.536	802.105
12	27.271	29.002	30.850	34.931	39.581	54.207	84.320	139.235	257.493	467.458	1 444.788
13	32.089	34.352	36.786	42.219	48.497	68.759	112.303	195.929	387.239	748.933	2 601.619
14	37.581	40.505	43.672	50.818	59.196	86.949	149.240	275.300	581.859	1 199.293	1 683.914
15	43.842	47.580	51.660	60.965	72.035	109.686	197.997	386.400	873.788	1 919.869	8 432.045
16	50.980	55.717	60.925	72.939	87.442	138.108	262.36	541.99	1 311.7	3 072.8	15 179.0
17	59.118	65.075	71.673	87.068	105.931	173.635	347.31	759.78	1 968.6	4 917.5	27 323.0
18	68.394	75.836	84.141	103.740	128.117	218.044	459.45	1 064.7	2 953.8	7 868.9	49 182.0
19	78.969	88.212	98.603	123.414	154.740	273.555	607.47	1 491.6	4 431.7	12 591.0	88 528.0
20	91.025	102.443	115.380	146.628	186.688	342.944	802.86	2 083.2	6 648.5	20 147.0	159 350.0
25	181.871	212.793	249.215	342.603	471.981	1 054.791	2 322.68	11 247.0	50 500.0	211 270.0	3 011 100.0
30	356.787	434.745	530.312	790.942	1 181.882	3 227.174	11 294.10	60 501.0	583 501.0	2 215 400.0	56 886 000.0

1元的年金现值表

$$a_{\overline{n}|i} = R\left[\dfrac{1-\dfrac{1}{(1+i)^n}}{i}\right]$$

年	1%	2%	3%	4%	5%	6%	7%	8%	9%	10%	12%	14%
1	0.990	0.980	0.971	0.962	0.952	0.943	0.935	0.926	0.917	0.909	0.893	0.877
2	1.970	1.942	1.913	1.886	1.859	1.833	1.808	1.783	1.759	1.736	1.690	1.647
3	2.941	2.884	2.829	2.775	2.723	2.673	2.624	2.577	2.531	2.487	2.402	2.322
4	3.902	3.808	3.717	3.630	3.546	3.465	3.387	3.312	3.240	3.170	3.037	2.914
5	4.853	4.713	4.580	4.452	4.329	4.212	4.100	3.993	3.890	3.791	3.605	3.433
6	5.795	5.601	5.417	5.242	5.076	4.917	4.766	4.623	4.486	4.355	4.111	3.889
7	6.728	6.472	6.230	6.002	5.786	5.582	5.389	5.206	5.033	4.868	4.564	4.288
8	7.652	7.325	7.020	6.733	6.463	6.210	5.971	5.747	5.535	5.335	4.968	4.639
9	8.566	8.162	7.786	7.435	7.108	6.802	6.515	6.247	5.985	5.759	5.328	4.946
10	9.471	8.983	8.530	8.111	7.722	7.360	7.024	6.710	6.418	6.145	5.650	5.216
11	10.368	9.787	9.253	8.760	8.306	7.887	7.499	7.139	6.805	6.495	5.938	5.453
12	11.255	10.575	9.954	9.385	8.863	8.384	7.943	7.536	7.161	6.814	6.194	5.660
13	12.134	11.348	10.635	9.986	9.394	8.853	8.358	7.904	7.487	7.103	6.424	5.842
14	13.004	12.106	11.296	10.563	9.899	9.295	8.745	8.244	7.786	7.367	6.628	6.002
15	13.865	12.849	11.938	11.118	10.380	9.712	9.108	8.559	8.061	7.606	6.811	6.142
16	14.718	13.578	12.561	11.652	10.838	10.106	9.447	8.851	8.312	7.824	6.974	6.265
17	15.562	14.292	13.166	12.166	11.274	10.477	9.763	9.122	8.544	8.022	7.120	6.373
18	16.398	14.992	13.754	12.659	11.690	10.828	10.059	9.372	8.756	8.201	7.250	6.467
19	17.226	15.678	14.324	13.134	12.085	11.158	10.336	9.604	8.950	8.365	7.366	6.550
20	18.046	16.351	14.877	13.590	12.462	11.470	10.594	9.818	9.128	8.514	7.469	6.623
25	22.023	19.523	17.413	15.622	14.094	12.783	11.654	10.675	9.823	9.077	7.843	6.873
30	25.807	22.397	19.600	17.292	15.373	13.765	12.409	11.258	10.274	9.427	8.055	7.003

年	15%	16%	18%	20%	25%	30%	35%	40%	45%	50%
1	0.870	0.862	0.847	0.833	0.800	0.769	0.741	0.714	0.690	0.667
2	1.626	1.605	1.566	1.528	1.440	1.361	1.289	1.224	1.165	1.111
3	2.283	2.246	2.174	2.106	1.950	1.816	1.696	1.589	1.493	1.407
4	2.855	2.798	2.690	2.589	2.362	2.166	1.997	1.849	1.720	1.605
5	3.352	3.274	3.127	2.991	2.689	2.436	2.220	2.035	1.876	1.737
6	3.784	3.685	3.498	3.326	2.951	2.643	2.385	2.168	1.983	1.824
7	4.160	4.039	3.812	3.605	3.161	2.802	2.508	2.263	2.057	1.883
8	4.487	4.344	4.078	3.837	3.329	2.925	2.598	2.331	2.108	1.922
9	4.772	4.607	4.303	4.031	3.463	3.019	2.665	2.379	2.144	1.948
10	5.019	4.833	4.494	4.193	3.571	3.092	2.715	2.414	2.168	1.965
11	5.234	5.029	4.656	4.327	3.656	3.147	2.752	2.438	2.185	1.977
12	5.421	5.197	4.793	4.439	3.725	3.190	2.779	2.456	2.196	1.985
13	5.583	5.342	4.910	4.533	3.780	3.223	2.799	2.468	2.204	1.990
14	5.724	5.468	5.008	4.611	3.824	3.249	2.814	2.477	2.210	1.993
15	5.847	5.575	5.092	4.675	3.859	3.268	2.825	2.484	2.214	1.995
16	5.954	5.669	5.162	4.730	3.887	3.286	2.834	2.489	2.216	1.997
17	6.047	5.749	5.222	4.775	3.910	3.295	2.840	2.492	2.218	1.998
18	6.128	5.818	5.273	4.812	3.920	3.304	2.844	2.494	2.219	1.999
19	6.198	5.877	5.316	4.844	3.942	3.311	3.848	2.496	2.220	1.999
20	6.259	5.929	5.353	4.870	3.954	3.316	2.850	2.497	2.221	1.999
25	6.464	6.097	5.467	4.948	3.985	3.329	2.856	2.499	2.222	2.000
30	6.566	6.177	5.517	4.979	3.995	3.332	2.857	2.500	2.222	2.080

参考文献

1. 王化成:《财务管理教学案例》,中国人民大学出版社 2005 年版。

2. 陈勇、弓剑炜、荆新:《财务管理案例教程》,北京大学出版社 2003 年版。

3. 周守华、杨济华:《当代西方财务管理》,东北财经大学出版社 1997 年版。

4. 刘淑莲:《财务管理》(第三版),东北财经大学出版社 2013 年版。

5. 陆正飞:《财务管理》(第三版),东北财经大学出版社 2010 年版。

6. 阿斯瓦斯·达摩达兰:《应用公司理财》,机械工业出版社 2000 年版。

7. 詹姆斯·范霍恩:《财务管理与政策》(第十二版),东北财经大学出版社 2011 年版。

8. 斯蒂芬·R. 福斯特:《财务管理基础》,中国人民大学出版社 2006 年版。

9. 托马斯·科普兰等:《财务理论与公司政策》(第三版),东北财经大学出版社 2003 年版。

10. 詹姆斯·范霍恩、小约翰·M. 瓦霍维奇等:《现代企业财务管理》(第十一版),经济科学出版社 2002 年版。

11. 罗斯等:《公司理财基础》(第五版),东北财经大学出版社 2004 年版。

12. 李雪莲:《公司财务学》,科学出版社 2007 年版。

13. Lusztig, Morck, Schwab, *Finance in a Canadian Setting*, John Wiley & Sons Canada Ltd, 1998.

14. Eugene F. Brgham, Louis C. Gapensk, *Financial Management：Theory and Practice*, The Dryden Press, 1997.

15. 注册会计师协会:《财务成本管理》,中国财政经济科学出版社 2014 年版。